実践につながる
新しい教養の心理学

大浦賢治 編著

The new textbook for introduction of psychology

ミネルヴァ書房

はじめに

本書を手に取られたみなさまへ

みなさまの中には初めて心理学に出会った方もいると思われますが，では心理学に対して一体どのようなイメージをみなさまはおもちでしょうか。書店に足を運べば心理学に関連した多くの書籍が目に入ります。それをみればみなさまの中には「好きな人の心が読めるようになる」とか「誰かを自由に操れる」というものから，果てはテレパシーのようなものまでイメージされる人がいるかもしれません。

もちろん，そういうトピックも心理学とまったく無関係というわけではありません。また，これとは別に心理学はカウンセラーになることを目指している人だけが学ぶ特別な勉強だと考える人がいるかもしれません。しかし，心理学は何もカウンセラーのためだけにあるものではありません。

このように心理学に対しては実にさまざまな印象や感じ方があると思いますが，主に大学で学ぶ心理学とはさまざまな事柄を研究テーマとして取り上げる「心の科学」であり，仮にその対象は何であってもあくまでも事実と証拠に基づくということが前提となっています。しかし，大学で学ぶ心理学に対してなかなか馴染めないという人もこれまで多く見受けられました。

その大きな原因の一つとして「心理学と日常生活の関わり合いがあまり感じられない」ということが挙げられると思います。そこで，みなさまが学問としての心理学に興味と関心が湧き，少しでも身近なものに感じられるように本書は日常生活と心理学の「架け橋」となるような内容を目指して執筆されています。

本書の主な特徴は次の通りです。

①心理学を初めて学ぶ方や，一度社会に出られて再学習したい方などを主な対象として専門的な内容を平易な表現で分かり易く解説している。

②日常生活との接点に気を払い，心理学を身近に感じることができるように基礎的な内容から応用的な内容までを段階的に網羅している。

③難読な用語にはふりがなを付け，充実した解説を側註に加え，重要語句を色字にして，さらにイラストや写真などを適宜挿入するなどして独習もできるように配慮している。

④青年期に特有のトピックを数多く取り上げて学科の授業としてだけではなく，読み物としても面白い内容構成にしている。

⑤古典的な内容だけではなく，最新のトピックや研究内容も取り入れているので将来的に心理学を専攻する人にも最適な入門書である。

今回，本書を上梓するにあたりましては，学会賞を受賞された方々を含む研究，教育そして臨床の現場などで現在目覚ましい活躍をされている各専門領域の先生方にご執筆を依頼しました。また，どの章も各自が興味をもったところから読み始めることができるように配慮されています。本書で学ばれた方々が心理学の面白さやその意義を理解され，日常的な関心事はもとよりご自身の将来の人生設計にもその学びを大いに役立てられるように願っています。

大浦　賢治

目　次

第5章　思考

第6章　発達の可能性を探る——幼児期から児童期にかけて

第7章　人はいくつになっても成長する——青年期以降の心理的特徴

第8章　障害児・者の心理

第12章　グローバル社会におけるカルチュラル・コンピテンス——多文化理解と心理学

第13章　「悩み」を悩むこと・支えること（臨床心理学）

第14章　ポジティブ心理学

第15章　キャリアの心理学

第16章　精神薬理学

第 1 章

脳とこころの関係を探る
— 神経・生理心理学

21 世紀は脳とこころの世紀ともいわれています。人にとって大切なこの脳が交通事故外傷や脳梗塞などにより損傷したり，変性疾患などにより機能低下をきたしたりするとさまざまな高次脳機能障害が生じ，それにともないさまざまな生活障害をきたすようにもなります。

そこで，第 1 章では，まず脳とこころの関係についての理解を深めます。また，代表的な高次脳機能障害について概説するとともに，それを測定する代表的な方法について概説します。

さらに高次脳機能障害への理解を深めたうえで，このような障害を抱える人に対してどのように援助すべきかを考えてみましょう。

第1節
脳とこころの関係

学習のポイント

●脳とこころの関係を理解するための「視点」を養いましょう。
●脳の構造と機能を理解しましょう。

1　こころの在処

みなさんは「こころはどこにありますか？」と問われたら，なんと答えますか。おそらく，「脳にある」「心臓にある」と多くの人が答えると思いますが，なかには「目にある」「表情にある」と答える人がいるかもしれません。

ところで，デカルトは，「コギト・エルゴ・スム（ラテン語）：我思う，ゆえに我あり」という有名な命題を提唱した近世のフランスの哲学者です。また，デカルトはこころを「我思う」すなわち意識であり，自由意志をもつものとする一方，身体は機械的運動を行うものとし，両者は独立した実体であるとしました。これがデカルトの「心身二元論」といわれていますが，デカルトは『情念論』のなかで，精神と脳の最奥部にある松果体（しょうかたい）や動物精気，血液などを介して精神と身体とは相互作用すると主張しており，今日の定説である「心身相関」に通ずることを想定していたとも考えられます。

また，歴史的症例といわれているフィネアス・P・ゲージは，有能な線路工事の現場監督でしたが，1848年に工事用ダイナマイトが暴発し，鉄棒が頭蓋骨（ずがいこつ）を貫通する大事故に見舞われました。幸い命をとりとめたものの，前頭葉腹内側部（ふくないそくぶ）に損傷を受け，知性と衝動のバランスが破壊され，意思決定に欠く，まったく別の人格に変わってしまったと報告されています。このような歴史的症例をもとにダマシオは，人の意思決定（decision making）には，そのときの身体状態と結びついている情動と感情の作用が関与するとした「ソマティック・マーカー仮説（somatic maker hypothesis）」を提唱し，デカルト的な心身二元論を批判し，有機体としての心－脳－身体の関係を指摘しています。

したがって，人の行動に結びつく意思決定に深く関与している前頭葉腹内側部は，こころの在処として重要な機能を担っているともいえます。

人物

デカルト
René Descartes
(1596-1650)
フランスの哲学者で，『情念論』などの著作がある。

コトバ

松果体
脳内の中央，最奥部にあり，間脳の一部である2つの視床体が結合する溝に挟み込まれている。概日リズムを司っており，その調整ホルモンであるメラトニンが分泌される。

2　脳の構造と機能

中枢神経系は，大脳，脳幹，小脳，脊髄で構成されています。また，大脳は，終脳である大脳半球（前頭葉，側頭葉，頭頂葉，後頭葉），大脳基底核，大脳辺縁系，間脳で構成され，脳幹は，中脳，後脳（橋），髄脳で構成され，小脳は，後脳である小脳で構成されています（図１－１）。

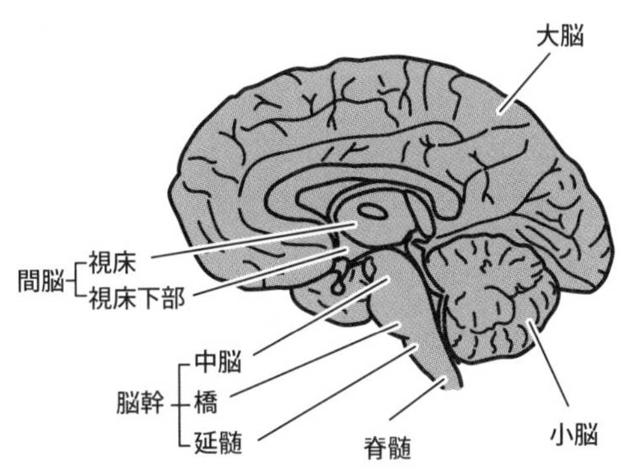

図１－１　中枢神経系の構造

出所：筆者作成

中枢神経系の主な機能局在として，前頭葉は実行や概念化の機能を担っており，特に前頭前野がワーキングメモリ，一次運動野が随意運動，運動前野が協調運動，ブローカ野が運動言語の機能などを担っています。

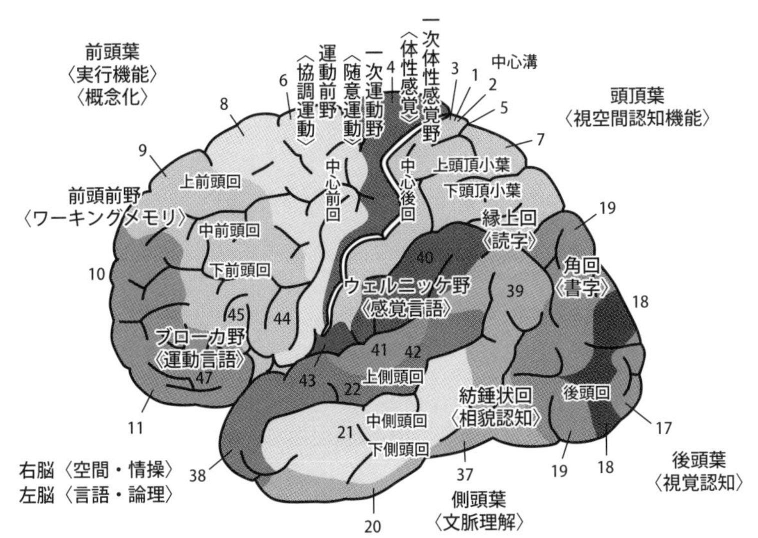

図１－２　大脳の外側面と主な機能局在

出所：筆者作成

言語の優位性

ほとんどの右手利き成人は左大脳半球に言語機能が存在している。言語の優位性から左大脳半球を優位半球，右大脳半球を非優位半球と呼び，左右の大脳半球は脳梁でつながっている。

コトバ

ワーキングメモリ

ある課題遂行に必要な情報を必要とされる期間，一時的に貯蔵するシステムのこと。作業記憶や作動記憶と訳されることもある（詳しくは第４章を参照のこと）。

随意運動

自らの意思で動かす運動のこと。

ブロードマンの脳地図

図1－2，図1－3は，脳機能の局在を考える上で大切なBrodmann（1909）の脳地図に主要な機能局在を加筆したものであり，番号は，ブロードマンの脳地図における領野番号である。

相貌認知

人物の顔から対象が誰であるのか認識すること。

情動記憶

強い情動と記憶を結びつけるタイプの記憶のこと。

サーカディアンリズム

約24時間周期で変動する生理現象のこと。

側頭葉は文脈理解の機能を担っており，特にウェルニッケ野が感覚言語の機能などを担っています。頭頂葉は視空間認知機能を担っており，特に一次体性感覚野が体性感覚，縁上回が読字，角回が書字の機能などを担っています。後頭葉は視覚認知の機能を担っており，特に紡錘状回が相貌認知の機能などを担っています。また，大脳基底核の線条体（被殻・尾状核）は手続き記憶，淡蒼球は動機づけ，視床下核は運動調節の機能などを担っており，大脳辺縁系の側坐核は報酬や快感，乳頭体は情動記憶，扁桃体は怒りや恐怖などの情動中枢，海馬は記憶中枢としての機能を担っています。そして，間脳の視床は嗅覚以外の感覚の中継機能，視床下部は体温調節，睡眠，性行動，摂食行動など自律神経機能の中枢，松果体はサーカディアンリズム（概日リズム）の機能などを担っています。さらに，脳幹の中脳（黒質，大脳脚）は運動調節，後脳（橋）は脳神経系の伝達の中枢，覚醒の中枢で睡眠にも関わっており，髄脳（延髄）は心臓・血管運動・呼吸・嚥下など生命維持機能の中枢，小脳は平衡機能，知覚と運動機能の統合の機能などを担っています（図1－2，図1－3）。

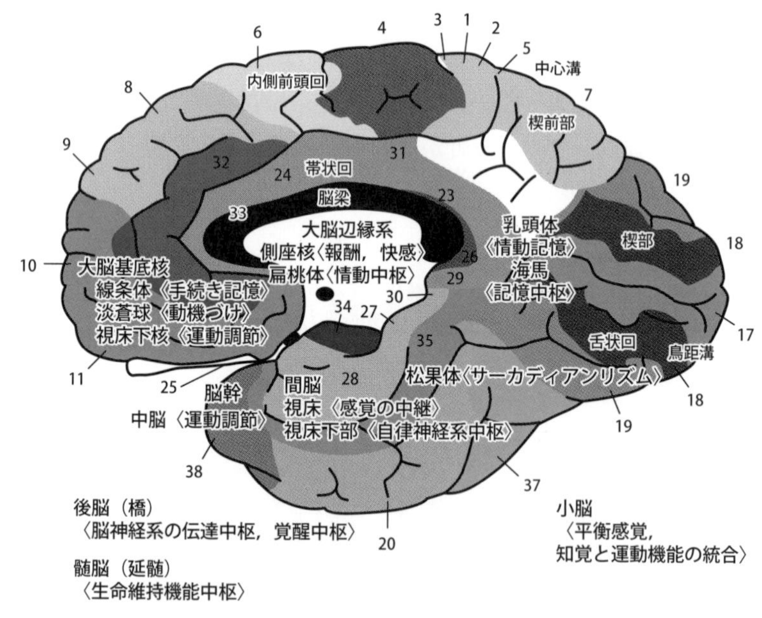

図1－3　大脳の内側面と主な機能局在

出所：筆者作成

3　中枢神経系の構造と神経伝達物質

ここからは脳神経について説明します。まず，図1－4をみてみましょう。脳を構成する中枢神経系の最小構成単位が，神経細胞（ニューロン）です。このニューロンは，脳全体の細胞数の10％を占め，1,000億個以上が存在すると考えられており，細胞体，樹状突起，軸索（神経線維）で構成されています。また，末梢神経系の軸索（神経線維）は，シュワン細胞が取り巻きシュワン鞘を形成しており，何重にも巻きついた鞘を，髄鞘（ミエリン鞘）といい，ミエリン鞘に取り巻かれている神経線維が有髄神経線維です。一方，ミエリン鞘を形成していない，シュワン鞘にだけ取り巻かれている神経線維が，無髄神経線維です。そして，細胞体の反対側から一本の軸索が延び，細胞膜興奮による活動電位（興奮の伝導）は，くびれであるランビエ絞輪を絶縁体である髄鞘（ミエリン鞘）の跳躍伝導により伝達され，枝分かれした軸索がほかのニューロンとシナプス結合を構成します。そして，神経膠細胞（グリア細胞）が，神経細胞や樹状突起の間に隙間なく入り込んで脳全体の細胞数の90％を占め，1兆個以上が存在すると考えられており，脳の構造を維持しています。このグリア細胞には，星状膠細胞（アストログリア），稀突起膠細胞（オリゴデンドログリア），小膠細胞（ミクログリア）などがあり，神経成長因子や栄養因子などを分泌することでニューロンの維持や再生に関与しています。

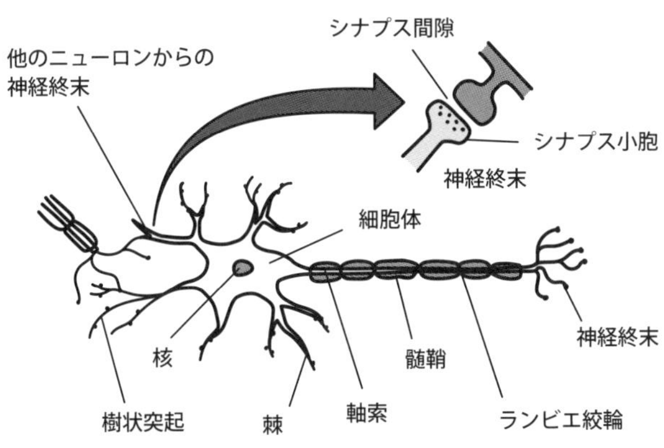

図1－4　神経細胞（ニューロン）とシナプス結合

出所：松田　修・飯干紀代子・小海宏之編著『公認心理師のための基礎から学ぶ神経心理学』ミネルヴァ書房　2019年

＋α

ニューロンの興奮伝導

興奮伝導には，両側伝導（神経線維の1点に発生した活動電位は両方向性に伝導する），絶縁伝導（ある神経線維が興奮しても，隣接する他の神経線維には関わらない），不減衰伝導（神経線維の直径が一定のときには，興奮の強さと伝導速度はどこでも一定である）の3つの原則がある。

さらに，脳内の情報をやり取りする興奮性神経伝達物質には，ドパミン，アセチルコリン，ノルアドレナリン，アドレナリン，セロトニン，グルタミン酸，アスパラギン酸などがあり，抑制性神経伝達物質には，γ-アミノ酪酸（GABA），グリシン，オピオイド類などがあります。

また，興奮性神経伝達物質は，それぞれ次のような働きを主に担っています。ドパミンは，アドレナリン，ノルアドレナリンの前駆体でもあり，中枢での作用は報酬や運動の調節に関与しており，薬物乱用，パーキンソン病や統合失調症の病因にも関与しています。アセチルコリンの中枢での主な役割は覚醒，注意，学習，記憶の調節に関与しており，アルツハイマー病者では，特に新皮質と海馬で減少して学習や記憶の障害に影響しています。また，自律神経系の副交感神経に関与しています。ノルアドレナリンは，自律神経系の主要な伝達物質であり，中枢での役割は覚醒，食欲や気分の調節に関与しています。アドレナリンは，末梢では副腎髄質で産生され，格闘－逃避反応を起こすために，自律神経系の交感神経に関与しています。セロトニンの中枢での主な役割は，情報処理，体温，血圧，睡眠，疼痛，攻撃性，気分，性行動，内分泌の調節に関与しており，末梢作用は満腹感の仲介に関与しています。グルタミン酸は，中枢神経系での主要な興奮伝達物質であり，神経の可塑性，学習と記憶に関与しています。アスパラギン酸は，グルタミン酸と酷似していますが，より軽度に作用する興奮伝達物質です。

一方，抑制性神経伝達物質は，それぞれ次のような働きを主に担っています。γ-アミノ酪酸（GABA）は，中枢神経系での主要な抑制性のアミノ酸であり，過度の作用は鎮静，抗不安や抗けいれん作用などが生じます。グリシンは，抑制性アミノ酸の1つです。オピオイド類の生理的な役割は疼痛認知，ストレス機構，呼吸調節，温度調節，身体依存などに関与しています。

末梢神経系は，皮膚などで感知した知覚情報を中枢神経へ伝達する役割と中枢神経からの指令を末端へ伝える役割があります。また，機能別では，体性神経（自覚でき，意思によってコントロールできる知覚神経や運動神経など）と自律神経（意思とは無関係に働くようにみえる神経であり，心臓，肺，血管などの内臓の働きを司る）があります。この自律神経には，交感神経と副交感神経が，二重支配（ほとんどの臓器は，この2つの神経でコントロールされている）および拮抗支配（2つの神経は，1つの臓器に対して亢進または抑制という逆の作用をもっている）によって，バランスを保ちながら健康を維持する機能があります。

前駆体
ある物質が生成される前段階の物質のことである。

疼痛
医学用語で痛みのこと。

可塑性
外界の刺激などによって常に機能的，構造的な変化を起こす性質のこと。

末梢神経系
解剖学的には，脳に出入りする12対の脳神経系（①嗅神経，②視神経，③動眼神経，④滑車神経，⑤三叉神経，⑥外転神経，⑦顔面神経，⑧内耳神経，⑨舌咽神経，⑩副神経，⑪迷走神経，⑫舌下神経）と，脊髄に出入りする31対の脊髄神経系がある。

副交感神経
アセチルコリンが作用して，リラックス時に働く。

交感神経
ノルアドレナリンが作用して活動時に働く。

第2節
高次脳機能障害とは

学習のポイント
●代表的な高次脳機能障害の症状について理解しましょう。
●神経発達症群と神経認知障害群について理解しましょう。

1　高次脳機能障害とは

ときとして交通事故や疾病，また遺伝的な事柄が原因となり脳にさまざまな障害が生じることがあります。ここではその代表的なものとして狭義の高次脳機能障害と広義の高次脳機能障害のうち，特に神経発達症群と神経認知障害群についてみていきます。

学術用語としての高次脳機能障害とは，一般に大脳の器質的病因により，失語（しつご），失認（しつにん），失行（しっこう）など比較的に局在の明確な大脳の巣症状（そうしょうじょう），注意障害，記憶障害などの欠落症状，判断・問題解決能力の障害，行動異常などを呈する状態像とされています。また，広義には神経発達症群や神経認知障害群のみならず，認知障害が中核的病態となる統合失調スペクトラム障害などを含む概念といえます。

一方，行政用語としての高次脳機能障害は，2001 年より開始された厚生労働省による「高次脳機能障害支援モデル事業」において定義された診断基準であり，「脳の器質的病変の原因となる事故による受傷や疾病の発症の事実が確認されている」および「現在，日常生活または生活に制約があり，その主たる原因が記憶障害，注意障害，遂行機能障害，社会的行動障害などの認知障害である」(註)とされています。なお，高次脳機能障害によって日常生活や社会生活に制約があると診断されれば「器質性精神障害」として，精神障害者保健福祉手帳の申請対象になります。

また，高次脳機能障害者への支援として，標準的リハビリテーション・プログラムは，発症・受傷からの相対的な期間と目標によって，①医学的リハビリテーション（認知リハビリテーション：機能的アプローチ・代償的アプローチ・環境調整的アプローチ，心理カウンセリング：心理教育・心理療法，薬物療法，外科的治療など），②生活訓練（障害受容と代償手段の獲得を課題とした訓練，環境調整など），③就労移行支援（職場準備，就労マッチング，職場定着支援など）を段階的に行います。

器質的病因
物理的な脳損傷が症状の原因となっていること。
註（ただし，先天性疾患，周産期の脳損傷，発達障害，および認知症などの進行性疾患を原因とする場合は除外する）。

機能的アプローチ
人が本来有する機能を発揮し，障害された機能を回復させ，さらには自由意思による人としての尊厳を保障する支援のこと。

代償的アプローチ
障害された状況に対し，残存機能の代償により適応水準を回復させ，さらには新しい能力の拡充も含む支援のこと。

2　神経発達症群

精神医学領域における精神疾患の国際的診断基準として，米国精神医学会によるDSM-5と世界保健機関（WHO）によるICD-10があり，一般的に臨床分野ではDSM-5が，厚生統計分野ではICD-10が用いられています。このうち，DSM-5には，神経発達症群として，[1]知的能力障害群，[2]コミュニケーション症群，[3]自閉スペクトラム症，[4]注意欠如・多動症，[5]限局性学習症，[6]運動症群があります。

[1] 知的能力障害群（Intellectual Disabilities）

知的能力障害（知的発達症）は，発達期に発症し，概念的，社会的，および実用的な領域における知的機能と適応機能両面の欠陥を含む障害とされています。一般的に知能検査による知能指数（IQ）70未満が該当します。ウェクスラー式知能検査（WPPSI，WISCなど）では，平均100，１標準偏差15の偏差IQを算出することができ，IQ70未満は，２標準偏差を下回ることを意味し，正規分布曲線における推計値で下限から2.2%いることになります。なお，重症度基準については，DSM-Ⅳ-TRでは，軽度IQ50～55からおよそ70，中度IQ35～40から50～55，重度IQ20～25から35～40，最重度IQ20～25以下とされ，たとえばIQ55であれば，軽度と中度の両方に該当するため，適応機能や生活障害の程度を総合的に判断することとなっていました。

しかし，DSM-5では，IQは概念的領域における参考資料となりますが，それによる重症度基準はなくなっています。そこで，臨床分野では，ICD-10の重症度基準である軽度IQ50～69，中度IQ35～49，重度IQ20～34，最重度IQ20未満を判定基準にすることが多いです。なお，WPPSI-Ⅲの全検査IQ（FSIQ）は，２歳６か月～３歳11か月が41未満，４歳０か月～７歳３か月が45未満でスケールアウトし，WISC-ⅣのFSIQは，40未満でスケールアウトするため，中度以上の重症度判別のためには，田中ビネー知能検査Ⅴの実施が必要になることもあります。

[2] コミュニケーション症群（Communication Disorders）

コミュニケーション症群には，言語，会話，およびコミュニケーションの欠陥が含まれています。言語能力の遅れを中心とする言語症，不明瞭な発音を中心とする語音症，発話リズムの問題を中心とする小児期発症流暢症（吃音），かみ合わない会話が目立ち言語の使用法の問題を中心とする社会的（語用論的）コミュニケーション症などが含まれています。

[3] 自閉スペクトラム症（Autism Spectrum Disorder：ASD）

これまで，自閉性障害，アスペルガー障害など４つに下位分類されて

コトバ

DSM-5
Diagnostic and Statistical Manual of Mental Disorders Fifth Edition（DSM-5 精神疾患の診断・統計マニュアル）の略である。2013年に発行され，日本語版は2014年に発行されている。

WHO
World Health Organizationの略である。

ICD-10
International Classification of Diseases-10th Revision（ICD-10 国際疾病分類）の略である。1992年に発行され，日本語版は1993年に発行されている。なお，ICD-11は，2018年に発行されており，日本語版の発行が待たれる。

IQ
Intelligence Quotientの略である。

WPPSI
Wechsler Preschool and Primary Scale of Intelligenceの略である。

WISC
Wechsler Intelligence Scale for Childrenの略である。

スケールアウト
測定可能範囲を逸脱すること。

いましたが，DSM-5では下位分類せずにASDとして一括りの診断名となりました。

ASDは，複数の状況で社会的コミュニケーションおよび対人的相互反応における持続的な欠陥があり，行動，興味，または活動の限定された反復的な様式が目立つのが特徴です。ASDの評定尺度としては，乳幼児期自閉症チェックリスト修正版（M-CHAT）や自閉症スペクトラム指数（AQ）などのスクリーニング検査のほか，診断・評価のゴールド・スタンダードとして自閉症診断面接改訂版（ADI-R）と自閉症診断観察検査第２版（ADOS-2）があります。

4 注意欠如・多動症（Attention Deficit/Hyperactivity Disorder：ADHD）

ADHDは，集中困難や忘れ物が多いなどの不注意および／または行動が落ち着かず動き回るなどの多動性と，順番を無視したり勝手に発言したり待てないなどの衝動性の持続的な様式が特徴で，機能または発達の妨げとなっているものです。なお，ADHDの評定尺度として，子どもを対象としたADHD-RSやConners3，18歳以上を対象としたCARRSなどがあり，DN-CASではプランニングと注意が低く，同時処理と継次処理が高いパターンを示すのが特徴です。

なお，前述したASDとADHDの合併も珍しくはありません。

5 限局性学習症（Specific Learning Disorder：SLD）

SLDは，学習や学業的技能の使用に困難があり，その困難を対象とした介入が提供されているにもかかわらず，読字や書字，算数的処理に困難をきたすのが特徴です。なお，DN-CASでは，同時処理が高く，継次処理が低いパターンを示すのが特徴です。なお，SLDの評定尺度として，「カウフマン式児童用アセスメント・バッテリー第２版（KABC-Ⅱ）」や「改訂版 標準 読み書きスクリーニング検査（STRAW-R）」などがあります。

6 運動症群（Motor Disorders）

運動症群には，協調運動技能の獲得や遂行が，その人の生活年齢や技能の学習および使用の機会に応じて期待されるものよりも明らかに劣っている特徴を示す発達性協調運動症（Developmental Coordination Disorder）と，反復し，駆り立てられるようにみえ，かつ外見上，無目的な常同行動（例：手を振って合図する，身体を揺するなど）を特徴とする常同運動症（Stereotypic Movement Disorder）やチック症群（Tic Disorders）などがあります。

コトバ

M-CHAT
Modified Checklist for Autism in Toddlersの略である。

AQ
Autism Spectrum Quotientの略である。

ADI-R
Autism Diagnostic Interview-Revisedの略である。

ADOS-2
Autism Diagnostic Observation Schedule , Second Editionの略である。

ADHD-RS
ADHD-Rating Scale-Ⅳの略である。

CARRS
Conners' Adults ADHD Rating Scalesの略である。

DN-CAS
Das-Naglieri Cognitive Assessment System（DN-CAS認知評価システム）の略である。

KABC-Ⅱ
Kaufman Assessment Battery for Children-Ⅱの略である。

STRAW-R
Standardized Test for Assessing the Reading and Writing (Spelling) Attainment of Japanese Children and Adolescents: Accuracy and Fluenceの略である。

3　神経認知障害群

DSM-5には，神経認知障害群として，①せん妄，②認知症，③軽度認知障害があります。

① せん妄

注意の障害および意識の障害を認め，その障害は短期間のうちに出現します。もととなる注意および意識水準からの変化を示し，さらに1日の経過中で重症度が変動する傾向があり，物質中毒せん妄と物質離脱せん妄が中心となります。なお，せん妄の評定尺度としてDRSなどがあります。

コトバ

DRS
Delirium Rating Scale の略である。

② 認知症　③ 軽度認知障害

認知症とは，「いったん正常に発達したさまざまな知的機能が，着実に進行性で徐々に減退・消失することで，日常生活・社会生活を営めない状態」をいいます。また，1つ以上の認知領域（複雑性注意，実行機能，学習および記憶，言語，知覚－運動，社会的認知）において，以前の行為水準から有意な認知の低下があるという証拠があり，毎日の活動において，認知欠損が自立を阻害するものです。そして，毎日の活動において，認知欠損が自立を阻害しないものを軽度認知障害といいます。

そして，認知症や軽度認知障害を引き起こす病因を特定することが大切となり，病因の主なものとしては，①アルツハイマー病，②前頭側頭葉変性症，③レビー小体病，④血管性疾患，⑤パーキンソン病などがあります。

①アルツハイマー病

認知症のなかで最も多く中高年以上で発症しますが，遺伝性の場合は若年でも発症します。脳内に老人斑（ろうじんはん）と神経原線維（げんせんい）変化が沈着することが病気の原因で，初期は見当識（けんとうしき）障害（軽度で時間的見当識障害，中度で加えて地誌的見当識障害，重度で加えて人に関する見当識障害がみられる）と記憶障害が目立ちますが，10年ほど経過すると，認知機能の障害は多岐にわたり，運動機能も障害され，誤嚥性（ごえんせい）肺炎などで死亡することが多いです。また，初期は意思疎通に問題はみられず，他者に好意的ですが，中度以降になると被害妄想や攻撃性などの認知症の行動・心理症状（BPSD）が生じるようになり，介護負担が高まることに注意を要します。

BPSD
Behavioral and psychological symptoms of dementia の略である。

SD
Semantic Dementia の略である。

PNFA
Progressive non-fluent aphasia の略である。

②前頭側頭葉変性症

単一疾患ではなく，ピック病や意味性認知症（SD），進行性非流暢性失語（PNFA）などさまざまなタンパク質やその異常で生じるいくつかの疾患を含めた総称で，若年発症します。常同行動がみられたり，自制力が低下し，万引きをしたり，怒りっぽくなったりすることも多く，対応には注意を要します。

③レビー小体病

病因として，アルファシヌクレインというタンパク質が凝集してできるレビー小体を神経細胞に認める，アルツハイマー病に次いで多い疾患で，パーキンソン病との連続性があると考えられています。認知機能が変動し易く，パーキンソニズムやレム睡眠行動障害，幻覚などの症状をともなうことが多いです。

④血管性疾患

血管性認知症は，認知欠損の発症が1回以上の脳血管性発作と時間的に関係しているか，認知機能低下が複雑性注意（処理速度も含む）および前頭葉性実行機能で顕著である証拠がある，のどちらかによって示唆されるような血管性の病因に合致しており，病歴，身体診察，および／または神経認知欠損を十分に説明できると考えられる神経画像所見から，脳血管障害の存在を示す証拠があるとされています。

⑤パーキンソン病

ドパミンを産生する中脳の黒質にある神経細胞のなかに，レビー小体が蓄積することにより発症します。パーキンソニズム，制止時振戦（しんせん），筋（きん）強剛（きょうごう），動作緩慢，姿勢反射障害などの症状が特徴です。

なお，認知症および軽度認知障害の評定尺度としては，HDS-R，MMSE-J，MoCA-J などのスクリーニング検査や，COGNISTAT，WAIS，ADAS-Jcog．などにより全般的知的機能を精査することが多く，その他，想定される認知機能の低下を元にさまざまな神経心理検査によりテスト・バッテリーを組むことが大切となります。また，認知症の重症度を評定する行動観察尺度として Clinical Dementia Rating（CDR）がよく使用され，BPSD の評定として Neuropsychiatric Inventory（NPI）などもよく使用されます。

さらに，認知症に対する心理社会的アプローチとしては，❶行動志向的アプローチとしての行動介入法，行動管理療法，❷情動志向的アプローチとしての回想法，バリデーション療法，支持的精神療法，感覚統合，シミュレーション的再現療法，❸認知志向的アプローチとしてのリアリティ・オリエンテーション，技能訓練，❹刺激付与的アプローチとしてのレクリエーション活動，芸術療法，エクササイズ，多感覚刺激，シミュレーション的再現，アロマ療法など情動志向的介入とオーバーラップする方法がガイドラインで推薦されています。

HDS-R
Hasegawa Dementia Scale-Revised（改訂長谷川式簡易知能評価スケール）の略である。

MMSE-J
Mini-Mental State Examination-Japanese（精神状態短時間検査）の略である。

MoCA-J
Montreal Cognitive Assessment-Japanese の略である。

COGNISTAT
Neurobehavioral Cognitive Status Examination の略である。

ADAS-Jcog.
Alzheimer's Disease Assessment Scale-Japanese cognitive subscale の略である。

第3節 高次脳機能障害の測り方

学習のポイント

●高次脳機能障害を測定する神経心理学検査について理解しましょう。

●さまざまな高次脳機能障害に対する支援方法についても考えてみましょう。

1　失語・失行・失認

ここでは高次脳機能障害によるさまざまな症状をとらえるための測定法についてみていきます。

失語は，左大脳シルビウス裂周囲の広範囲な損傷により全失語，左前頭葉ブローカ野損傷により運動性失語，左側頭葉ウェルニッケ野損傷により感覚失語，縁上回および弓状束損傷により伝導失語，左前頭葉背外側および前頭葉内側補足運動野損傷により超皮質性運動失語，左側頭葉から後頭葉損傷や，左前頭葉損傷により超皮質性感覚失語，左下頭頂葉の損傷により失名詞失語が，それぞれの責任病巣および失語のタイプとして生じ易く，失語を評定する検査としては，標準失語症検査（SLTA）や WAB 失語症検査が使用されることが多いです。

失行は，「運動可能であるにもかかわらず合目的的運動が不可能な状態」と定義されており，左右中心溝周辺領域が責任病巣で主に手と指による行為の遂行が，不完全，粗雑，拙劣となる肢節運動失行，左頭頂葉が責任病巣で行為の模倣や道具使用の身振りが障害される観念運動性失行，左後頭頭頂葉が責任病巣で物品の用途は理解しているにもかかわらず，順序通りに道具を使用することが障害される観念性失行があり，失行を評定する検査としては，標準動作性検査（SPTA）が使用されることが多いです。

視覚失認は，線画の模写課題で評価すると，模写することが困難となるのが統覚型視覚失認で，すばやく模写することは可能ですが，それが何であるのかがわからないのが連合型視覚失認で，線画の模写に時間がかかり，部分の形態は認知可能ですが，全体に統合できないのが統合型視覚失認です。統覚型視覚失認の責任病巣は，両側後頭葉内側面，連合型と統合型視覚失認は，左内側側頭後頭領域が重要視されています。その他，相貌失認の責任病巣として紡錘状回周辺領域，地誌失認の責任病

SLTA
Standard Language Test of Aphasia の略である。

WAB
Western Aphasia Battery の略である。

SPTA
Standard Performance Test of Apraxia の略である。

VPTA
Visual Perception Test for Agnosia の略である。

巣として脳梁膨大部周辺領域，バリント症候群の責任病巣として両側頭頂－後頭葉境界領域などが従来から指摘されています。失認を評定する検査としては，標準高次視知覚検査（VPTA）が使用されることが多いです。

2　記憶障害

前向性記憶障害（前向健忘）は，受傷後の記憶の障害で，逆向性記憶障害（逆向健忘）は，受傷前の記憶の障害です。

前向性記憶障害を評定する検査としては，改訂版ウェクスラー式記憶検査（WMS-R），標準言語性対連合学習検査（S-PA），ベントン視覚記銘検査（BVRT）など，逆向性記憶障害を評定する検査としては，自伝的記憶検査（ABMT）などが，さらに予定記憶や生活障害を評定する検査としては，リバーミード行動記憶検査（RBMT）がよく使用されます。

3　注意障害

注意機能は通常，全般性と方向性に大別され，前者はさらに焦点性，持続性，選択性，転換性，分配性の要素に分けられ，脳血管障害や脳挫傷により要素が重複した注意障害，頭頂葉損傷により選択性または転換性注意障害，前頭葉損傷により転換性または分配性注意障害，右頭頂葉損傷により方向性注意障害（半側空間無視）がそれぞれの責任病巣および注意障害のタイプとして生じ易いです。

全般的注意機能を評定する検査としては，標準注意検査法（CAT）・標準意欲評価法（CAS）がよく使用され，方向性注意障害（半側空間無視）を測定する検査としては，行動性無視検査（BIT）がよく使用されます。

4　遂行機能障害

遂行機能（実行機能）とは，ものごとの実際の行動について，自ら目標を設定し，計画を立て，効果的に行う能力と一般的には定義されており，日常生活上での問題解決をはかる際に動員され，複雑で連合的な認知・行動機能の総称と考えられています。

全般的遂行機能を評定する検査として，遂行機能障害症候群の行動評価（BADS）がよく使用されます。また，簡易な検査としては，TMT（注：

バリント（Bálint）症候群
①精神性注視麻痺，②視覚性注意障害，③視覚性運動失調を３主徴とする。

コトバ

WMS-R
Wechsler Memory Scale-Revised の略である。

S-PA
Standard verbal paired-associate learning test：S-PA の略である。

BVRT
Benton Visual Retention Test の略である。

ABMT
Autobiographical Memory Test の略である。

RBMT
Rivermead Behavioural Memory Test の略である。

CAT
Clinical Assessment for Attention の略である。

CAS
Clinical Assessment for Spontaneity の略である。

BIT
Behavioural Inattention Test の略である。

近年，TMT-Jとして新たに標準化がされた）がよく使用されます。

5　社会的行動障害

社会的行動障害は，前頭葉機能との関連が強く，特に反応抑制・衝動性は前頭葉眼窩（がんか）部・腹内側（ふくないそく）部，意欲・発動性は前頭葉内側（ないそく）領域や前部帯（ぜんぶたい）状回（じょうかい）が深く関わっています。

したがって，社会的行動障害を評定する検査として，前頭葉機能を測定するFAB，WCST，ストループ・テスト（Stroop Test），IGTなどで一定の機能を定量化することができます。しかし，特に問題解決機能や意思決定能力，脱抑制や多幸性などの社会的な行動障害を測定することができないため，たとえばWAIS－Ⅳの「理解」やCOGNISTATの「推理」の下位検査により問題解決機能としての社会的理解や推理の側面を，MacCAT-Tにより意思決定能力としての医療同意能力の側面を，遂行機能障害の質問表（DEX）やNPIにより社会的な行動障害を評価することも大切となります。

本章では，脳とこころの関係を俯瞰しましたが，興味を持たれた方は，参考文献などで，より深く学んでください。

コトバ

BADS
Behavioural Assessment of the Dysexecutive Syndromeの略である。

TMT-J
Trail Making Test, Japanese editionの略である。

FAB
Frontal Assessment Batteryの略である。

WCST
Wisconsin Card Sorting Testの略である。

IGT
Iowa Gambling Taskの略である。

MacCAT-T
MacArthur Competence Assessment Tool-Treatmentの略である。

DEX
Dysexecutive Questionnaireの略である。

演習課題

① テキストでは概説しなかった神経心理学的アセスメントについて，どんな検査があるのか調べてみましょう。

② 高次脳機能障害児・者に対して，どんな支援方法があるのか調べてみましょう。

【引用・参考文献】

American Psychiatric Association (2013). *Diagnostic and statistical manual of mental disorders, Fifth edition.* Arlington, VA: American Psychiatric Association.（アメリカ精神医学会　日本精神神経学会（監修）・髙橋 三郎・大野 裕（監訳）・染矢 俊幸・神庭 重信・尾崎 紀夫・三村 將・村井 俊哉（訳）(2014). DSM-5 精神疾患の診断・統計マニュアル　医学書院）

Brodmann, K. (1909). *Vergleichende Lokalisationslehre der Großhirnrinde: In ihren Prinzipien dargestellt auf Grund des Zellenbaues.* Leipzig: Verlag von Johann

Ambrosius Barth.

Damasio, A.R. (1994). *Descartes' error: Emotion, reason, and the human brain.* New York: Ink Well Management, LLC（ダマシオ，A.R.　田中 三彦（訳）(2010). デカルトの誤り－情動，理性，人間の脳　筑摩書房）

Descartes, R. (1649). *Les Passions De L' ame.* Paris: Henry Le Gras（デカルト，R.　谷川 多佳子（訳）(2008). 情念論　岩波書店

Fields, R.D. (2009). *The other brain – The scientific and medical breakthroughs that will heal our brains and revolutionize our health.* New York, London, Toronto Sydney: Simon & Schuster.（フィールズ，R.D.　小西 史朗（監訳）・小松 佳代子（訳）(2018). もうひとつの脳－ニューロンを支配する陰の主役「グリア細胞」　講談社

国立障害者リハビリテーションセンター　高次脳機能障害者支援の手引き：改訂第２版 Retrieved from http://www.rehab.go.jp/application/files/3915/1668/9968/3_1_01_.pdf (2020年10月16日)

小海 宏之 (2019). 神経心理学的アセスメント・ハンドブック　第２版　金剛出版

真島 英信 (1989). 生理学　改訂第18版　文光堂

松田 修・飯干 紀代子・小海 宏之（編著）(2019). 公認心理師のための基礎から学ぶ神経心理学－理論からアセスメント・介入の実践例まで　ミネルヴァ書房

松本 真理子・永田 雅子（編）(2019). 公認心理師基礎用語集　増補改訂版－よくわかる国試対策キーワード　遠見書房

清水 勘治 (1983). 小解剖学書　改訂第３版　金芳堂

山鳥 重 (1985). 神経心理学入門　医学書院

第2章

こころのしくみ・働きを知る ── 感覚・知覚

私たちは外界にあるさまざまな情報を受け取り，その情報をまとめて，環境に適応した日常生活を送っています。感覚とは単純な感性体験を感覚器で受け取ることであり，知覚とは，その感覚器で受け取った情報を知識や経験，学習などによって編集したり，活用したりすることをいいます。

感覚（sensation）と知覚（perception）は，外界からこころの世界への入り口であり，人間が日常生活をする上で非常に大きな役割をはたしています。

第２章では，人間のこころのしくみ・働きを知るために，感覚と知覚の特性について学んでいきます。

第1節
感覚・知覚って何？

学習のポイント

●感覚・知覚の一般特性について学びましょう。

●私たちの環境を取りまく知覚の恒常性について考えましょう。

1　感覚のしくみ

「感覚」とは，私たちの身体の内外から受け取ることができる刺激のことをいいます。私たちは，日常生活でスマートフォンを触って（触覚）音楽を聴いたり（聴覚），動画を観たり（視覚）しています。また，ときには，コーヒーの良い香りを感じながら（嗅覚），ほろ苦い味わい（味覚）を堪能しています。このように私たちは，感覚を通してさまざまな情報を取り入れ，周りの状況や環境の変化を察知し，その環境に適応しようとしています。また感覚は外界の危険から身を守るためにも，非常に重要な役割を果たしています。

1 感覚の種類

人の感覚は，五感（視覚･聴覚･嗅覚･味覚･触覚（皮膚感覚））があり，一般的には運動感覚・平衡感覚・内臓感覚の３種類を加えた８種類に分類されます。このように人に備わっている感覚の種類と感覚の体験内容を感覚モダリティ（様相）と呼びます。各モダリティには，外界のエネルギーを受けとる受容器があり，それぞれ受けとることのできる最適な刺激範囲を適刺激といいます。受容器はその刺激に対して選択的に反応しますが，刺激の強度が小さすぎると，私たちはそこに刺激があることを検出できません。ある程度の刺激の強さが必要なのです。このように感覚を感じ取るために必要な最小刺激量を刺激閾（絶対値）といいます。また感覚の特性の一つとして弁別閾（べんべついき）というものがあります。これは同じ種類の刺激を変化させた時，その違いに気づくかどうかの最小刺激の差異をいいます。ウェーバーは，刺激の弁別閾の大きさは，その差異の絶対量では決まらず，刺激量に比例することを発見しました。たとえば100gの重さに対する弁別閾が５gだとすると200gの重さに対する弁別閾は10gになります。このような関係は感覚全般に成り立ち，ウェーバーの法則（1834）と呼ばれています。

平衡（へいこう）感覚
身体の運動や姿勢を感知する感覚のこと。

内臓感覚
内臓に存在する内臓受容器によって検出された信号が，脊髄や脳幹の求心路を介して中枢神経系に伝わることによって生じる感覚のこと。

ウェーバー
Weber Ernst Heinrich
(1795-1878)
ドイツの生理・解剖学者。皮膚感覚などを研究し，ウェーバーの法則を発見。

２ 視覚システムと機能

人は，五感からさまざまな情報を取り入れていますが，視覚からの情報が 80％以上といわれ，非常に重要な役割を果たしています。視覚の適刺激は光（可視光）で，約 380〜760nm（単位はナノメートル）の波長範囲の電磁波です。それより波長の短い紫外線や X 線，波長の長い赤外線などはみることができません。私たちは眼で外界の光情報を受け取り，明るさや物体の大きさ，色や形を判断します。視覚系の感覚器官は眼球であり，人間の眼とカメラの仕組みは非常によく似ています（図２－１）。私たちが実際にものをみる時，視覚刺激として受容した光を角膜から水晶体（レンズ）を通じて，網膜の中心窩(ちゅうしんか)へ投射します。網膜はカメラのフィルムにあたり，水晶体はレンズ，眼球はカメラのボディという具合です。また，虹彩はレンズの絞りの役割を果たしています。

そして，網膜やレンズに映っているのは，物の上下が逆さまになった倒立実像です。視覚とカメラの違いは，カメラが外界の情報を受動的に行うのに対して，視覚は外界の情報を能動的に脳で情報処理を行う点です。

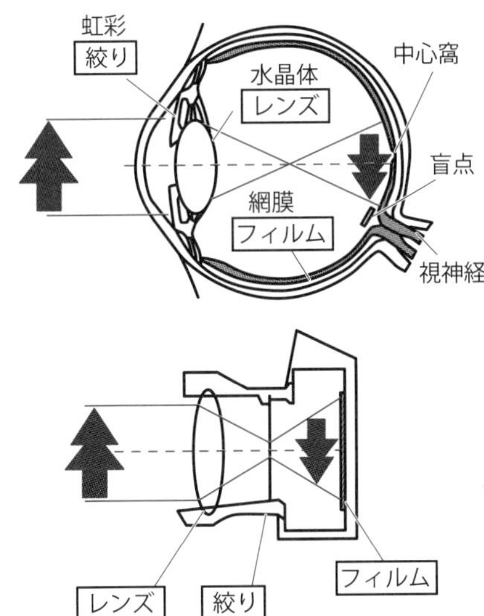

図２－１　人間の眼の構造とカメラののしくみ
出所：グラフィック心理学より筆者一部改変

２　感覚の一般特性

１ 順　応

順応とは，刺激の物理的な強度や性質が変化しなくても，時間経過につれて，その感じ方が変化する現象をいいます。順応は目だけではなく，耳や鼻や皮膚など他の感覚器でも生じます。たとえば，エアコンの音は，はじめはうるさく感じるかもしれませんが，しばらくすると聴覚が順応し，さほど気にならなくなります。また入浴時に最初は熱くてお湯になかなか入れませんが，しだいに熱さを感じなくなります。これは触覚（皮膚感覚）の順応から説明することができます。つまり私たちの感覚器の感度は，周囲の状況に応じて変化し順応しているのです。

コトバ

錐体（すいたい）

錐体とは視細胞の一種であり，円錐状の形態をしている。色彩を感知する機能があり，明るい場所で働く。また中心付近（中心窩）に密集している。

桿体（かんたい）

桿体とは視細胞の一種で色彩は感知しないが，光に対して感度は高く，暗い場所で働く。また網膜の周辺部に多く分布している。

光覚閾（こうかくいき）

光を感じるために必要な最小の光強度のこと。

その中でも視覚における感覚順応には，明順応と暗順応があります。人間の網膜には，錐体（すいたい）と桿体（かんたい）と呼ばれる2種類の視細胞があり，明るい場所では錐体が，暗い場所では桿体が中心となって機能しています。暗い場所から明るい場所に移ると，すぐに錐体が機能し始め，これを明順応といいます。また逆に，明るい場所から暗い場所に移ると桿体が機能し始め，その感度は時間をかけて高くなり，完了するまでには30～40分程度の時間が必要です（暗順応）。図2－2は，暗順応曲線と呼ばれ，時間がたつにつれ光覚閾（こうかくいき）がしだいに低下し，これが低いほどわずかな光刺激でも感知できることを示しています。この曲線には変曲線がみえ，これをコールラウシュの屈曲といいます。これを境に錐体と桿体が順応を取り持っていることがわかります。

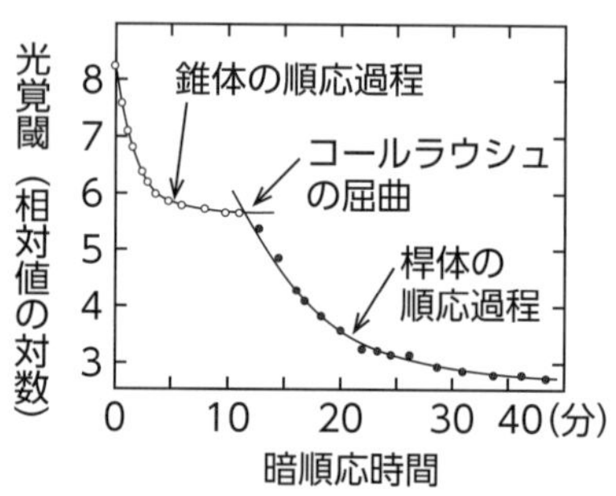

図2－2　暗順応曲線

出所：中村浩・戸澤純子『ポテンシャル知覚心理学』サイエンス社をもとに筆者作成

2 残　効

残効とは先行刺激の順応の結果，後続刺激の知覚に反動的な影響を与える現象をいい，運動残効や色残効などが含まれます。運動残効とは，一定方向へ運動する対象物をしばらくみてから，順応した後に静止したものをみると逆方向への運動がみられる現象です。たとえば，滝の流れをしばらく見続けた後，周囲の静止物に目を向けると，それが滝の流れ落ちるのとは逆向きに，上へ動いてみえることがあります（滝の錯視）。また円盤の渦巻き模様を30秒程度回転させ，しばらく円盤を凝視した後に回転を停止させると反対方向の残効がみられます。このような現象を渦巻き残効（図2－3）といいます。またその他にマッカロー効果などの方向随伴性色残効が知られています。

図2－3　渦巻き残効

出所：見てわかる視覚心理学（Carraher & Thurston，1968）

コトバ

マッカロー効果

残効の一種で，たとえば互いに方向の異なる緑の縞と赤の縞を交互に数秒ずつ凝視し，数分間順応した後，白黒の縞をみると，方向によって順応時の補色に薄く色づいてみえる現象。方向随伴性色残効とも呼ばれる。

3　知覚の特性

1 知覚の体制化

私たちの知覚は，刺激要素のひとつひとつを別々にみないで，全体のまとまりや規則性を見出そうとしています。みている光景の中に，このような秩序を作り，まとめようとする働きを知覚の体制化といいます。ゲシュタルト学派のウェルトハイマーは，まとまりやすい要因をまとめ，それらは，群化の法則と呼ばれています（図２－４）。

マックス・ウェルトハイマー
Max Wertheimer
（1880-1943）
ドイツの心理学者。ゲシュタルト心理学の創始者の一人である。

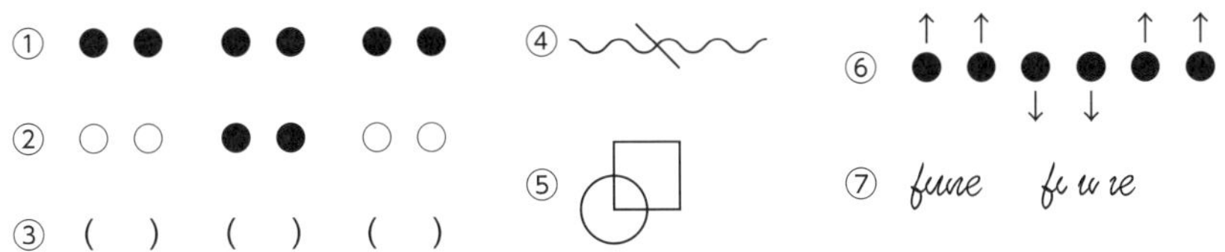

図２－４　群化の要因

出所：Wertheimer.M （1923）をもとに筆者作成

①　近接の要因：距離の近いもの同士はまとまってみえる。
②　類同の要因：色・形・大きさなど性質の似ているものはまとまってみえる。
③　閉合の要因：互いに閉じた領域はまとまってみえる。
④　よい連続の要因：なめらかに連続するものはまとまってみえる。
⑤　よい形の要因：単純で規則的で左右対称な形はまとまってみえる。
⑥　共通運命の要因：一緒に動いたり，ともに変化するものはまとまりやすい。
⑦　経験の要因：経験から有意味なものにまとまりやすい。

2 知覚の恒常性

みる方向や距離，照明などが異なれば，網膜に映る像も変化しますが，対象は比較的一定のものとして知覚されます。これを知覚の恒常性といいます。恒常性には「大きさ」，「明るさ」，「色」，「形」，「位置」などがあります。たとえば，近くにいる人は，網膜像に大きく映り，遠くにいる人は網膜像に小さく映りますが，距離にかかわらず，網膜像の大きさが変化しても同じ人は同じ大きさと知覚される現象を大きさの恒常性といいます。また屋外の光は，室内の光と比べて 1000 倍以上の照明の強度がありますが，屋外でも屋内でも白は白と知覚できる現象を明るさの恒常性といいます。そして視点が変化すると同じ対象物でも網膜像の形が変化しますが，それにもかかわらず変化しない形を知覚する傾向があり，これを形の恒常性といいます。

このように私たちは，これらの働きのおかげで，みかけ（網膜像）の変化に惑わされることなく，安定した知覚の世界が得られています。

第2節
だまされる脳ー錯覚

学習のポイント

●錯覚を通して，私たちが身の周りの世界をどのようにとらえているのかを考えてみましょう。

●日常生活のさまざまな領域で起こっている錯視について学びましょう。

1　錯　視

私たちは外界を必ずしもありのままにみているわけではありません。脳の中で，現実とは異なる外界の像を再構築している事があります。これが「錯覚」です。その中でもみたものを実際とは違って知覚する現象を錯視といいます。一般的に「目の錯覚」といわれていますが，実際には脳で起こると考えられています。錯視は，ものをみるときに生じる外界の物理的な特性と人の知覚とのズレを感じさせるものをいいます。これは，見間違いではなく，程度の違いはあっても誰にでも生じるものなのです。

1 幾何学的錯視

錯視は古くから知られていましたが，近代の錯視の研究は，19 世紀半ばから始まりました。みなさん図２－５をみてください。これは代表的な幾何学的錯視と呼ばれる図形です。

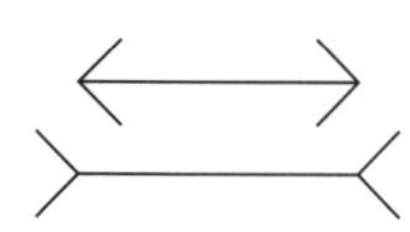

(a) ミュラー・リヤー錯視

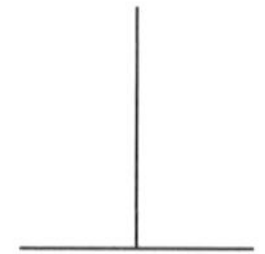

(b) フィック錯視

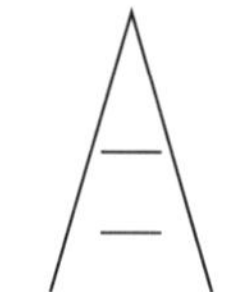

(c) ポンゾ錯視

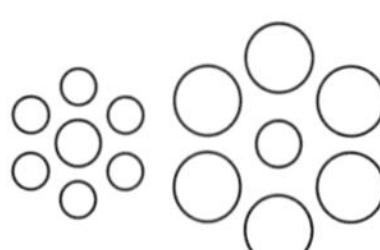

(d) エビングハウス錯視

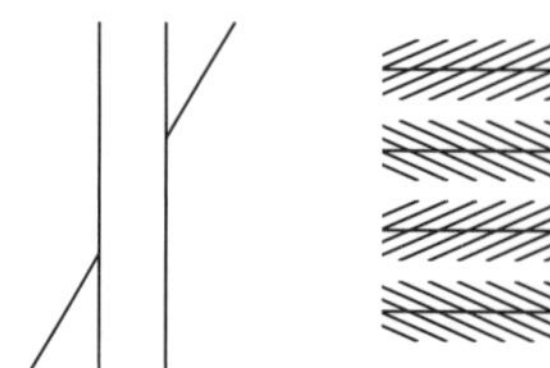

(e) ポッケンドルフ錯視

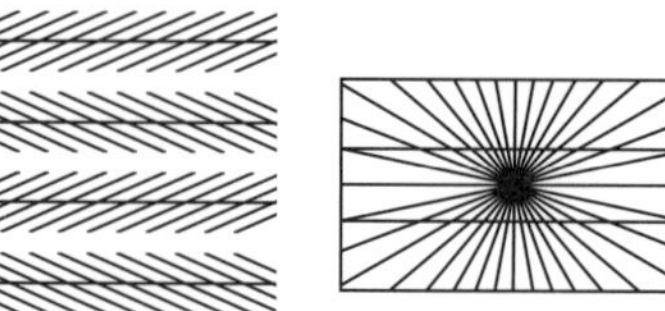

(f) ツェルナー錯視　(g) ヘリング錯視

(h) フレーザー錯視

図２－５　代表的な幾何学的錯視

出所：(a)～(g) 見てわかる視覚心理学　(h) 立命館大学 北岡 明佳 画像提供

コトバ

錯覚（イリュージョン，illusion）

錯覚とは，「知覚された対象の性質や関係が，刺激の客観的性質や関係と著しく食い違う現象」と定義している（心理学事典　有斐閣）。

ゲシュタルト心理学

心理学の学派。人間の精神を部分や要素の集合ではなく，一つのまとまりとしてとらえる考え方。この全体性を持ったまとまりのある構造をドイツ語でゲシュタルト(Gestalt：形態）とよぶ。

(a) ミュラー・リヤー錯視。中心にある水平線の長さは同じであるが，矢羽根が内側に向いているよりも外側に向いている方が水平線は長くみえる。
(b) フィック錯視。同じ長さでも垂直の棒の長さは，水平の棒の長さよりも長くみえる。
(c) ポンゾ錯視。 三角形の内側に平行な同じ長さの２本線をいれると上のほうが長くみえる。
(d) エビングハウス錯視。大きな円に囲まれた中央の円に比べて，小さい円に囲まれた中央の円の方が大きくみえる。
(e) ポッケンドルフ錯視。平行線に遮断された斜線は実際には直線であるが，上の斜線が上側にずれてみえるため直線にはみえない。
(f) ツェルナー錯視。横４本の線はすべて平行であるが，斜線の影響でゆがんでみえる。
(g) ヘリング錯視。放射線によって２本の平行な直線が湾曲してみえる。
(h) フレーザー錯視。同心円が渦巻きのようにみえる。

2 さまざまな錯視

20 世紀以降もさまざまな錯視が研究されていますが，ここでは，比較的新しい錯視を紹介します。**図２－６(a)** のオオウチ錯視は，静止画なのに円の内側の領域が動いてみえます。縦長と横長の市松模様を組み合わせることで，動いてみえる錯視です。オオウチ錯視のメカニズムに関しては諸説ありますが，網膜像の動きによって引き起こされる運動錯視といえます。

また**図２－６(b)** の立体錯視は，直接みる形と鏡に映った形が異なり，変身立体と呼ばれています。これは明治大学研究特別教授の杉原厚吉の作品で，数理的に計算し知覚像をつくり出しています。みる角度によって別の形として知覚されるのです。杉原は，不可能図形を立体化する（不可能立体）という新しいトリックをみつけました。これは，世界を驚かせた錯視といえるでしょう。

コトバ

不可能図形
錯覚の一種であり，三次元的な画像であって二次元の絵として描けるが，実際には三次元の物体としては成り立つことができない図形のこと。代表例にエッシャーの「無限階段」がある。

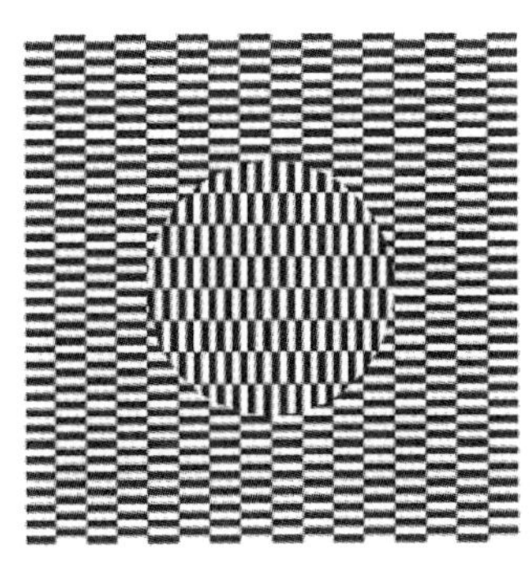

図２－６(a) オオウチ錯視
出所：ミネルヴァ書房『知覚心理学』北岡編

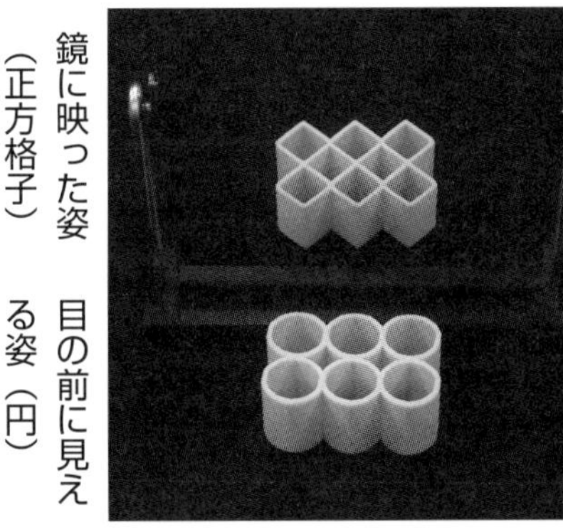

図２－６(b) 立体錯視
出所：明治大学 杉原 厚吉 画像提供

2　錯覚の世界を体験しよう

みなさんは，トリックアートミュージアムを訪れたことがありますか？ここでは，みなさんが体験できる錯覚を紹介します。

1 エイムズのゆがんだ部屋

ある特定ののぞき穴から部屋をのぞくと，同じ身長の二人が，まるでこびとと巨人のようにみえます（図2－7(a)）。それではなぜこのような錯覚が生じるのでしょうか。この部屋は左に行くほど部屋の奥行きが深くなるように形がゆがんで作られています。

つまり私たちは，実際，左に奥行きのある台形の部屋をみているとは知覚せず，「部屋は四角い」というこれまでの「経験」をもとに，普通の四角い部屋をみていると解釈するのです（図2－7(b)）。

図2－7(a)　エイムズのゆがんだ部屋

実際の
人物の位置
みかけの
人物の位置
みかけの
部屋の形
実際の
部屋の形
のぞき穴

図2－7(b)　エイムズのゆがんだ部屋のしくみ

出所：Gregory，1998　ポテンシャル心理学をもとに筆者作成

2 ラバーハンド錯覚

図2－8のように自分の手（リアルハンド）と，偽物のゴムの手（ラバーハンド）を机に並べて置き，自分の手はみえないようについたてを置きます。初めにリアルハンドとラバーハンドの同じ部位を同時に，筆で数回なでます。その後，自分からみえるゴムの手を誰かにハンマーなどでたたいてもらうと，自分の手がたたかれたような感じがします。このようにみえていない自分の手と，目の前にあるゴムの手が同期して刺激されると，ゴムの手がまるで自分の手であるように感じられるように

図2－8　ラバーハンド錯覚

出所：M,Botvinick & J,Cohen, 1998

なります。これはラバーハンド錯覚と呼ばれる現象で，いかに視覚的な情報が，体性感覚における身体的同一性に影響するかを示しています。

3　絵画や建築にも錯覚が使われている

1 エンタシスと強化遠近法

ギリシャのパルテノン神殿にはエンタシス（entasis）とよばれる錯視を利用した技法が取り入れられています。エンタシスは現在も使われている建築技法ですが，上部にかけて少しずつ円柱の太さを細くすると建物がより高くみえる視覚的効果が得られます。そして，同時に錯視効果によりまっすぐな円柱よりも安定してみえるという錯覚もみせています。奈良の法隆寺は，日本で唯一のエンタシスをもつ歴史的建造物です。

また東京ディズニーランドの入り口からシンデレラ城に伸びるワールドバザールのメインストリートの道幅は，しだいに狭くなっていきます。これは，シンデレラ城がより遠くに見えるように錯視を利用しているからです。そしてワールドバザールのメインストリートの建物は1階から上の階に向かって，石垣や窓が小さくなっていきます。このようにすると建物が実際よりも高くみえます。この手法はシンデレラ城の石垣や窓や扉にも使用されており，「強化遠近法」と呼ばれる手法で，実際の高さよりも城を高くみせるようにしています。また青色やくすんだ白色や灰色は後退色と呼ばれ，実際よりも遠くに感じられる色で，シンデレラ城をより遠くにみせる錯視を利用しています。

パルテノン神殿

シンデレラ城

2 トロンプ・ルイユ

トロンプ・ルイユとは，だまし絵のことです。ルネッサンス期の画家，ジュゼッペ・アルチンボルド（1527 ～ 1593）は，果物や花や野菜を組み合わせて描かれた人物像を描き，日本の歌川国芳（1797 ～ 1861）は，人を寄せ集めて1つのものを描く寄せ絵と呼ばれる技法を使っています。これは人間が，対象を顔としてとらえやすいという特性をうまくとらえています。また知覚の体制化が成立する多義図形といえるでしょう。

コトバ

体性感覚
触覚，痛覚などの皮膚感覚や身体の位置感覚・運動感覚などの自己受容感覚のこと。

エンタシス
建築において円柱の真ん中に膨らみがあり，上にいくほど細くなっていく形状の柱のこと。

コトバ

強化遠近法
遠近感による錯覚を利用し，ものの距離，高さ，大きさ，空間の広がりなどを実際よりも誇張して表現する技法。

コトバ

だまし絵
だまし絵とは本来は絵に何かを描き込むことで，実際にそこに対象があるかのように錯覚させる技法のこと。

第３節

人は誰でも間違える－知覚認知とヒューマンエラー

学習のポイント

●なぜヒューマンエラーが起こるかを考えてみましょう。

●人間の情報処理過程について学びましょう。

リーズン

J.T.Reason

(1938-)

英国の心理学者。著書は，『ヒューマンエラー完訳版』，『組織事故とレジリエンス』。

ノーマン

D.A.Norman

(1935-)

米国の認知心理学者。著書は『誰の為のデザイン?』。

不安全行動

事故の要因となる人間行動のこと。

1　ヒューマンエラーとは

人が原因となって犯す失敗をヒューマンエラーといいます。リーズンは，「計画した一連の心理的・身体的活動が意図した結果を達成することかできず，かつこれらの失敗を何らかの偶然の作用の介入に帰することができない場合を包含する総称的な用語」と定義しています。またノーマンは，すべき事が決まっている時に，①実行すべき行為をしない（オミッション・エラー），②実行したが正しく行わない（コミッション・エラー）ことで発生すると定義しています。ヒューマンエラーは，外部環境の改善等からエラーの低減を図る人間工学的な観点の定義もありますが，本節では，リーズンやノーマンによって定義された人間の心理的過程に焦点を当て，ヒューマンエラーの発生メカニズムについて考えていきます。

図２－９は，心理状態の違いで分類した不安全行動の分類です。その中でもヒューマンエラーは，スリップ（余計な動作の侵入，順序違いなど），ラプス（やり忘れ，行動意図の忘却など），ミステイク（行動の計画，段階の失敗など）の３種類に分類されます。

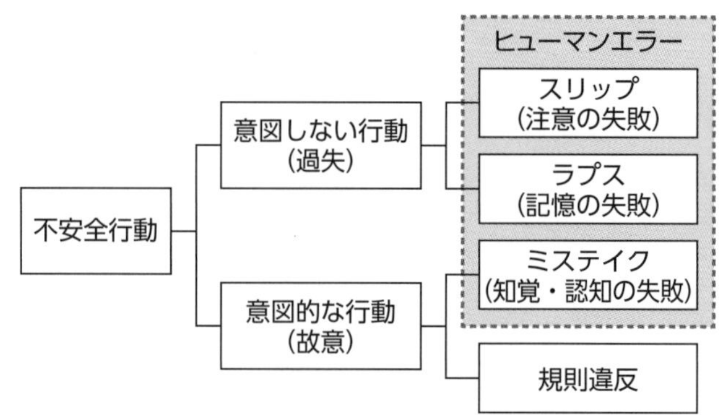

図２－９　不安全行動の分類

出所：J.T.Reason，1990 をもとに筆者作成

２　知覚・認知の情報処理過程

それでは，なぜ人はエラーをするのでしょうか？　人間は，入力情報を感覚器官で処理した後，①知覚・認知し，新しい情報と記憶にある過去の情報をもとに，②判断，意思決定をし，③動作の計画，実行します。人間の情報処理過程はよくコンピュータにたとえられますが，人間の情報処理能力には限界があります。ここでは，知覚・認知の情報処理メカニズムをもとにエラーにつながりやすい特性ついて考えていきましょう。

1 図と地

図２－10aは，ルビンの盃という図・地反転図形です。黒地に白い盃がみえる場合と白地に黒い向き合った二人の横顔がみえる場合があります。また図２－10bは，多義図形と呼ばれる婦人と老婆という絵です。これは，見え方によって老婆にみえたり，婦人にみえたりしますが，同時に二人をみることはできません。このように人間は，同じ対象物であってもどちらにもみえることがあり，何をみようとしているかによって，みえるものが異なって認知されるのです。

図２－10a　ルビンの盃
出所：(Rubin,1921)

図２－10b　婦人と老婆
出所：(Boring,1930)

コトバ

図・地反転図形
形として浮き出てみえる領域を図，その背景となる部分が地となる図形。

多義図形
見方によって違うものがみえる図形。反転図形とも呼ばれる。

2 文脈効果―前後の情報による誤認識

図２－11の上の３文字は「ABC」と，下は「12　13　14」と読めます。しかしよくみると中央の文字はまったく同じ形であることに気づきます。同じ形であるにもかかわらず，上の段は周りの状況からアルファベットとして読み，下の段は数字として読み，それぞれ見え方が異なります。このように私たちの知覚は，

A B C
12 13 14

図２－11　文脈効果
出所：(Bruner and Minturn, 1995)

その刺激以外の前後の情報やみる人の知識や期待，過去の経験などによって影響されます。これを文脈効果といいます。人は，文字認識において，形状の視覚情報によるボトムアップ処理だけではなく，前後の文字を手がかりとしたトップダウン処理も作用しているといえます。

3 選択的注意

私たちの感覚や知覚は，外界からの情報を単に受け取って処理した結果のみを得られるわけではありません。ある特定の情報を選択するという能動的な処理を行っているのです。これを選択的注意といいます。

人はパーティー会場のような騒がしい場所でも自分の相手との会話を選択的に聞くことができます。また他人の会話でも，自分の名前が呼ばれると，とっさにそちらに注意が向いた経験がある人も多いでしょう。これは聴覚における選択的注意の例で，カクテル・パーティ効果といいます。

また視覚的な選択的注意としてサイモンズとシャブリの「見えないゴリラ」という実験があります。実験参加者には，図2－12に示すように男女が一緒にバスケットボールのパスをしているビデオ映像を1分間みせます。参加者は，その間に白いシャツを着た人たちが何回パスを行ったかを数えるという課題が出されます。パスは速くて回数も多いため，集中してビデオをみる必要があります。そのビデオをみた後，参加者にはパスの回数以外に気づいたことがないかを尋ねます。実はこのビデオでは，人々がパスをしている途中で着ぐるみのゴリラが歩く場面が写っているのです。

図2－12　非注意性盲目の実験
出所：ポテンシャル知覚心理学をもとに作成

しかし，約半数の参加者は，ゴリラの存在にまったく気づきませんでした。この現象は非注意性盲目といい，脳は注意をしていない情報を意識から取り除いていることを示しています。なぜならば人間の情報処理の容量には限界があり，同時に入力される感覚情報のすべてを知覚し，処理することはできないのです。このことからも，車の運転中にスマートフォンを操作することが，いかに危険であることがわかります。私たちは，自分の注意能力を決して過信してはいけません。

4 チェンジブラインドネス－変化の見落とし

人は，視覚情報が多すぎると変化に気づかないことがあります。たとえば，数秒の間に画像の一部の色や形がゆっくり変化する場合，どこが

コトバ

ボトムアップ処理
低次から高次への知覚情報処理の流れで，感覚器から入力された情報処理をいい，データ駆動型処理とも呼ばれる。

トップダウン処理
高次から低次への知覚情報処理をいい，記憶や知識や経験などを用いる処理をいい，概念駆動型処理とも呼ばれる。

変化したかわからない事があります。また①画像 A，②空白の画像（0.08秒），③画像 A の一部を変化させた画像 B を交互に短時間提示する場合も変化がわかりにくいです。これを変化盲（チェンジブラインドネス）といいます（図２－13）。それではなぜ変化に気づかないのでしょうか？普段の生活で変化に気づくのは，動きを感じて，そこに注意を向けるからです。しかし画面がゆっくり変化したり，写真が変る瞬間に空白画像が入るような動きを感じさせない仕掛けをすると変化に気づきにくくなるのです。人間の眼は，みているようでみていないことがわかります。

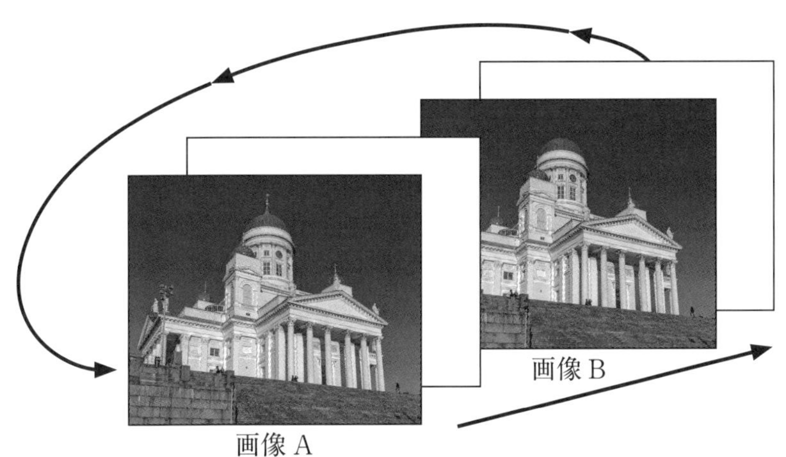

図２－13　変化盲

出所：筆者作成

3　ヒューマンエラーを防止する

ミスを防止する為にはハインリッヒの法則の「ヒヤリ・ハット」のヒューマンエラーを初期の段階で対処していく事が必要だといわれています。この法則は,「１つの重大事故の背後には 29 の軽微な事故があり，その背景には 300 の異常（ヒヤリ・ハット）が存在する」といわれています。

そしてヒューマンエラーのリスクを減らすためには，思い込みのミスをしないように，指差し確認や呼称，複数で確認するダブルチェックの方法などが有効です。またフールプルーフやフェイルセーフというエラーが発生しない仕組みづくりの方法があります。たとえば，電子レンジは扉が閉まった状態でなければ作動しないように設計されています。これは，フールプルーフの考え方に基づいています。また信号は故障す

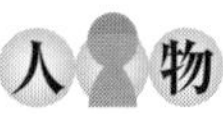

H,W. ハインリッヒ
Herbert William Heinrich
(1886-1962)
アメリカの生命保険会社で災害統計を専門に研究していた。

ハインリッヒの法則

出所：Herbert William Heinrich，1929 をもとに筆者作成

ると赤信号になり，踏切は故障すると閉まりっぱなしになる機能は，フェイルセーフに基づく設計といえます。このように設計や計画の段階でも，ヒューマンエラーが起きないような工夫や仕組みづくりをしておくことも必要です。そして，人はミスを犯すものだということを前提として，エラーが起こるしくみを理解し，防止していく必要があります。また今後，高齢化が進んでいく中で，高齢者のヒューマンエラーについて考えることは重要な課題の一つと言えます。

コトバ

ヒヤリ・ハット
結果的には大事に至らなかったもののヒヤリとしたり，ハッとしたりした出来事のこと。

フールプルーフ
エラーを防ぐしくみのこと。たとえば，子どもや高齢者など，操作が得意でない人が使っても，誤った操作をすることができない仕組みやデザイン。

フェイルセーフ
故障（フェイル）をしたら危険な状態になるのではなく，かならず安全な側に向かうような設計。

演習課題

①　盲点を探してみましょう。
人間の眼ではみえていない部分があります（盲点）。まず，右目を手でふさぎ下記の図の●を左目で注視しながら，図を遠ざけたり近づけたりするとある範囲で✚が消えます。

✚　　　　　　　　　　●

②　第1節で学んだエイムズのゆがんだ部屋を実際に作って体験してみましょう（400倍に拡大コピーして作成してください）。

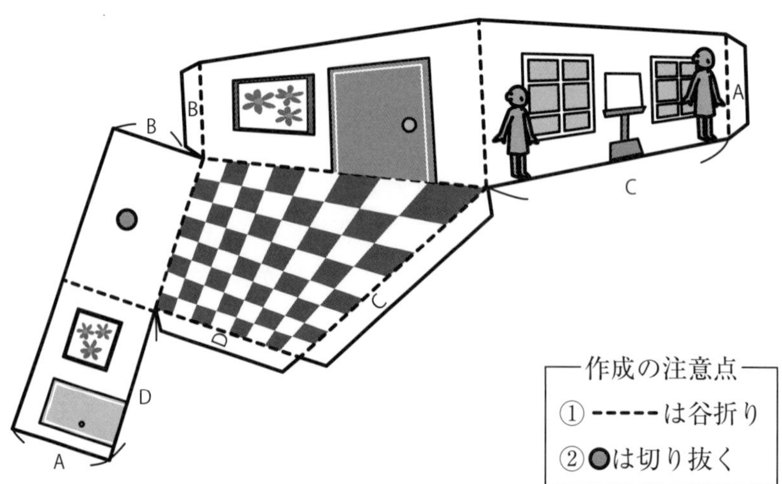

【引用・参考文献】

太田 信夫（監修）・行場 次朗（編）(2018). シリーズ心理学と仕事１　感覚・知覚心理学　北大路書房

大山 正・今井 省吾・和氣 典二（編）(1994). 新編感覚・知覚心理学ハンドブック 誠信書房

大山 正・今井 省吾・和氣 典二・菊地 正（編）(2007). 新編 Part2 感覚・知覚心理学ハンドブック 誠信書房

大山 正・鷲見 成正 (2014).　見てわかる視覚心理学　新曜社

鹿取 広人・杉本 敏夫・鳥居 修晃（編）(2019).　心理学　第５版　東京大学出版会

菊池 聡　(2020). 錯覚の科学　放送大学教育振興会

北尾 倫彦・中島 実・井上 毅・石王 敦子　(2015). グラフィック心理学　サイエンス社

北岡 明佳　(編著) (2015). 知覚心理学－心の入り口を科学する　ミネルヴァ書房

甲村 和三（編）　(2011). 心理学―工学系学生が学ぶ人間行動論　培風館

後藤 倬男・田中 平八（編）(2005). 錯視の科学ハンドブック　東京大学出版会

子安 増生・丹野 義彦・箱田 裕司（監修）(2021).　現代心理学事典　有斐閣

ジェームズ・リーズン　亀 洋（訳）　(2014). ヒューマンエラー　完全版　海文堂出版

中川 佳子・高橋 一公（編著）(2020). 現代に生きる心理学ライブラリ：困難を希望に変える心理学Ⅰ-1　心理学の世界　サイエンス社

中村 浩・戸澤 純子 (2017).　ポテンシャル知覚心理学　サイエンス社

服部 雅史・小島 治幸・北神 慎司　(2019).　基礎から学ぶ認知心理学―人間の認識の不思議　有斐閣

藤田 哲也（編著）(2020). 絶対役立つ教養の心理学－人生を有意義にすごすために　ミネルヴァ書房

無藤 隆・森 敏昭・遠藤 由美・玉瀬 耕治 (2019).　心理学新版　有斐閣

村井 潤一郎（編著）(2015).　心理学の視点―躍動する心の学問　サイエンス社

森 津太子・星 薫　(2017). 危機の心理学　放送大学教育振興会

第3章 感情の心理学

私たちは日常生活のなかでさまざまな経験をして，自分の感情と向き合うことがあるでしょう。また，人とコミュニケーションをするとき，他者の感情を推しはかることがあります。生きていくうえで切り離すことのできない感情のメカニズムは，近年の脳科学研究の進歩により多くのことがわかってきました。外的刺激に対する脳神経系の働きや心臓の鼓動などの身体的反応，ホルモンの分泌などの生理的反応，私たちの性格や気質などの心理的要因が相互に影響し合っていること，さらに私たちの感情は，社会状況や環境，文化が関連していることもわかってきました。

第３章では，このような人の感情のメカニズムについて，多面的な視点から学習していきましょう。

第1節
感情—人はなぜ感じるのか

学習のポイント

●人はなぜ感じるのか，感情のメカニズムについて理解しましょう。

●表情と社会的相互作用について理解しましょう。

コトバ

感情

心理学ではほぼ同じ意味として情動（emotion）が使われる。情動は，ある外的刺激に対する生理的・身体的反応をともなう感情である。感情制御（Emotion Regulation）は，感情のコントロールを意味する。本章ではわかりやすさの点から，情動ではなく感情を用いた。類似の用語として，気分（mood）は情動ほど強い感情ではないが，比較的持続する感情状態を示す。高等な感情（feeling）は，美的感情や道徳的感情などの意識レベルの感情を意味する用語である。

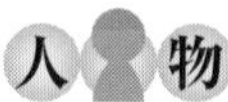

マイケル・ルイス

Michael Lewis

（1937-）

アメリカを代表する発達心理学者。自己意識的感情の発達理論や社会的ネットワーク理論，感情や自己などの研究業績がある。

1　悲しいから泣く，泣くから悲しい？—感情のメカニズム

私たちは，日常生活でさまざまな感情を経験します。親や親しい友人から欲しかったものをプレゼントされたら嬉しいし，騙（だま）されたら怒りを感じます。自分の感情をコントロールして，できるだけポジティブな気持ちを持続できれば，人生をより楽しめると誰もが考えるでしょう。感情は心理学のなかでも，私たちの人生と密接に関わるトピックです。

人はいつごろから感情を認識するようになるのでしょうか。アメリカの発達心理学者ルイスによれば，新生児は，快，不快，興味の感情をもち，生後6か月ごろまでに喜び・恐れ・怒り・悲しみ・嫌悪・驚きの一次感情を表すようになります。1歳半ごろからの自己意識的感情の発達にともない，照れや羨望（せんぼう），共感を生じます。3歳ごろには，人との関わりを通して他者と自分を比較し評価する自己意識的評価感情が発達し，誇りや恥，罪悪感を示すようになります（図3－1）。

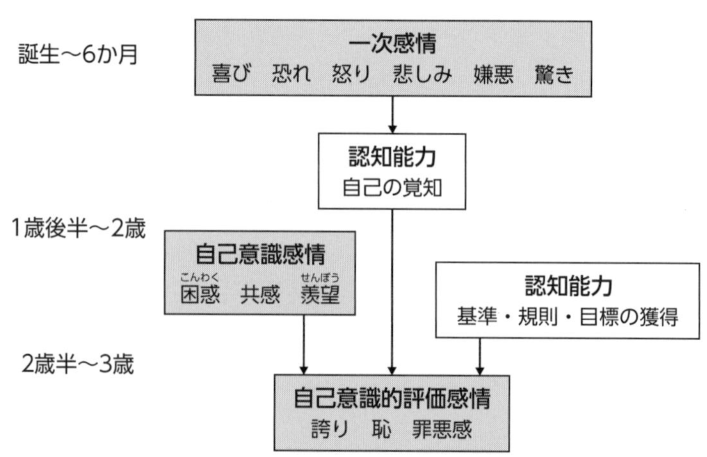

図3－1　生後3年間の感情の発達モデル

出所：Lewis，1995より筆者作成

では，感情は，身体とどのように関係しているのでしょうか。19 世紀のアメリカの心理学者ウィリアム・ジェームズは，「私たちは悲しいから泣くのではない。泣くから悲しいのだ」と言い，感情を脳や身体的反応との関係からとらえ，情動の末梢起源説（図３－２）を提唱しました。たとえば，怖いものをみると，脳が知覚し身体が震えたり心臓の鼓動が速くなったりします。そのような身体的反応が脳に伝達され，恐怖の感情を経験するという考え方です。この理論は，同じように考えた生理学者ランゲの理論とまとめて，ジェームズ・ランゲ説ともよばれています。

20 世紀になると，キャノンは弟子のバードとともに神経科学的実験を通して，脳の視床下部を中心ととらえた情動の中枢起源説（図３－２）を提唱しました。そこでは怖いものをみたとき，視床を通して怖いという感情を経験すると同時に，視床下部に信号が伝わり，心臓の鼓動の高まりなどの身体的反応を引き起こすと考えました。

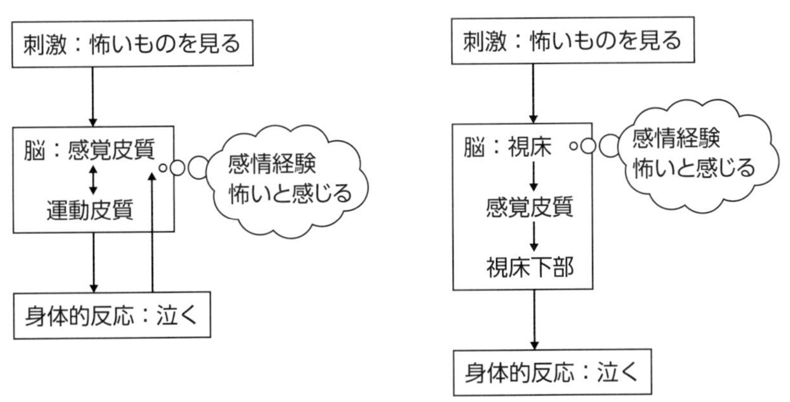

図３－２　情動の末梢起源説（左図）と情動の中枢起源説（右図）
出所：大平英樹編『感情 心理学・入門』有斐閣（2010）を参考に筆者作成

20 世紀半ばになると，認知の働きを重視した心理学研究が盛んになり，感情研究にも認知を取り入れた理論が現れてきました。たとえば怖いという感情が生じるには，怖くなって心臓がドキドキするなどの身体的反応に加えて，何が怖さをもたらしているのかを理解する視点が必要であると考え，シャクターとシンガーは，身体の生理的反応と認知の２つを必要とする情動二要因説（図３－３）を提唱しました。

さらに認知研究が進歩し，認知心理学者のアーノルドは，外的刺激が良いものかそうではないかを評価すること（認知的評価という）が，外的刺激と感情反応の間にあると考えました。同じようにストレスを研究していたラザルスは，自分がおかれた状況を理解したうえで，それが良

コトバ

自己意識的感情
自己を意識できるようになると，共感，うらやましさ（羨望）などの感情が出現する。

自己意識的評価感情
認知能力が発達して，自己評価の基準（規則，規範，目標など）を獲得すると，自己を基準に照らして評価しはじめ，誇り，恥，罪悪感などの感情が出現する。

ウィリアム・ジェームズ
William James
（1842-1910）
アメリカの哲学者，心理学者。機能主義の立場から，心と身体との関係を明らかにしてきた。

コトバ

情動の末梢起源説（ジェームズ・ランゲ説）
外的刺激が脳の大脳皮質（感覚皮質や運動皮質）で知覚されると，身体反応を示す。その身体の変化が再び大脳皮質に伝わり，感情を経験するという理論。身体変化そのものが感情であるととらえている。

人物

ウォルター・ブラッドフォード・キャノン
Walter Bradford Cannon
(1871-1945)
アメリカの生理学者。身体は常に安定を保つ（ホメオスタシス）ように自律神経や内分泌系ホルモンが反応し調整されると考え，脳を感情の中心においた。

コトバ

情動の中枢起源説（キャノン・バード説）
外的刺激が脳の視床に伝わり，そこから大脳皮質（感覚皮膚）に伝わることで感情を経験する。同時に，視床から視床下部に伝わって身体的反応が起きるという説。脳を中心として感情の生起をとらえている。

認知
物事を理解したり推測したり判断する力。

情動二要因説
外的刺激が生理的な覚醒をもたらすと同時に，その原因を考えて感情が生起するととらえている。

認知評価説
外的刺激に対して良いものか悪いものかなど評価し（一次的評価），その刺激や状況に対処可能かどうか判断(二次的評価)して，感情や行動が起きるという理論。

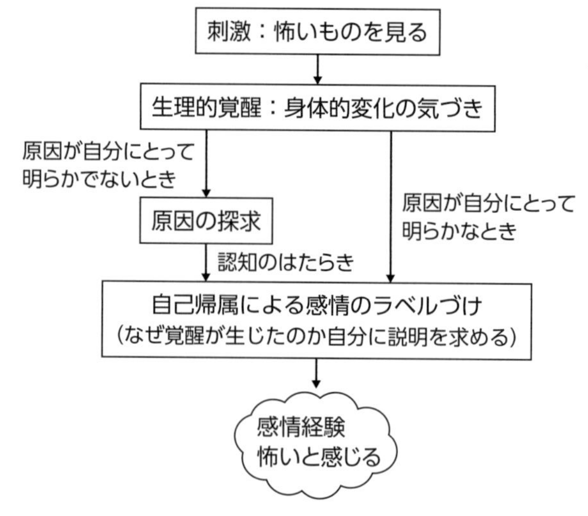

図３－３　情動二要因説
出所：大平英樹編『感情 心理学・入門』有斐閣（2010）を参考に筆者作成

いものなのか，悪いものなのかを評価することで感情が起きると考えました。これは認知評価説とよばれています。たとえば，私たちは暗い夜道を一人で歩いているとき背後から足音を聞くと，悪い人かもしれないという評価が恐怖の感情を引き起こし，走って逃げる行動をとることがありますね。

それに対して，社会心理学者のザイアンスは，同じクラブ活動に属している人を好きになるなど，繰り返し接することにより好意度や印象が高まる単純接触効果があるように，感情は認知とは関連しないという感情優先説を提唱しました。感情のメカニズムについて認知との関わりの違いから異なる２つの主張がありましたが，1990年代以降になると，fMRIや脳波を測定するなどの脳科学的研究や内分泌系ホルモンを測定する生理学的研究が盛んになり，感情のメカニズムを脳機能，生理的反応，行動や表情など心理的反応から複層的にとらえるようになってきました。fMRI（functional magnetic resonance imaging）は，機能的磁気共鳴画像法という脳機能の研究方法の１つです。

神経科医のダマシオは，感情について前頭前野の腹内側前頭前野（ふくないそくぜんとうぜんや）の機能の重要性を明らかにしました。フィネアス・ゲージの症例を契機として，自分の患者で脳損傷がある症例について検討したことによります（第１章参照）。ダマシオは，外的刺激は脳の扁桃体（へんとうたい）を反応させ，同時に腹内側前頭前野によって過去の経験や社会的文脈に基づいて調整され，感情の強さや身体的反応，意思決定に影響するというソマティック・マーカー仮説（図３－４）を提唱しました。扁桃体は，感情に関係する脳機

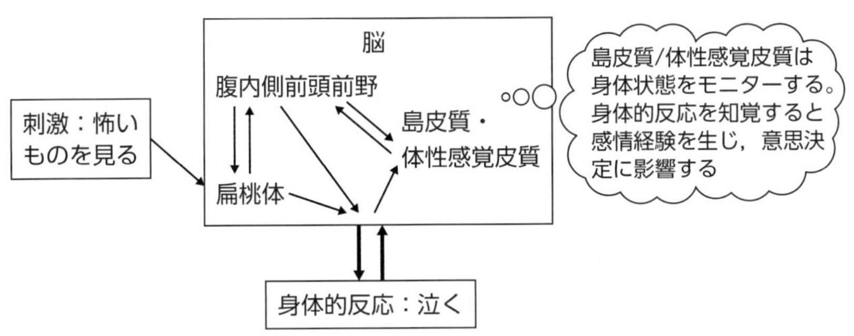

図３－４　ダマシオの感情理論ソマティック・マーカー仮説
出所：大平英樹編『感情 心理学・入門』有斐閣（2010）を参考に筆者作成

能で，腹内側前頭前野は抑制機能を担う部位です。腹内側前頭前野に損傷のある患者に対してギャンブル課題を行うと，大きな損失が出てもハイリスクハイリターンを選択するのに対して，健常者ではソマティック・マーカーとよばれる身体からの信号で，リスクを避けて適切な行動をとることができると示されています。

みなさんは，怒りや恐れ，喜びなどを強く感じると，心臓の鼓動がどきどきしたり，顔がほてったり，呼吸が乱れたりすることがあるでしょう。このような身体的反応は，人間が狩猟採集時代から進化の過程で身につけたしくみです。闘争や狩猟などで爆発的なエネルギーを出すことができるよう，感情に動機づけられて扁桃体が活発に反応し，身体的反応を促進するようになっているのです。たとえば，大平ら（2006）の研究では，快・不快の感情を喚起する写真をみせて，そのときの脳活動をPETで画像化し，身体的反応やホルモンを測定しています。扁桃体の活動が強くなると，ストレスや強い感情を経験したときに分泌される副腎皮質刺激ホルモンや自律神経系活動も強くなることがわかりました。このように感情は，対処行動や心理的反応，脳機能や内分泌系ホルモンなどの生理的反応が関わっています。

2　表情と社会的相互作用

表情は感情の表出で，ノンバーバル・コミュニケーションとして，他者に自分の気持ちを伝えます。表情によって他者の気持ちがわかり，自分の態度や行動を決定することもあります。エクマンは，西欧文化と異なる文化圏の人たちが，西欧人の喜び・驚き・恐れ・悲しみ・怒り・嫌悪の６つの基本感情（図３－５）の表情を理解することを示し，表情は文化を超えた共通性（文化的普遍性）があることを明らかにしました。

アントニオ・ダマシオ
Antonio Damasio
(1944-)
ポルトガル生まれ。医師。現在は南カリフォルニア大学で認知神経科学研究を行っている。感情が意思決定に影響を与えるソマティック・マーカー仮説を提唱した。

コトバ

ソマティック・マーカー (Somatic marker)
意思決定に影響する身体的信号。たとえば心臓がドキドキするなど。

ソマティック・マーカー仮説
外的刺激が扁桃体で知覚されて身体的反応を生起させ，前頭前野を通じて意思決定に影響を及ぼす。

ギャンブル課題
研究参加者は，裏にプラスまたはマイナスの金額が書かれたカードの山からカードをめくる。カードの指示に応じてお金をもらうか支払う。実験者は研究参加者により多く利益を得るよう求める。ハイリスク・ハイリターン，ローリスク・ローリターンを選ぶ人の特徴を調べる課題である。

一方，京都大学で人工知能を用いた研究では，日本人の表情は西欧との違いが示されたり（佐藤ら，2019），表情の文化的普遍性について慎重な意見もみられるようになりました（Mesquita，2001）。

表情は，人との社会的相互作用をもたらします。生後間もない乳児は自動的な身体反応として生理的微笑（自発的微笑）を示し，養育者への心地よいメッセージとなります。４，５か月ごろに養育者に示す社会的微笑は，養育者との愛着関係を育くみます。新生児のころから顔に興味を示すこと（Fantz，1961）や喜び・悲しみ・驚きなどの表情を模倣できること（Fields ら，1982）から，人は表情に対する認知を生得的にもっていると考えられています。９か月ごろになると，養育者の表情を参照して，自分の行動を調節する社会的参照もみられます。

第１節では，感情は心理的反応と脳機能や内分泌系ホルモンなど生理的反応，表情や心拍数などの身体的反応から構成されると複合的なメカニズムであることがわかりました。さらに，感情は他者との社会的相互作用を担う，社会的な機能をもつことがわかりました。次節では，感情理解と感情制御の発達について学習しましょう。

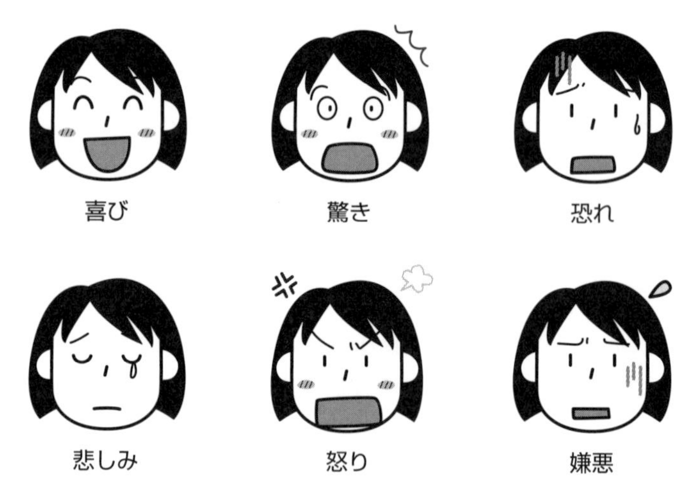

図３－５　エクマンの６つの基本感情

出所：Ekman（2003）を参考に筆者作成

コトバ

PET (positron emission tomography)
陽電子断層撮影法（ポジトロン断層法）で，脳機能の代謝レベルなど活動を観測できる。

副腎皮質刺激ホルモン（ふくじんひしつしげき）(adrenocorticotropic hormone: ACTH)
交感神経系と副交感神経系がある。たとえば交感神経系が活発になると血管が収縮し心拍数が上がり血圧が上昇する。

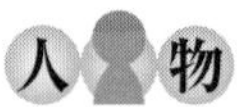

ポール・エクマン
Paul Ekman
（1934-）
表情と感情について研究したアメリカの心理学者。表情は文化を超えて共通であることを明らかにした。

ノンバーバル・コミュニケーション
言葉以外の方法によるコミュニケーションで，身ぶり，表情，視線，顔の色，身体の姿勢，他者との物理的距離などである。身ぶりは文化によって異なるが，表情は文化的な普遍性があると考えられてきた。

第2節
感情の発達と社会化

学習のポイント
●感情理解と感情制御の発達について理解しましょう。
●感情の発達は社会や文化との関わりがあることを理解しましょう。

1　感情理解の発達

人は何歳ごろから他者の感情を理解できるようになるのでしょうか？感情の発達について2つの立場があります。1つはエクマンに代表される，感情とその表出は生得的に備わっているという考え方です。他方は，ルイスに代表される，感情は生まれたとき未分化で自己や認知の発達，社会化にともなって感情が分化するという考え方です。

他者の気持ちを理解するためには，表情や声の調子，しぐさなどの表出的手がかり，状況の理解，他者の性格や好みの理解の3点が必要です（平林，2015）。2，3歳になると，「嬉しい」「悲しい」「怒り」「怖い」という表情の絵をみて，適切な言葉をラベル付けできるようになります（Denman，1986）。人形を用いて子どもにさまざまな状況での他者の気持ちをたずねる研究から，4歳以降には，状況に応じて他者の感情を推測できるようになり（Denham，1986），さらに本当の気持ちとみかけの気持ちの理解もはじまります。児童期にはメタ認知や二次的信念の理解の発達により，相反する感情が同時に起こることもわかるようになります（久保，2007）。感情理解は，認知の発達と社会的相互作用を通して，幼児期から児童期にかけて発達していきます。

2　感情制御の発達

感情は何歳ごろからコントロールできるようになるのでしょうか。

コール（1986）は，3，4歳の子どもでも，好きではないプレゼントをもらい期待はずれだったとしても，自分の表情をコントロールしてがっかりした表情を出さないようにできることを明らかにしました。幼児期に，日常生活での経験を通して感情の社会的表示規則を身につけはじめると考えられています。児童期になると，社会的表示規則をルール

コトバ

社会化（socialization）
人は，所属する社会（家庭や学校，地域社会，国など）の言語，規範，習慣，道徳，規則を知り，その考え方や価値観を取り入れていく。

感情理解（emotion understanding）
状況要因の理解，表情の理解，自分の感情について適切な言葉を当てはめられる能力が必要である。

感情制御（emotion regulation）
外的刺激によって起こる感情の表出をコントロールすること。その人の気質や認知能力（実行機能），脳機能，コルチゾールなどのホルモンが関連している。

としてではなく，人の気持ちを気遣ったり，自尊心を守ったりなど，良好な人間関係を継続させていくために，ほんとうの感情と表情を区別できるようになります（Saarni，2005）。

感情制御はどのように発達するのでしょうか。第1に養育者との愛着関係（第6章参照）に基盤があります。たとえば不適切な養育（マルトリートメント）は，脳の前頭前野の実行機能による抑制機能の発達を抑制し，自分の感情や行動を適切にコントロールする力が弱くなることがわかってきています（支田・藤澤，2018）。第2に，感情制御は脳の前頭前野の認知機能による抑制機能と大脳辺縁系（第1章参照）の扁桃体（へんとうたい）や海馬と関係し，認知と感情の発達が必要です。マシュマロ・テストといわれる子どものがまんする力を調べた研究があります（Walter，2014）。幼児にマシュマロ1個をすぐにもらうか，マシュマロを目の前に置きながら，食べずに一人で20分間待ってからマシュマロ2個をもらうかを選択させます。待つ20分間の子どもたちの様子はさまざまで，悲しそうな表情や泣きそうな様子，マシュマロをちらりとみたりじっとみたり，手を出しておさえ込んだりなど悪戦苦闘する行動がみられました。このような欲求を先延ばしにできる自制心は，ホットなシステムといわれる扁桃体の感情の働きと，クールなシステムといわれる前頭前野の実行機能がかかわっています。4歳未満の子どもは，たいていあまり待つことができませんでした。それは実行機能がまだ発達していないからです。

一方，児童期になると実行機能が発達して，感情をコントロールし，気晴らしをしながら待つことができるようになります。その後の研究で，幼児期に欲しいものを待てた子どもは，青年期の大学進学適性試験の成績が良く，その後もストレスにうまく対処できたり収入が高く，肥満指数が低いなど社会的成功と正の関連があることが明らかにされています。

感情制御は，愛着を基盤として認知の発達とともにできるようになります。さらに自制心の発達やストレスへの対処にも関係し，人がより良く生きていくための重要な役割を担っているのです。また近年の遺伝子研究からは，感情はセレトニン・トランスポーターなどの遺伝子多型のタイプがかかわり，ストレスやネガティブな出来事への対処方法の個人差の要因になっていることがわかってきました。

3　感情の社会化とは

人は家族や親密な他者との信頼関係，日常生活での感情経験を通じて，

コトバ

社会的表示規則（social display rule）
表示規則ともいう。感情の表出は社会的規範や習慣に沿っているという考え方。たとえば，嬉しくないプレゼントを受け取っても，嬉しそうな顔をしたり，仕事上で批判されてもポーカーフェイスを保つなどである。

マシュマロ・テスト
スタンフォード大学の心理学者であるウォルター・ミシェルが1960年代後半から1970年代にかけて行った研究。好きなものを目の前にして待てるかどうかを観察し子どもの自制心をはかり，その後の社会性の発達や社会的成果との関連を追跡調査した。幼児期にがまんできるほど，その後の社会性や知的発達が高く，社会的な成功と正の関連があることが示されている。

ホットなシステムとクールなシステム
ホットなシステムは感情を指し，脳の扁桃体の働きであり，クールのシステムは実行機能などの認知機能を指し，脳の前頭前野の働きをいう。

自己と感情を発達させていきます。感情の社会化とは，日常生活の文化的文脈のなかで，社会の規範や習慣に沿った感情表出の方法を学ぶことです（e.g, Saarni, 1999）。たとえば，日本の子どもはアメリカの子どもに比べて，他者の気持ちや反応を気にすることが言われています。それは，日本の養育者が子どもに「お店の人や他のお客さんが困るから静かにしなさい」というように，他者との関係性に配慮し，気持ちに誘導するしつけを用いるからだと考えられています（東，1994）。一方，アメリカの子どもは，きまりや自分の意思を理由にあげて，自分の感情をコントロールします。感情制御の方法も，その社会の規範や考え方など文化的影響を受けています（Saarni, 1999）。

感情の文化差については，実際の感じ方や行動，生理的反応にもみられています。日本人は，うきうきした，リラックスしたという肯定的感情（一般化された肯定感情）を多く感じると，親しみなどの他者との関係性を意識した感情（関与的肯定感情）も同時に感じがちですが，アメリカ人では，肯定的感情を多く感じると，誇りなどの自己の独立性を意識した感情（脱関与的肯定感情）を同時に感じていることがわかりました（Kitayama, Mesquita, & Karasawa, 2006）。これらは日本人とアメリカ人の自己のとらえ方の差異が感情経験の違いをもたらしていることを示しています。また，感情表出と生理的反応の文化差も報告されています。ルイスは，4か月の赤ちゃんが予防接種をしたときの感情表出とストレスホルモンであるコルチゾール分泌量を測定しました。日系アメリカ人赤ちゃんは，白人系アメリカ人赤ちゃんに比べて大きな声で泣くなどのネガティブな感情表出は強くありませんが，コルチゾール分泌量が多く，生理的なストレス反応は大きいことが認められました（Lewisら，1993）。

このように感情は，外的刺激に対して，認知や性格などの個人差と脳機能，生理的反応や身体的反応に加えて，人が生活している社会や文化の影響も受けて発達していくことがわかってきました。次節では，実際の社会生活のなかでの感情の機能について学習しましょう。

遺伝子多型

感情の働きの個人差の要因として遺伝子多型（遺伝子を構成しているDNA配列の個人差）が考えられている。セロトニン・トランスポーターの遺伝子多型には，ショートアレルとロングアレルの組み合わせにより，SS型（ショート），SL型（ショート・ロング），LL型（ロング）の３タイプがある。SS型は，ほかの型に比べて不安傾向が強く，外的刺激に対する衝動性や感情的反応が大きいことが明らかにされてきた。日本人はLL型が少ないことが示されている。

関与的肯定感情・脱関与的肯定感情・一般化された肯定感情

西欧で優勢な自己観とは，自己を他者から独立した存在としてとらえ，東洋で優勢な自己観は，自己を他者との関係志向的な存在としてとらえる。ポジティブ感情について，西欧では自己を対人関係とは関連させない「誇り」などの脱関与的肯定感情が優勢であり，東洋では自己を他者との関係性を重視する「親しみ」「尊敬」などの関与的肯定感情が優勢である。両文化にも共通な肯定的感情を一般化された肯定感情という。

第3節
感情の機能と社会生活

学習のポイント

●社会生活における感情の機能に関して，目撃証言や自己実現欲求を軸に学習しましょう。
●より良く生きるために，感情のコンピテンスの考え方を理解しましょう。

1　目撃証言における感情の機能

みなさんは，えん罪事件がなくならないのはどうしてだと思いますか？　アメリカ心理学会は，DNA鑑定によりえん罪と判明した40の事件のうち，36件の事件で目撃証言の誤りを見つけました（Wellsら，1998）。目撃証言の信頼性に関する要因は，感情の影響があります。目撃時には，対象に注意を向け情報を記憶できるよう符号化しなければなりませんが，目撃時の感情は記憶に影響を及ぼします。

たとえば嫌なものや怖いものを目撃したときに起こる不快な感情のうち，強い不快感情をもつと記憶が歪められます。これは強い不快感情をもつと，人は物事の中心部分に注意が集中し，周辺の情報を得難くなるからだと考えられています（沖，2007）。強い不快な感情は有効視野の縮小をもたらし，主要な情報の記憶には貢献しますが，周囲の状況を含めて何が起きているのか全体的情報の記憶が抑制されてしまうのです（大上ら，2001）。

さらに目撃したことを証言するときにも感情は影響することがわかってきました。「Aさんは凶器をもっていましたか」のようなクローズ質問や，叩いたことがまだわからないときに，「どこで叩いていましたか」のように叩いたことを誘導する質問は避けなければなりません。また質問者の言葉づかいも影響します。できるだけ目撃者と質問者がラポール（信頼関係）を形成し，目撃者の感情が安定したなかで証言がなされるよう，現在，司法面接時における緊張や圧迫感，不快感などの要因をコントロールして，できるだけ正確な目撃証言が得られるよう開発が進められています（沖，2007）。

コトバ

目撃証言
犯罪心理学のなかの捜査心理学で，目撃証言や司法面接について記憶や感情から研究がなされている。そのほか，犯罪者の特徴や行動を推定することや容疑者を特定する段階でのポリグラフ捜査などでも心理学の知見が応用されている。

クローズ質問
はい，いいえで答えることができる質問。

2　人格的成長と自己実現理論

私たちは，感情によって望ましい結果を導くようある行動へと動機づけられたり，感情や行動を調整したりします（e.g., 上淵・大芦，2019）。動機づけのプロセス（第４章参照）には，感情反応に対する適切な対処行動や感情制御が関与しているわけです。動機づけ理論のなかで，マズローは人間がいだく欲求に焦点を当て，人格的な成長を視点に含めた自己実現理論を提唱しました(図３－６)。この理論は，睡眠・食事などの「生理的欲求」，健康や安全などの「安全の欲求」，仲間や居場所を求めたり愛情を求めるなど「所属と愛の欲求」，自分が他者に認められたいという「承認の欲求」，自分の可能性を発揮したいという「自己実現の欲求」の５つの階層からなっています。より低次の欲求が実現できると，より高次の欲求を求めるようになり，最終的に人間は自己実現の欲求を求めるものであるとされています。

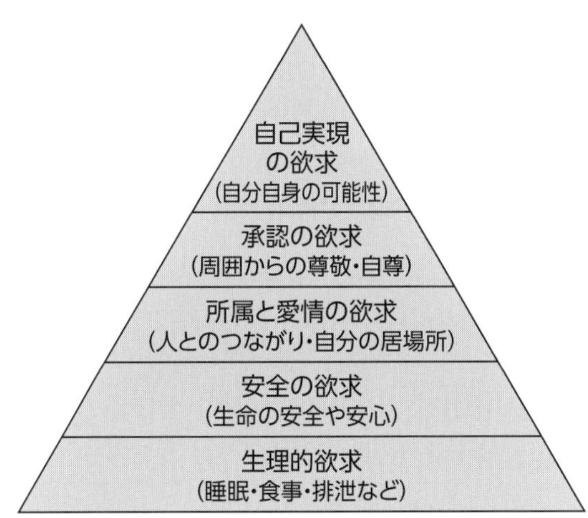

図３－６　マズローの自己実現理論

出所：マズロー ,A.H. 小口忠彦訳(1987)『人間性の心理学――モチベーションとパーソナリティ（改訂新版)』産業能率大学出版部を参考に筆者作成

マズロー
Maslow,A.H.
(1908-1970)
アメリカの心理学者。欲求に着目し，自己実現理論を提唱した。マズローの理論は心理学のみならず，経営学，教育学など周辺領域に大きな影響を与えている。

3　社会生活のなかでの感情―感情コンピテンス

私たちは感情によって生き生きとしたり悲嘆にくれたりします。現代の複雑な社会のなかでより良く生きるために必要とされる感情コンピテンスの概念とその重要性についてみていきましょう。

感情コンピテンスとは，発達心理学者のサーニが提唱した概念で，他者との社会的相互作用的のなかで自己効力感をもっていると感じるスキルであり，他者の感情を理解し共感的に関わり，自分の感情を適応的に

コトバ

感情コンピテンス
(Emotional competence)
サーニ（Saarni,C）によって提唱された。社会生活のなかで，他者と関わり，関係性を構築するために，柔軟性をもって感情を管理する能力のこと。

管理する能力のことです（Saarni，1999）。コンピテンスとは，ホワイトが定義した概念で，社会のなかで自分が適応的で有能であると考える力を意味します。感情コンピテンスとは，いわば社会生活を送るうえで，他者との円滑な人間関係の構築していく外的な適応力とストレス状況や困難にぶつかったときの感情コントロールやレジリエンスなど心理的な適応力と考えられます（e.g., 森口，2007）。感情コンピテンスには８つのスキルがあり（**表３－１**），情動性知能（EI: Emotional Intelligence またはEQ: Emotional Intelligence Quotient）の概念に加えて，社会的文脈や価値観，道徳性を重視したなかでの感情的適応力であるととらえることができます（Saarni，1999）。

情動性知能
(Emotional Intelligence)
1990年にサロヴェイとメイヤーによって提唱された。自分や他者の感情を理解する力・管理する力であり，思考と行動を適切に行うためにそれらの情報を利用する力である。情動性知能が高いほど心身の健康が保たれており，学業成績もよく良好な人間関係が築けていると報告されている。

レジリエンス
(resilience)
困難なことに直面したり，不適応な状況に陥ったとしても，柔軟性があってうまく適応して回復できる力のこと。

表３－１　感情コンピテンス

1	自分の感情の気づき，無意識では気がつかないことの理解
2	他者感情の理解
3	感情語や感情表現の使用する能力
4	共感的な関わり
5	見かけの気持ちと本当の気持ちが異なることの理解とその適応力
6	ネガティブな感情をコントロールする力
7	対人関係における感情理解や感情表出
8	感情自己効力感の能力

出所：Saarni(1999)，佐藤香監訳「感情コンピテンスの発達」p5を参考に筆者作成

この章では，人の感情は，心理的要因だけではなく，身体的反応や生理的反応，さらには社会や文化の影響を受けるメカニズムであることを学んできました。私たちは，日常生活において人との関係性を構築し，より良く生きていくために，感情コンピテンスを発達させることが大切であることを理解して，心のはたらきについての学習を深めていきましょう。

演習課題

① 誇りや恥，罪悪感などの感情は，何歳から出現するでしょうか。
② 感情コンピテンスを育むために，どのような教育が必要でしょうか。

【引用・参考文献】

東 洋（1994）. 日本人のしつけと教育—発達の日米比較にもとづいて（シリーズ人間の発達）東京大学出版会

Cole, P.M.（1986）. Children' s spontaneous control of facial expression. *Child development*, 57, 1309-1321.

Damasio, A.R.（2003）. Looking for Spinoza—Joy, Sorrow, and the Feeling Brain. Mariner Books.（ダマシオ , A.R. 田中 三彦（訳）（2005）感じる脳：情動と感情の脳科学　よみがえるスピノザ　ダイヤモンド社）

Denham, S, A.（1986）. Social Cognition, prosocial behavior, and emotion in preschoolers: Contextual validation. *Child Development*, 57, 194-201.

Ekman, P.（2003）. Emotions revealed: Understanding Faces and Feeling. Orion.（エクマン , P. 菅 靖彦（訳）（2006）顔は口ほどに嘘をつく 河出書房）

Fantz, R. L.（1961）. The origin of form perception. *Scientific American*, 204, 66-72.

Field.T.M., Woodson, R., Greenberg, R., & Cohen, D.（1982）. Discrimination and imitation of facial expression by neonate. *Science*, 218, 179.

藤田 和生（編）（2007）. 感情科学　京都大学学術出版会

平林 秀美（2020）. 感情制御の発達と他者理解 , 発達 , 163, ミネルヴァ書房

平林 秀美(2015). 心の理論の発達と他者の感情理解:養育者, 仲間, 保育者とのかかわりから , 発達 , 144, ミネルヴァ書房

Kitayama, S., Mesquita, B., & Karasawa, M.（2006）. Cultural affordances and emotional experience: Socially engaging and disengaging emotions in Japan and the United States. *Journal of personality and social psychology*, 91（5）, 890-903.

久保 ゆかり（2015）. 他者の気持ちの理解:園生活での子ども同士のやりとりを通して , 発達 , 144, ミネルヴァ書房

久保 ゆかり（2007）. 感情理解の発達　高橋 惠子・河合 優年・沖 真紀子（編著）感情の心理学 pp113-124. 財団法人放送大学教育振興会

Lewis, M., Ramsay, D.S., & Kawakami, K.（1993）. Differences between Japanese Infants and Caucasian American infants in behavioral and cortisol response to inoculation. *Child Development*,64,1722-1731.

Lewis, M.（1995）. Shame: The exposed self. The free press（ルイス , M. 高橋 惠子（監訳）遠藤 利彦・上淵 寿・坂上 裕子（訳）（1997）恥の心理学：傷つく自己 ミネルヴァ書房）

Maslow,A.H.（1954）. Motivation and Personality（マズロー ,A.H. 小口 忠彦（訳）（1987）人間性の心理学：モチベーションとパーソナリティ（改訂新版）産業能率大学出版部）

Mesquita, B.（2001）. Culture and emotion: Different approaches to the question. In Mayne, T. J. & Bonanno, G. A.（Eds.）, *Emotions: Current issues and future directions*（pp. 214–250）. Guilford Press.

森口 竜平（2009）. 感情の適応的機能―感情知能，感情コンピテンス，感情自己効力感に着目して　神戸大学大学院人間発達環境学研究科研究紀要，2（2）233-240.

西口 利文・高村 和代（編著）（2010）．教育心理学　ナカニシヤ出版

沖 真紀子（2007）. 目撃証言と感情　高橋 惠子・河合 優年・沖 真紀子（編著）. 感情の心理学 pp85-98. 財団法人放送大学教育振興会

大平 英樹（2014）. 感情的意思決定を支える脳と身体の機能的関連 心理学評論 57（1）98-123.

大平 英樹（編）（2010）. 感情心理学・入門　有斐閣

Ohira, H., Nomura, M., Ichikawa, N., Isowa, T., Iidaka, T., Sato, A., Fukuyama, S., Nakajima, T., & Yamada, J. (2006). Association of neural and physiological responses during voluntary emotion suppression. *Neuro Image*, 29, 721-733.

大上 渉・箱田 裕司・大沼 夏子・守川 真一（2001）. 不快な情動が目撃者の有効視野に及ぼす影響 心理学研究 72（5）, 361-368

大浦 賢治（編）（2019）. 実践につながる新しい保育の心理学 ミネルヴァ書房

Saarni, C.（1999）. The development of emotional competence, Guilford Press（サーニ，C. 佐藤 香（監訳）（2005）感情コンピテンスの発達　ナカニシヤ出版　2005 年）

Sato, W., Hyniewska, S., Minemoto, K., & Yoshikawa, S. Facial expressions of basic emotions in Japanese laypeople, *Frontiers in Psychology* DOI：10.3389/fpsyg.2019.00259

高橋 雅延・谷口 高士（編著）（2002）．感情と心理学：発達・生理・認知・社会・臨床の接点と新展開　北大路書房

友田 明美・藤澤 玲子（2018）. 虐待が脳を変える：脳科学者からのメッセージ　新曜社

内山 伊知郎（監修）（2019）. 感情心理学ハンドブック　北大路書房

上淵 寿・大芦 治（編著）（2019）. 新動機づけ研究の最前線　北大路書房

Walter, M. (2014). The Marshmallow Test: Mastering self-control, Little Brown and Co（ウォルター , M. 柴田 裕之（訳）（2015）マシュマロ・テスト　成功する子・しない子　早川書房）

Wells,L., Small, M., Penrod, S., Malpass, R.S., Fulero, S.M., & Brimacombe, C.A.E. (1998). Eyewitness Identification Procedures: Recommendations for Lineups and Photospread. *Law and human behavior*, 22（6）, 603-647.

学習と記憶 Learning & Memory

この章では，「学習」と「記憶」について学んでいきます。

第１節の「学習」では，学習のメカニズムを理解し，学ぶことによって行動が変わることに焦点を当てていきます。そして，それは行動だけでなく，意欲などの問題も関わってきます。学びと意欲についても考えていきます。

第２節の「記憶」では，記憶のメカニズムを理解し，人がどのように覚えることができるようになるのか，また，覚えた記憶がどうなるのかという視点から考えていきます。

「学習する」，「記憶する」の２つのメカニズムを学び，学びの本質を考え，効率よい自分なりの学び方を考えていきましょう。

第1節 学ぶとは（学習 -Learning）

学習のポイント

●今まで自然に身につけてきた知識と学習のメカニズムの関係を理解しましょう。
●どうしたらやる気がでるか，やる気がなくなるのかについて考えましょう。

1　どうして行動が変わるの？－私たちの学びと行動の変化を知る

学ぶということについて考えていきましょう。心理学では「学習とは，経験によって生じる比較的永続的な行動変化の背後にある心的過程」（心理学辞典）と定義しています。つまり，何かを経験したことで行動が変わったことが「学習」によるものと考えられます。たとえば，学校で勉強し，算数の計算が上手になることはもちろん学習です。しかし，そのような学びだけではなく，心理学でいう学習とはもっと広い範囲の学びを指します。普段私たちが生活のなかで経験したこと，たとえば掃除や料理，運動，ゲームなどが上手になったこともすべて「学習」であり，「学習する」と意識していなくとも私たちは日々いろいろなことを経験し，さまざまなことを学習しています。ただし，学習は上手になるというプラス面ばかりではありません。とても辛くて嫌な思いを経験した場合，その後同じような場面を避けようとします。これも学習です。さて，私たちはどのようなプロセスで学習しているのでしょうか。

パブロフ
Pavlov,I.P.
（1849-1936）
ロシアの生理学者。条件反射と消化腺の機能に関する研究によってノーベル賞を授与された研究者。

1 古典的条件づけ（レスポンデント条件づけ）

学習の考え方の基本となるパブロフの研究から考えていきます。この研究では，今まで犬の行動と関係なかったものが学習によって犬の行動に影響を与えたことを発見した実験でした（図４－１）。犬は餌を目の前にすると唾液が出るため，餌を無条件刺激といいます。ベルの音を聞いても普通唾液は出ないので，ベルの音のように元々は中性的な刺激を中性刺激といいます。そこで，餌を与えるときに同時にベルの音を聞かせるようにします。つまり，無条件刺激と中性刺激を同時に呈示します。これを繰り返すことによって中性刺激が学習によって条件刺激となり，餌がないのにベルの音を聞いただけで唾液が出るようになります。このように，条件刺激によって唾液が出るように行動が変化したことを条件反応といいます。条件刺激（元々は中性刺激）と無条件刺激を同時に呈

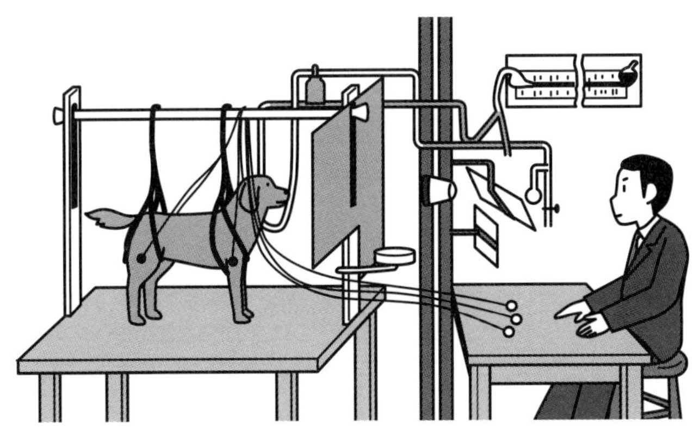

図４－１　パブロフの実験の様子
出所：無藤　隆ら著『心理学』有斐閣　2004 年をもとに作成

示し，条件反応が確認されるような手続きおよび現象を古典的条件づけ（レスポンデント条件づけ）といいます。犬はベルの音で餌をもらえるということを学習したということになります。人間にもこのような学習はあるのでしょうか。私たちが日々の生活に適応するためにこのような学習をして，無意識かつ反射的に行動していることはたくさんあると考えられます。ただし，人間の学習は古典的条件づけだけで説明できるほど単純ではありません。パブロフの古典的条件づけは，先行条件だけに影響されます。ここでは，ベルが先行条件となり唾液が出るという行動が起こりました。人間の行動で先行条件だけで行動が変化するのはその一部だけです。これから説明するスキナーのオペラント条件づけは，行動した後の結果（後続結果）に影響されます。

２ 道具的条件づけ（オペラント条件づけ）

スキナーはスキナー箱（図４－２）という箱にネズミを入れ，ネズミの行動を観察しました。この箱にはレバーがあり，レバーを押すことで餌が出てきます。ネズミは最初レバーと餌の関係性を理解できないので，あちこち触ったり試行錯誤しますが，そのうちに餌を食べたいときにだけレバーを押すようになります。これは「レバーを押す行動」と「餌を食べられたこと」（後続結果）が結びつき，学習が成立したと考えられます。その後，餌を食べたいときに自発的にレバーを押すようになったことから道具的条件づけ（オペラント条件づけ）とよばれています。さらに，この実験でネズミの自発的にレバーを押す頻度が増えることを「強化」といい，強化に用いられる報酬（ここでは餌）を「強化子」とよびます。人間の行動を強化するものは，食べ物などの生理的欲求だけではなく，ほめる，認められるなどの承認欲求や社会的地位などの社会的欲

無条件刺激
特に訓練しなくとも元から強い反応を生じるものを指す。そして，無条件刺激による反応を「無条件反応」という。

条件刺激
元々は行動に関係しなかったものが学習によって強い反応を生じるようになったものである。その刺激による反応を「条件反応」という。

先行条件
ある行動が起こる直前の環境や条件のことをいう。

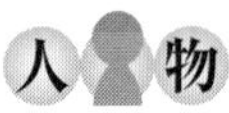

スキナー
Skinner,B.F.
（1904-1990）
アメリカの心理学者。行動分析学の創始者。オペラント条件づけの研究を行い，オペラント行動を教育にも応用し，ティーチングマシーンによる教育などに用いた。

行動随伴性

オペラント行動の頻度と刺激の関係のことをいう。行動随伴性には，正の強化と負の強化，正の罰と負の罰がある。

・頻度が高まる強化

「正の強化」とは餌を与えられるなど欲しい刺激が与えられることであり，「負の強化」とは電撃などの嫌な刺激がなくなることであるため，どちらも行動の頻度は高まる。

・頻度が低くなる罰

「正の罰」とはレバーを押すと電撃などの嫌な刺激が与えられることであり,「負の罰」とはレバーを押しても餌が与えられないなど欲しいものが与えられないなどであるため，どちらも行動の頻度が低くなる。

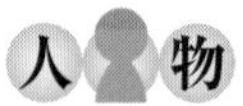

セリグマン

Seligman,M.E.P.

(1942-)

アメリカの心理学者。抑うつ的な状態は学習されるとして「学習性無力感」を提案した。

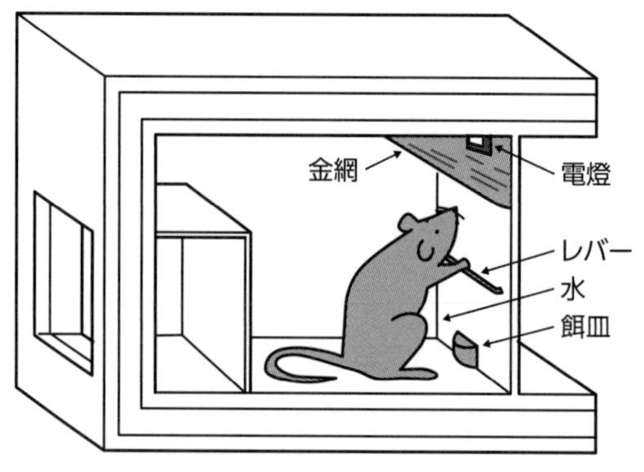

図４－２　スキナー箱

出所：梶田正巳・太田信夫編『学習心理学』福村出版　1985 年をもとに作成

求などさまざまなものがそれにあたります。強化の仕方によっては，その行動を頻繁にするようになったり，しなくなったりするということも学習されることがわかっています。

3 学習性無力感と意欲

私たちは嫌なことはなるべく避けたいと思います。望まない行動を避けようとすることを回避行動といいます。セリグマンとマイヤー (Seligman & Maiere, 1976) は犬の回避行動を研究しました。この実験は２段階で犬に学習をさせます。第１段階で用いられた実験装置は，A 犬と B 犬の両方の部屋に同時に電気が流され，A 犬はスイッチを押して電流を止めることができますが，B 犬は自由に動けないように固定されているので電流を止めることはできません。A 犬と B 犬には同じように電流が流れるため，A 犬のタイミングで電流は止められますが，B 犬は何もすることできません。

第２段階では，２つの部屋があり，警告音の後に電流が流れるため，隣の部屋に移動することで電流を回避できます。A 犬はすぐに電流の避け方を学習して，電流を回避しました。ところが，B 犬はその場から動くことなく電流を回避しようとしませんでした。これは努力しても回避できないことを経験することで「何をやっても無駄だ」という無力感が学習されてしまい，新しく学習する機会を妨げてしまったと考えられています。このことを学習性無力感といいます。私たちがやる気を持続し無気力にならないためには，自分で状況を変えることができると思えることが重要なのがわかります。

しかし，常にやる気を持続することは難しく，越えるのに高い壁を感じることも多いのが現実です。牧 (2019) は「ネガティブな感情を持った時，保護者にその気持ちを伝え，受け入れられることが，子どもの行動への意欲を高め，自他への不信感を軽減する可能性が示唆される。」と述べています。このように，意欲を維持するには，辛いときに自分のネガティブな感情，「できない」という挫折感等を理解してもらえるまわりの大人の温かなサポートや環境づくりも大切だと考えられます。

2　身近な人から学んでいるの？－みて聞いて行動が変わる

古典的条件づけやオペラント条件づけは，学習し習得するまでその行動を何度も繰り返し，多くの労力と時間がかかります。しかし，私たちは新しいことを学習するときに，すべてそのような努力が必要なのでしょうか。もし，そのような学習しか成り立たないならば，授業を聞いて理解するために多くの時間を要するでしょう。では，他にどのような学習方法があるでしょうか。

［1］観察学習

自然な環境のなかで，観察により学習が成立する学びを観察学習といいます。観察学習とは「他者（モデル）が何らかの行動をしている場面や，他者が行った行動に対して生じた結果を観察することを通して成立する，比較的永続的な行動や思考の変化のこと」（心理学辞典）とあります。すなわち，モデルの行動をみた後，同じような行動をすることをいいます。ただし，モデルの行動をみてその行動をしなくなったり，別の行動をとることも含まれます。私たちの行動のモデルとしては家族や学校の先生や友人など身近な人に最も影響を受けますが，それ以外にメディアや本などいろいろなものもモデルになります。

バンデューラは日常の学習を進めるうえでもモデリングの影響がなぜ重要視されるかという理由として，「必要な活動を具体的にみせてくれる有能モデルを与えることによって，不必要な誤りを犯さずに行動の技術を遂行させることができる。」(Bandura，1971：モデリングの心理学）と述べています。つまり，モデルをみることによって複雑な行動を覚える近道ができるのです。ここで，バンデューラらの有名な観察学習の実験から考えてみましょう。

彼らの初期の研究（Bandura ら，1961）では，実験室にボボ人形とたくさんの魅力的なおもちゃが置いてあります。実験群の子どもたちは大人がボボ人形に攻撃的な行動をした様子をみせられ，統制群の子どもたちは大人が攻撃的にふるまうことがない様子をみせられました。その後，実験室に入った子どもの様子を観察すると，実験群の子どもたちは統制群の子どもたちよりも，ボボ人形に攻撃的な行動をする傾向にある

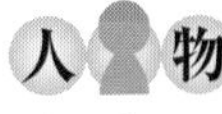

バンデューラ
Bandura,A.
(1925-)
カナダ出身の心理学者。スタンフォード大学で長く教鞭をとる。社会的学習理論や自己効力感の研究で知られる。

ボボ人形
バンデューラの攻撃性の観察学習の研究で使用された人形。ボボ人形とは空気で膨らませた人形。おきあがりこぼしのように倒れても元に戻ろうとする。

実験群と統制群
実験群は実験の条件で働きかけを行う群であり，ここでは大人がボボ人形を楽しそうに叩いている場面をみた子どもたちである。
統制群は働きかけを行わない基準となる群であり，大人が攻撃的な行動をしない場面をみた子どもたちである。この2つの群を比較することで実験条件がどの程度行動変容に影響があったのかが示される。

モデリング
バンデューラは他者の行動を観察することを通して学習が成立することをモデリングとよんだ。
〈モデリングの４つの過程〉
①「モデルの行動に注意を向ける過程」（注意過程）
②「観察したことを記憶として保持する過程」（保持過程）
③「記憶している行動体系を再生する過程」（運動再生過程）
④「それら３つの過程を動機づける過程」（動機づけ過程）

ことがわかりました。このことから，模倣のように直接行動しなくても観察だけで学習が生じるという考えを示しました。

② モデルとなるもの

私たちの学習において，観察学習の役割は大きいと考えられます。特に，子どもが社会化していく過程で誰を観察学習のモデルにするのかが大きな影響を与えます。奥村・鹿子木（2018）は「乳児は養育者との双方向的コミュニケーションから形成された養育者へ抱く感情が類似の属性を持つ他の大人へと般化し，その結果として，選択的な社会的学習に繋がっている可能性が窺える。」と述べています。つまり，母親から多くのことを学び，徐々にその周りの人々からも学ぼうとするとき，見慣れない人よりも見慣れた人に似た人から学ぼうとするのです。赤ちゃんのときからすでに相手を選びながら学んでいることに驚きます。

また，そのモデルとなる人のもつ文化や習慣，教育なども影響を与えます。東（1994）は日米比較研究で，子どもの学業成績と認知型との関係について縦断研究を行い，就学前に実施した課題の成績と高学年時の学業成績の相関を検討しました。その結果からみられた違いについて，学校の教育方法の違い，特にどういう意欲を前提にして教育が行われているかにもとづくのではないかと述べています。森永ら（2004，2005）は日中の心の理論課題の発達を検討し，そこで発達の異なる側面を報告しています。それは文化によって子どもに求められているものが異なるからと考えることができます。このように，何を前提にして教育（保育）が行われているのかによって子どもたちを取り巻く環境も異なります。したがって，保育・教育に携わる保育者や教師はこうあってほしいという願いをもち，子どもと関わるため，自分が子どもの観察学習の重要なモデルの一人であり，子どもたちの成長に大きな影響を与える可能性があることを自覚する必要があるでしょう。

3　やる気がでるときでないとき－学びたい気持ちを育てよう

ここまで，学習のメカニズムについて話してきました。学習は受動的なものではなく能動的なものです。みなさんも「やりなさい」と言われてやったことは長続きしなかったという経験はないでしょうか。では，どうしたら学びたい気持ちを育て，もち続けることができるのでしょうか。

① やる気と自信（結果期待と自己効力感）

まずはやる気や意欲が必要だと考えられます。心理学ではこれを動機づけとよんでいます。動機づけとは，「一定の方向に向けて行動を生起させ，持続させる一連のプロセス」（心理学辞典）のことをいいます。動機づけについてバンデューラによって概念化された2つの期待「結果期待」と「効力期待（自己効力感）」から考えてみましょう。たとえば，定期試験を前にして，「もう少しここを勉強すれば良い点が取れるだろう」という結果期待をもつAさんは，勉強への動機づけが高まります。逆に「苦手だからいまさらやってもしょうがない」という結果期待をもてないBさんは勉強への動機づけが低くなると考えられます。

効力期待（自己効力感）
その人自身が実際に特定の行動を起こせるだろうという信念のこと。

また，自己効力感も動機づけには必要です。自己効力感の例を挙げると，定期試験に向けて「今から試験までに復習をしっかりやれそうだ」と思えるのは自己効力感が高いと考えられ，「できないところが多すぎてどこから手をつけていいのかわからない」と思うのは自己効力感が低いと考えられます。結果期待と自己効力感を高めるには，自分ががんばったことが結果に結びつく経験をすることが大切です。それは自信となり，がんばる原動力となるでしょう。

2 やる気と楽しさ（外発的動機づけと内発的動機づけ）

では，苦手意識をもってしまったことにはどのように取り組めばよいのでしょうか。つまり，結果期待も自己効力感も低い場合，課題を簡単にしたとしてもそもそも取り組むことに抵抗があります。そのような場合，課題に取り組むときに報酬を設定して取り組むことがあります。たとえば，漢字ドリルを1ページやったらシール1枚，50枚集めたら賞状がもらえるなど，報酬を目的とした行動が生じることを外発的動機づけといいます。また，報酬ではなく，その行動自体を目的とした行動が生じることを内発的動機づけといいます。苦手意識の高い場合は，報酬がもらえるという外発的動機づけで興味を引き，内容を簡単にして「できた」という達成感を積み重ねることで，課題が楽しいなど内発的動機づけに移行することが可能です。

内発的動機づけ
何らかの行動に対する報酬に対してではなく，その行動自体が目的となっている際の動機づけのこと。

外発的動機づけ
何らかの行動に対する報酬が目的となっている際の動機づけのこと。

ただし，自らやりたいという気持ちが報酬をもらいたいからがんばるという気持ちにすり替わる可能性があることが研究から示され，報酬の呈示の仕方も考慮が必要であることがわかっています。学習するときに学びたい気持ちを育てるには，自らのもっと学びたい，知りたいという知的好奇心から学べるように導くことが大切です。

第2節
記憶とは（記憶-Memory）

学習のポイント

●記憶について，覚えることと忘れること，記憶が変わるメカニズムを理解しましょう。
●記憶のメカニズムを考慮した効率の良い記憶の方法を考えてみましょう。

記憶

最も幼い時期の記憶を詳細に思い出せるのは３歳以降といわれている。しかし，乳児が記憶できないわけではない。生後３か月になると一度やったことを８日後に同じようにやることができたという（RoveeColllier, 1999）。また，新生児でも母親の乳の匂いを好んだり，母親の声を好むなどの報告もある。これらのことから，新生児でも記憶をして学習をしていることがわかる。

学校の勉強では，算数の公式や漢字等，学んだことを覚える必要があります。学んだことを覚えるためにどのような工夫をしましたか。みなさんは「今から私の言うことを覚えてください」と言われたらどうしますか。耳を澄ましてよく聞こうとするかもしれません。また，話のなかで重要だと思うことだけを頭のなかで繰り返しリピートするかもしれません。聞いて覚えるのが苦手な人はメモを取るかもしれません。私たちは日々いろんなことを学んでいますが，すべてを覚えているわけではありません。そのなかから覚えておこうと思ったことだけを選択し，覚える努力をしています。心理学ではこの覚えることは記憶の領域に当たります。

1　覚えたことはどうなるの？－記憶のしくみから考えよう

①記憶の３段階

記憶の過程は３つの段階に分けて考えることができます（図４－３）。第１段階は符号化といい，記憶できるような符号等に変換し記憶に入れ込む過程です。第２段階は貯蔵といい，情報を貯蔵（保持）する過程です。そして，第３段階は検索といい，必要なときに記憶から取り出す過程です。大学で新しい友だちを紹介されたとします。名前と顔を記憶しやすい情報に変換するのが符号化です。そしてその情報を覚えることが貯蔵

図４－３　記憶の３段階

出所：Nolen-Hoeksema, S., Fredrickson, B. L., Loftus, G. R., & Lutz, C.　内田一成監訳『ヒルガードの心理学　第16版』金剛出版　2015年をもとに作成

であり，再会したときに思い出すことが検索にあたります。ただし，再会したときに相手に気づけないことや名前を思い出せないこともあります。この３つの段階のどこかで失敗していると考えられます。気づけないということは，符号化の段階で失敗した，あるいは貯蔵の段階で忘れてしまったなどが考えられます。名前だけ思い出せないのは貯蔵段階で忘れてしまった，あるいは情報がうまく整理できておらず検索で失敗してしまったなどが考えられます。

2 記憶の二重貯蔵モデル

私たちが新しい情報を覚える内容や覚えていられる時間を，感覚記憶，短期記憶，長期記憶に分けて考えることができます。この考え方はアトキンソンとシフリンの提唱した二重貯蔵モデル（Atkinson & Shiffrin, 1968）です（図４－４）。まず，私たちの脳に情報が五感を通して知覚的情報となり入ってきます。この段階では五感を通したすべての情報が一旦入ってくるため大量な情報が入力されます。この情報すべてが記憶されるわけではありません。注意を向けられなかった情報は数秒で忘れてしまいます。この数秒だけ保持されすぐに消える記憶のことは感覚記憶といいます。そして，感覚記憶のなかで注意を向けられた記憶は短期記憶として数十秒貯蔵されます。そのとき，情報は知覚的情報から意味のあるものへと変換されます。この短期記憶の貯蔵庫も新しい情報が次々に入ってきますので，特に何もしないと忘れてしまいます。

さらに，そこで大切な情報は繰り返し覚えたりすること（リハーサル）で記憶が定着します。覚えた記憶は半永久的であり，この記憶は長期記憶といいます。私たちの脳には，五感を通して大量な情報が入ってきますが，その情報のなかで自分の注意を向けたものだけが記憶されるというしくみです。授業を聞くことで感覚記憶に一時的に情報が保持され，そのなかで大切だと注意を向けたものが短期記憶で言語的な情報となり，復習などをすることで長期記憶に貯蔵されるということになります。

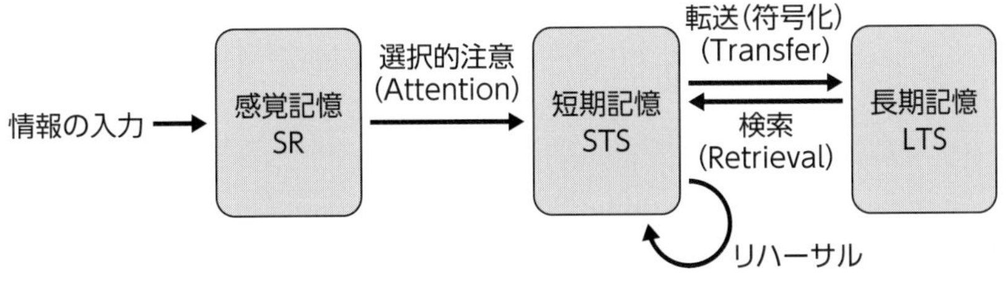

図４－４　二重貯蔵庫モデル

出所：Atkinson&Shiffrin，1968 をもとに作成

記憶と注意

私たちの記憶の問題の多くは注意の問題であるといわれている。注意を向けられた情報だけが短期記憶に送られるため，大切だと思うことを瞬時に判断して注意を向けることが必要になる。常に注意を払っていることはできないため，大切なことを見落としたり，聞きそびれたりすることが生じる。

記憶システムの構造

（図４－４）

・感覚記憶の入出力
SR（Sensory Register）

・短期記憶の入出力
STS（Short-term store）

・長期記憶の入出力
LTS（Long-term store）

アトキンソン

Atkinson,R.C.
（1929-）
アメリカの心理学者。学習や知覚の数学的モデルの研究をした。

作業記憶

作業記憶には「短期間必要とされる材料を貯蔵し，そして暗算のための作業空間の役割」と「長期記憶への中間駅としての役割」の2つがある（ヒルガード心理学，2015）。

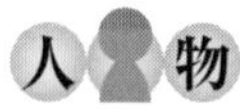

ミラー

Miller,G.A.

(1920-2012)

アメリカの心理学者。聴覚，言語認識，コミュニケーション理論等が専門である。人間が一度に覚えられるチャンクの数には限界があり，7±2チャンクであることをみつけた。

チャンク

人が知覚する情報のまとまりのこと。たとえば，12個の数字「167283056789」を覚えるのは，記憶容量（7±2チャンク）を超えるため難しい。しかしこれを「1672-8305-6789」と分けると3チャンクになり，覚えやすくなる。この場合，「1672」が1つの情報のまとまり，チャンクとなる。

3 ワーキングメモリ

短期記憶と近い概念であり，学習に大きく影響する記憶として，ワーキングメモリがあります。この記憶は物事を理解する際にとても大切な記憶であることがわかっています。ワーキングメモリ（作業記憶）とは「計算や推論，読解，さまざまな学習活動等の何らかの認知課題の遂行中に，一時的に必要となる記憶の働き」（心理学辞典）を示します。新しい情報が入りそれを理解しようとするときに，私たちは前に学んだ知識（既知）に照らし合わせます。既知は長期記憶に蓄積されています。そこにアクセスし，既知を長期記憶から引き出し，今学んでいる内容を関連づけて理解することで，知識が深まっていきます。

ただし，ミラーによるとこの記憶の容量は7±2といわれており，容量には限りがあり個人差もあります。この容量が大きい程，多くの情報を処理できるので学習が効果的に行われます。湯澤ら（2013）はワーキングメモリを考慮したユニバーサルデザインを提案し，個別指導などの実践事例を報告しています。ワーキングメモリの小ささから授業中の情報を理解できない子どもたちへの効率的な支援として次の4つを挙げています。

①情報の整理（情報の構造化，多重符号化）
分類などをしてわかりやすい情報に整理する
②情報の最適化（スモールステップ，情報の統合，時間のコントロール）
情報を吟味して一度に伝える情報を少なくする
③記憶のサポート（記憶方略の活用，長期記憶の活用，補助教材の利用）
子どもに合った記憶方略や補助教材を用いる
④注意のコントロール（選択的注意，自己制御）
子どもの注意を課題に向ける声掛けなど

湯澤ら（2013）より引用

子どもたちの勉強における課題の背景には，このような記憶の問題も隠れています。子どもたちの記憶の特性を知り指導することはとても重要であることがわかります。そして，自分の記憶の特性も理解しておくことで効率よく覚えることができるようになるでしょう。

2　覚えたことはどう変化するの？－忘れる，変わる理由を考えよう

さて，覚えることのメカニズムが理解できました。人間はコンピュータのように情報をそのままの形で記憶し続けることはできません。忘れ

てしまうことがあったり，記憶が違ったということもあります。ここでは貯蔵された記憶がどのように変化していくかを考えていきます。

1 忘　却

長期記憶に貯蔵されたものは半永続的に記憶されるとありましたが，私たちが日々学んだことをきちんと記憶したとしても，いざ思い出そうと思ってもど忘れしていたり，すっかり忘れてしまったりという経験はみなさんもあるでしょう。このように，一度覚えたことを忘れてしまうことを忘却といいます。エビングハウスの研究から，記憶研究が数量的に測定されるようになっていきます。忘却が生じる原因はいろいろありますが，「保持」の失敗と「検索」の失敗の２つに分けて考えることができます。符号化の失敗ももちろんありますが，ここでは一度保持された記憶を忘れるということについて考えていきましょう。

「保持」の失敗とは覚えたのに何らかの原因で忘却が生じることです。保持の忘却の最も重要な要因として干渉があげられます。「一般に，ある程度の類似性があり，しかも組織化されていない事柄は，互いに記憶を妨げる。これを干渉という。」（心理学第５版補訂版，2020，p91）とあります。覚えた情報が似た情報であったり，曖昧な覚え方であった場合，前後の情報に干渉されて忘却が生じるというものです。前に記憶したことが後の記憶を妨げるのを順向抑制といい，後でほかのことを記憶することで前の記憶が妨げられるのを逆向抑制といいます。

次に，「検索」の失敗は検索失敗といわれ，記憶保持されている情報が何らかの問題で検索に失敗し思い出すことができないために忘却が生じるというものです。試験が終わったと同時に思い出すなど，後からそれを思い出すことや，「のどからでかかった」という状況がそれにあたります。忘れると一言でいっても，いろいろな原因によって忘れていることがわかります。

2 記憶の変容（記憶の再構成）

私たちが長期記憶に保存した記憶はずっと同じ内容でしょうか。そもそも長期記憶に蓄積されている記憶は自分なりに整理した記憶です。さらに，記憶を検索し引き出した際に，新たな情報が加わります。たとえば，写真をみながら昔遊園地へ行ったことを思い出します。話すうちに記憶が鮮明になっていきます。後でビデオを見たら少し違っていたということが生じます。私たちが記憶を思い出すとき，その一部だけを思い出します。そのとき，蓄積していた記憶に新しい情報を足して，足りない情報を補おうとします。これを記憶の再構成といいます。

ロフタスとパルマー（1974）の実験から考えます。この実験の参加者

エビングハウス
Ebbinghaus,H.
(1850-1909)
ドイツの心理学者。記憶の研究の第一人者。記憶の複雑な現象を初めて数量的に測定をした。エビングハウスの忘却曲線が有名。

エビングハウスの忘却曲線
エビングハウスの忘却曲線は，最初に学習した内容（原学習）を徐々に忘却したことを示した曲線ではない。原学習後，一定時間経ったところで再学習を行った結果，学習する時間がどの程度少なくてすむかを調べた。そのため，節約法という。

ロフタス
Loftus,E.F.
(1944-)
アメリカの認知心理学者・法心理学者。目撃証言に関する専門家でもある（目撃証言の情動の影響は第３章を参照）。

は交通事故の映像を視聴した後，一連の質問をされました。接触群は「お互いの車がぶつかった時，どれくらいの速さで走っていましたか。」と質問し，激突群は「お互いの車が激突した時，どれくらいの速さで走っていましたか。」と質問しました。激突群は接触群よりも平均速度を速い速度で見積もっていました。そして，１週間後に「あなたは割れたガラスをみましたか。」と再度質問をしました。実際の映像には割れたガラスはなかったのですが，接触群よりも激突群の方が「割れたガラスがあった。」と間違えた報告する傾向がありました。割れたガラスと聞き，先週の映像の激突シーンを思い出したときに，「割れたガラスがあった」と記憶が再構成されたと考えられています。

深い理解をともなった習得

市川（2020）は，深い理解をともなった習得には，①「何度も反復して習熟することによって知識や行動を身につけるという行動主義の考え方」と②「情報の意味，規則，構造，因果関係などを理解して自分の知識体系の中に組み込んでいくという認知主義の考え方」の２つの考え方があると述べている。

[3] 目撃証言の信憑性

このような記憶の変容は，裁判で用いられる証言の信憑性の研究からも示されています。渡部ら（2001）の「目撃証言の研究」のなかで，目撃証言の信頼性に関わる要因として①記憶の過程，②既有知識の影響，③情動の影響，④情報収集手続きなどが影響すると述べています。ここでは，記憶過程について検討してみましょう。符号化段階での要因として，情報を符号化するときに，暗くてみえづらかったり，車なら速度なども関係するだけでなく，目撃者の年齢が幼かったり，大きなストレスを感じていたりすることなども関係します。貯蔵段階では，長期記憶から忘却が生じたり，事後情報によって記憶が再構成されてしまったりすることなども考えられます。検索の段階では，質問法によっては貯蔵した出来事の記憶を検索するプロセスに影響をあたえることもわかっています。記憶が大きく変わることはないでしょう。しかし，詳細について情報を求められる目撃証言では記憶が曖昧な場合，さまざまな要因によって，その記憶の一部が影響を受け変容する可能性があることを知っておくことも大切だと考えらえます。

3　忘れないためにどうすればいいの？－記憶力アップに大切なこと

記憶の改善という視点から記憶力アップについて一緒に考えていきましょう。勉強するときに最も頻繁に使用される反復・習熟による学習のしくみは，繰り返して覚えることでありリハーサルといいます。学習では，基本的な練習を繰り返すことが重要ですが，レベルが上がってきたときに，ただ単純に繰り返すだけでは限界がくると市川（2020）は指摘しています。たとえば，漢字であれば象形文字の知識や「ニンベン，キヘン」などヘンの知識があることで漢字の背景を想像でき，覚えやすくなります。ある程度のレベルになるまではリハーサルで知識量を広げ，長期記憶の知識から新たに覚える漢字の意味や規則性などを付け加えることで効率よく覚えることができます。この情報を付加し意味づけすることを精緻化といいます。

次に，みなさんのさまざまな能力を利用することでも記憶力をアップすることができます。たとえば，空間を利用する場所法，時間的配列を利用する物語法，情報にイメージを付加するイメージ法なども古くから利用されてきました。また，上手に情報を整理することで大量の情報を覚えることを体制化といいます。カテゴリーに分類したり，類似するものをまとめるなどがそれに当たります。ほかには，意味的操作といわれる語呂合わせにして覚える方法もあります。

記憶は忘却や変容が生じるため，上手にノートを取ったり，自分に合った記憶法や課題の性質にあった記憶法を利用することで格段に学習効果が上がるのではないでしょうか。

場所法
場所の順序系列と記憶したいリストをイメージで結びつけて覚える方法である。

マインドマップ
テーマを真んなかに描きそこから情報を web 状に線でつないでいくもの。学習の知識を整理したり，新たな発想にもつながる。

体制化
カテゴリーに分類したり，類似するものをまとめるもの。「カエデ，スズメ，トンボ，バッタ，クヌギ，メジロ」を覚えてみよう。今度は「木：カエデ，クヌギ」「鳥：スズメ，メジロ」「虫：バッタ，トンボ」と分類して覚えてみよう。分類した方が記憶しやすく，思い出しやすくなる。

物語法
覚えたい語彙を用いて物語をつくるものである。辻褄は合わなくても良い。この方法も，イメージを利用している。

意味的操作
語呂合わせともいう。年号は数字の羅列でそれ自体に意味はない。単純に覚えると 794 か 749 か思い出すときに手がかりがなく混乱する。そこで「鳴くよ」と覚えると，順序の手がかりが言葉にあるので，数字の入れ替わりを防ぐ。

演習課題

① 学習場面において，子どもが少し苦手だと感じていることを前向きに取り組めるようにするためにはどのような支援が必要でしょうか。学習と意欲の関係から説明しましょう。

② あなたが教師あるいは保育者だとして，ワーキングメモリーの小さい子どもに対して，どのような支援ができるかについて考えてみましょう。

【引用・参考文献】

Atkinson,R.C. & Shiffrin,R.M.（1968）. Human memory: A proposed system and its control processes. *Psychology of Learning and Motivation*, 2. 89-195.

東 洋（1994）．シリーズ人間の発達 12　日本人のしつけと教育―発達の日米比較にもとづいて　東京大学出版

Bandura,A.（1971）．*Psychological Modeling Conflicting Theories 1th Edition*, Aldine-Atherton,Inc.（バンデューラ ,A.（編），野広 太郎・福島 脩美（共訳）（2020: 初版 1975）新装版モデリングの心理学―観察学習の理論と方法 金子書房）

市川 伸一（2020）．「教えて考えさせる授業」を創るアドバンス編「主体的・対話的で深い学び」のための授業設計　図書文化

梶田 正巳・太田 信夫（編）(1985)．学習心理学　福村出版

厳島 行雄・仲 真紀子・原 聡（2003）．目撃証言の心理学　北大路書房

鹿取 廣人・杉本 敏夫・鳥居 修晃・河内 十郎（編）(2020)．心理学（第5版補訂版）東京大学出版

Loftus,E.F.& Palmer,J.C.（1974）. Reconstruction of automobile destruction. *Journal of Verbal Learning and Verbal Behavior,* 13.5. 585-589.

牧 郁子（2019）．保護者との情動交流が小学生の無気力感に与える影響―構造方程式モデルによる分析　教育心理学研究 ,67.223-235.

森永 良子・黛 雅子（2005）．LD（学習障害）の国際比較研究：非言語性能力・心の理論課題検査の作成と日中比較（私立大学学術研究高度化推進事業（学術フロンティア推進事業）研究成果報告書 , 平成12年度 - 平成16年度）白百合女子大学発達臨床センター

Nole-Hoeksema,S.,Fredrickson,B.L.,Loftus,G.R.& Lutz,C.（2014）. *Atkinson & Hilgard's introduction to psychology, 16th Edition.* Cengage Learning EMEA.

（内田 一成（監訳）(2015)．ヒルガードの心理学［第16版］金剛出版）

奥村 優子・鹿子木 康弘（2018）．乳児期における社会的学習：誰から，どのように学ぶのか　Japanese Psychological Review ,61.2.191-203.

O'Donohue,W.T.&Ferguson,K.E.（2001）. *The Psychology of B.F.Skinner,* Sage Publications,Inc.（オドノヒュー ,W.T., ファーガソン ,K.E.（著）佐久間 徹（監訳）(2005)．スキナーの心理学―応用行動分析学（ABA）の誕生　二瓶社）

Seligman,M.E.P.,& Maier,S.F.（1967）. Failure to escape traumatic shock. *Journal of Experimental Psychilogy,* 74.1.1-9.

下山 晴彦（編）(2014)．誠信心理学辞典（新版）誠信書房

静進・金宇・黄旭・王慶雄・王梦友・森永 良子・黛 雅子・柿沼 美紀・紺野 道子・中石 康江・加藤 佐知子．(2004)．中国における心の理論課題研究．白百合女子大学発達臨床センター紀要

田中 光・山根 嵩史・魚崎 祐子・中條 和光（2020）．大学生におけるノートテイキングの方略使用の規定因（ショートレター）日本教育工学会論文誌 , 44（Suppl.）. 89-92.

田爪 宏二（編）(2018)．よくわかる！教職エクササイズ　教育心理学　ミネルヴァ書房

山崎 晃・浜崎 隆司（編）(2006)．新・はじめて学ぶこころの世界　北大路書房

湯澤 美紀・河村 暁・湯澤 正通（編）(2013)．ワーキングメモリと特別な支援― 一人ひとりの楽手のニーズに応える　北大路書房

渡部 保夫（監修）一瀬 敬一郎・厳島 行雄・仲 真紀子・浜田 寿美男（編）(2001)．目撃証言の研究―法と心理学の架け橋をもとめて　北大路書房

第5章

思　考

考えることが大切だということは，みなさんも知っているかもしれません。しかし，一方で，そうすることは難しいと思っているのではないでしょうか。

この章では，なにかを思ったり考えたりするときに，私たちがハマりやすい，いくつかのパターンをご紹介します。正しい思考とはどのようなものなのか，考えてみましょう。

第1節
思考と問題解決

学習のポイント

●考えることは，なぜ難しいのでしょうか。

●日常生活で起きる問題のすべてに完璧に答えることは可能でしょうか。

1　思考って何だろう？

みなさんは，日常生活のなかで，ものを考えることがありますか。何かを思ったり考えたりすることも，心理学の対象です。「今日は何を食べようか」「もし，宝くじに当たったら…」「頭がよくなるにはどうすればいいのかな」。思考は，心理学のなかで，どのように扱われているのでしょうか。

図5－1は，ジョンソン-レアード（Johnson-Laird，1988）による思考の分類です。

コトバ

白昼夢

ジョンソン-レアードは，目標のない思考を「白昼夢」とよび，問題解決と区別した。

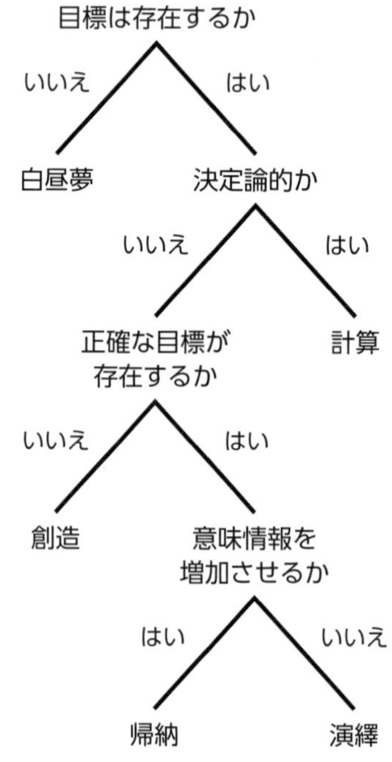

図5－1　思考の分類

出所：Johnson-Laird, 1988（海保ら訳，1989）

これをみると，思考は，まず「目標が存在するか」どうかで分かれ，そしてそのほとんどが「はい」（目標が存在する）に含まれています。目標があり，それを達成するために行われる思考とは，現在の状態が（目標に比べると）問題で，それを解決しようとすることであり，つまり，私たちが行う思考の多くは，問題解決のためということになります。メイヤー（Mayer, 1997）もまた，思考を問題解決と考えています。そこで，最初は問題解決について，知っていくことにしましょう。

2　問題解決の困難さ

ルーチンス（Luchins, 1942）は，図５－２の水がめ問題を使って，私たちが問題解決をするときに起こる「構え」の影響を示しました。

水がめの問題

いまここにA・B・Cの3つの水がめといくらでも水の出る水道の蛇口がある。これらの水がめの容量はそれぞれ下の表に書かれている。そこでこれらの水がめを用いて下の表に書かれている量の水を正確にはかりだしてほしい。

問題	Aの容量	Bの容量	Cの容量	求める水の量
1	21	127	3	100
2	14	163	25	99
3	18	43	10	5
4	9	42	6	21
5	20	59	4	31
6	23	49	3	20
7	15	39	3	18
8	28	76	3	25
9	18	48	4	22
10	14	36	8	6

図５－２　水がめ問題

出所：嶋崎，2003

はじめに，練習問題をやってみましょう。Aの容量＝29，Bの容量＝3，（Cはなし），必要な水の量＝20の場合，どうすればよいでしょうか。まず，Aの水がめに1杯，水を汲み，そこからBの水がめで3杯分汲み出せば，うまくできますね。ルーチンスの実験参加者たちのうち，半数は，続けて問題1から順番に解いていきました。ところが，問題8で，多くの実験参加者が困ってしまいます。それは，なぜでしょうか。

実験参加者
心理学の研究を目的として，実験的方法を行う場合に，対象として実験に参加する人たち。以前は実験者（実験を行う人）に対して被験者とよんでいた。動物の場合は，被験体という。

機能的固着
構えと同じような現象に,機能的固着(Dunker, 1945)がある。
たとえば,箱を「中に物を入れるもの」としか考えられず,いくつか積んで踏み台にするなどの使い方を思いつくことができない状態をいう。
構えも機能的固着も,過去の経験や習慣によって適切な解決や新しい発見が抑制されている。

孵化効果
難しい問題を考えていて,どうしてもわからないときに,しばらく考えるのをやめて休憩したり他の事をしたりすると,ふと解決策が思い浮かぶことがある。このような現象は,卵をあたためて孵るのを待つのになぞらえて「孵化効果」とよばれる。

限定合理性とサティスファイシング
人間の合理性には制限があり,完璧や最善でなく十分なもので満足できる(Simon, 1957)。サティスファイシング(satisficing)は「満足(satisfy)」と「十分(suffice)」を合成した造語。

実は,これらの問題は,問題7までは同じやり方で解けるようになっています。あなたが実験参加者なら,どうでしょう。途中でそれに気づいたら,後は,そのやり方で同じように解こうとするのではないでしょうか。ところが,問題8だけは,そのやり方では解けません。そのために,それが通用しない問題8では,問題の解決に失敗したのです。

これに対して,残りの半数の実験参加者たちは,練習問題の後,問題1から問題5は解かず,問題6から問題を解きはじめました。すると,ほとんどが,問題8も解くことができました。

さらに,実は問題6と問題7,問題9と問題10には,もっと簡単にできるやり方がありました。ところが,問題5までを同じやり方で解いてきた実験参加者たちは,ほとんどがそれに気づくことができず,そのまま問題5までと同じ難しいやり方を使うことになってしまいました。一方,問題6から始めたなかには,そのような実験参加者が,ほとんどいませんでした。

3 アルゴリズムとヒューリスティック

第2項で紹介した問題は,思考心理学のなかで「問題解決」の研究のために使われたものですが,これらの問題には,正しい答えや解き方,すなわち正解がありました。しかしながら,たとえば,人生の選択では,何が正解でしょうか。また,世の中には,特に正解が決められていなかったり,まだ誰にも正解がわからなかったりして,正解がないような場合もあります。それでも,私たちは日々の勉強や仕事や生活で,問題を解決しようと思考しています。

このとき,正しく使えば必ず解決できるというような方法をアルゴリズムといいますが,世の中には,それが存在しないような問題も多いです。また,もしあったとしても知らない場合もありますし,知っていたとしても,非常に複雑で,膨大な手間や時間がかかったりするのなら,それは現実的ではありません。

そのような場合,私たちは,過去の成功例など,確実に正解にたどりつかなくてもそこそこうまくいきそうなやり方を取るでしょう。これは,ヒューリスティックとよばれます。

次の節からは,人間のヒューリスティックを中心に学んでいきましょう。

第2節
意思決定・確率判断

学習のポイント
- 人生の選択や大事な決断では，どのように考えるとよいのでしょうか。
- 私たちは，普段，どうやって物事を決めているのでしょう。

1　意思決定

次の問題1について，あなたは，どちらを選びますか。

問題1
A：80%の確率で4,000円もらえる。残りの20%の場合は何ももらえない。
B：確実に3,000円もらえる。

では，次の問題2では，どうですか。

問題2
C：80%の確率で4,000円取られる。残りの20%の場合は何も失わない。
D：確実に3,000円失う。

これは，カーネマンとトヴェルスキー（Kahneman & Tversky，1979）が行った実験の一部です。彼らの実験では，問題1でBを，問題2でCを選んだ人がほとんどでした。

なにかを選ぶときは，できるだけたくさん得をして，損はできるだけしたくないですね。この利得と損失を差し引きしたものを効用といいます。つまり，私たちは，ものごとを決めるとき，できるだけ効用を大きくしたいと考えているといえます。

では，効用が大きくなるように決めるためには，どうやって考えればよいのでしょうか。その規範を示してくれるのが，主観的期待効用理論です。この理論に従って，上で挙げたくじの効用を計算してみましょう。

まず，問題1でAは，「80%の確率で4,000円もらえる。残りの20%の場合は何ももらえない。」ということなので，$0.8 \times 4{,}000 + 0.2 \times 0$と表すことができます。すると，答えは3,200円です。同じようにBは「確

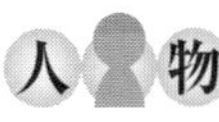

カーネマン
Daniel Kahneman
（1934～）
アメリカ合衆国・イスラエルの心理学者。トヴェルスキー（Amos Tversky, 1937-1996）とともに，人間の行う判断や意思決定に関する研究を行った。ヒューリスティックとプロスペクト理論で，心理学者として2002年ノーベル経済学賞受賞。「それは当然ながらエイモスも一緒に受けるべきものだった——1996年に59歳で亡くなっていなければ。」（Kahneman，2011 村井訳 2012，p. 26）と述べている。

実に3,000円もらえる」ということなので，1×3,000と表すことができ，答えは3,000円です。どうでしょう。効用が大きいのはAですね。

同様に問題2のCは0.8×(－4,000)＋0.2×0＝－3,200，Dは1×(－3,000)＝－3,000となり，効用としてはDの方が大きいです。

さて，上の例からもわかる通り，私たちの多くは，このように期待効用理論に従って効用を計算してはいないようです。

それでは，私たちは一体どのようにして，ものごとを決めているのでしょうか。それを表したのが，プロスペクト理論（Kahneman & Tversky，1979）です。その特徴は，図5－3に表されています。

+α

規範理論と記述理論

主観的期待効用理論のように，どうするのが望ましいかを表した理論を規範理論という。一方，人間が実際のところ，どのように行っているのかを示す理論を，記述理論という。

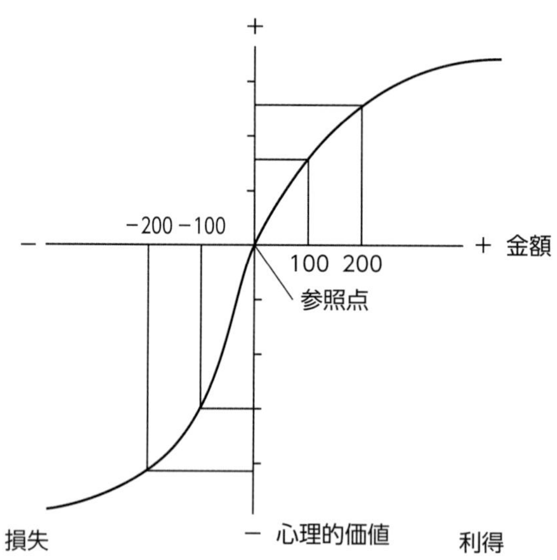

図5－3 プロスペクト理論

出所：Kahneman，2011（村井訳，2014）

ポイントは，まず参照点です。先ほどのくじの問題では，どちらを選ぶか考えるのに，現状，つまり増えも減りもしない状態が基準になったと思います。参照点をもとに，私たちは，それを上回る場合を得，下回る場合を損ととらえます。次のポイントは，損失回避です。図5－3のグラフで，たとえば金額（横軸）が100のときと－100のときの心理的価値（縦軸）を比べてみると，金額が－100のときの心理的価値のマイナス分は金額が100のときのプラス分よりも大きくなっています。損は得よりも強く感じられるのです。

2　確率判断

コインを3回投げたとき,「表表表」と「表裏表」, どちらが出やすいと思いますか。みなさんは,「表裏表」ではないでしょうか。3回も連続で同じ面が出るはずがない, と思うでしょう。さらに, そんなコインがあったらいかさまだと考えるかもしれません。これは, ギャンブラーの錯誤として知られています。

実際は, 各回のコイン投げはお互いに無関係, つまり, 前の回が後の回に影響を及ぼすことはありません。したがって, 1回目で表が出る確率は2分の1, 同様に裏が出る確率も2分の1ですね。同じように2回目も, 表が出る確率と裏が出る確率はどちらも2分の1です。3回目も同様です。つまり, どの回も表と裏の確率はそれぞれ2分の1で同じです。したがって,「表表表」と「表裏表」, どちらも出やすさは同じはずなのです。2回連続で表が出たからといって, 3回目に裏が出るとは限らないのです。

どうして「表裏表」の方が出やすいと思ってしまうのでしょうか。それは, このような場合に, 確率にもとづいた計算をしないからです。それでは, 何にもとづいて判断しているのでしょうか。私たちは, コイン投げで表が出るか裏が出るかはランダムなはずだと思っています。このランダムのイメージには「表表表」よりも「表裏表」の方がよく合います。そのため,「表裏表」の方が出やすいだろうと考えてしまうのです。

このように, 私たちは確率の問題でさえ,「らしさ」で判断してしまいます（Tversky & Kahneman, 1983)。これは, 代表的なイメージということから, 代表性ヒューリスティックとよばれます。

では, 次に, 芸能人の離婚率と一般人の離婚率では, どちらが高いと思いますか。また, 飛行機事故と自動車事故では, どちらの方が多いのでしょうか。

私たちは, 当てはまる例の思い出しやすさや思い浮かびやすさで, 確率を推測することがあります。これは, 頭の中にある情報の使いやすさということから, 利用可能性ヒューリスティック（Tversky & Kahneman, 1973）とよばれています。世の中の大きな出来事や, マスコミの報道等で頻繁に見聞きしたこと, 自分が直接, 経験したことや自分の周囲に起こったこと, 最近あったことなどが, 利用されやすい例として挙げられます。

ヒューリスティックと教育

本文で紹介したようなヒューリスティックを用いていることに, 自分で気づき, コントロールすることは難しく, たとえば, 科学者といった専門家であっても陥りがちである。しかし, 確率論や統計学を学ぶことが, 日常的な判断に生かされるという研究もある。

第3節
推　論

学習のポイント

●「論理的思考」とは，どのようなものでしょうか。

●論理の正しさについて，考えてみましょう。

1　推論とは

「推論」といういい方は，ほとんど聞いたことがないかもしれません。それでは，「推理」はどうでしょうか。推理小説や，ドラマや映画などで行われていますよね。推論は，そのような「推理」と，ここでは同じと思ってもらってかまいません。

この章のはじめに挙げた，「思考の分類」（Johnson-Laird，1988）を再びみてみましょう。正確な目標が存在するのが推論です。推論は，演繹と帰納に分けられます。演繹推論と帰納推論の違いは，一般的には，左のように説明されます。しかし，ジョンソン - レアードは，「意味情報を増加させるか」という点で，演繹推論と帰納推論を分けています。たとえば，左の例のなかで，帰納推論は，心理学や数学を履修し，「教養の科目は単位が取りやすい」と考えていますが，厳密にいえば，そのほかの論理学などの科目については履修していないので，論理学の単位が取りやすいかどうかはわかりません。実際は，難しい可能性もあります。にもかかわらず，「教養の科目は単位が取りやすい」と考えるということは，論理学の単位も取りやすいことになっているのです。このように，実際はわからないことについても，どんどん新しい知識を頭のなかでつくっていくことが，演繹推論にない，帰納推論の特徴といえます。

演繹推論と帰納推論

たとえば，あなたが，大学に入学し，「教養の科目は単位が取りやすい」という話を聞いたとする。すると，そのなかにある心理学は単位が取りやすいんだな，と考える。これが，演繹推論である。逆に，教養の心理学や数学を履修し，比較的簡単に単位が取れれば，「教養の科目は単位が取りやすい」と思う。これが帰納推論である。

2　形式と内容

最初に，図5－4「ウェイソン選択課題」を解いてみてください。あなたは，どれを選ぶでしょうか。

片面にはアルファベット，もう一方の面には数字が書かれているカードがある。以下の４枚のカードにおいて「もしカードの片面がRならば，もう一方の面は２である」というルールが守られているか否かを確かめるためには少なくともどのカードを裏返してみる必要があるか。ただし，必要以上に裏返してはいけない。

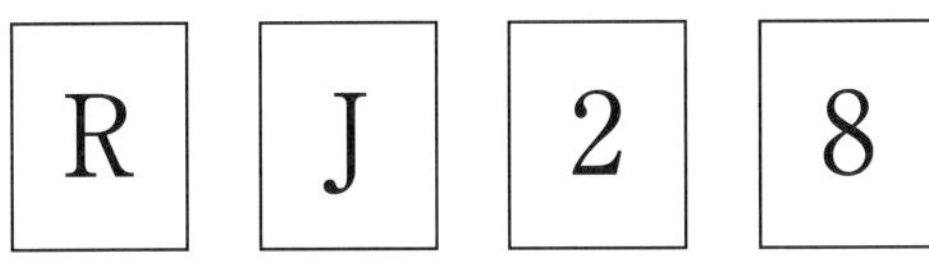

図５－４　ウェイソン選択課題

出所：山，1993

この問題の正解は，まずRです。これは，すぐにわかりますね。このカードは，ルール上，裏が２でなければならないので，２以外になっていないかどうかを調べるために，裏返す必要があるでしょう。ただ，Rだけでは不十分です。もうひとつ，裏返さなければなりません。それは，８です。８の裏側がRになっていたら，「Rならば２」でなければならないので，よくありません。だから，8を裏返して調べる必要があるのです。

ウェイソン選択課題（Wason, 1966）は，一般的に正答率がとても低く，８を選ぶ人はごく少ないことが知られています。もしかしたら，正解や説明をいわれてもなお，よくわからないかもしれません。ちなみに，最も多い回答は，Rと２です。なお，２は，「２ならば～」とはいわれていないので，裏側が何であってもかまわず，選ぶ必要はありません。

しかし，問題の形は同じまま，内容を以下のように変えてみると，どうでしょう。

「もしアルコールを飲むならば，20歳以上でなければならない」
ビールを飲んでいる　　牛乳を飲んでいる　　20歳・15歳

正解はビールと15歳ですね。今度は正しく選べたのではないでしょうか。これは「飲酒問題」といわれるもので，正答率が非常に上がることがわかっています。こちらでは，20歳を調べる必要はなく，15歳を調べなければいけない理由もわかるでしょう。

それでは，次の問題を考えてみてください。

コトバ

ウェイソン選択課題
「４枚カード問題」といわれることもある。また，次に挙げた飲酒問題など，さまざまなバージョンを含め，形式が同じものすべてを指して，ウェイソン選択課題（４枚カード問題）とよぶ場合もある。

「この店では，20ポンド以上買い物をすれば，無料のギフトがある」
20ポンド　10ポンド　ギフトあり　ギフトなし

効用と回答

このような問題では，正解や間違いは1つに定まらない。見方によって損と得が変わり，それによって異なる。第2節でみたように，主観的な効用が異なることによって選択が変わり，回答に影響を及ぼすことがわかるだろう。

これは，マンクテロウとオーヴァー（Manktelow & Over, 1991）によって考案された課題です。彼らの実験参加者の回答は，2つのパターンに分かれました。

このルールが適用されるとき，注意しておかなければいけないことがあるとすれば，買い物を20ポンド以上したにもかかわらず，ギフトがもらえなかったというケースでしょうか。なぜならば，もしそうなれば，あなたは損をしてしまうからです（逆に，20ポンド以上買い物をしていないのにギフトがもらえたら，得です）。そのため，まずは「20ポンド」を調べて，ちゃんとギフトがもらえているか，確かめる必要があります。加えて「ギフトなし」も調べ，このときに20ポンド以上の買い物をしていないかどうかも確かめなければなりません。

ところで，これは，あなたがお客さん，つまり，買い物でお金を支払い，無料のギフトをもらう側の場合です。しかし，あなたが，店側，つまり買い物でお金をもらい，ギフトをあげる側だとしたら，どうでしょう。注意しなければいけないのは，20ポンド以上の買い物をしていない客に，無料のギフトをあげてしまうことですね。そうなれば，損をしてしまいます（お客さんにとっては得ですが）。そうすると，「10ポンド」を調べてギフトをあげていないかどうかを確かめる必要があります。そして「ギフトあり」も調べ，ちゃんと買い物を20ポンド以上しているかどうかを確かめなければいけません。実際に，Manktelow & Over（1991）の実験においても，実験参加者たちの回答は，同じルールを店側として答える場合と客側として答える場合とで異なりました。

3　因果推論

推論には，演繹推論と帰納推論といった形式的な分け方のほかにも，内容による分け方があります。たとえば，何かいつもと違う出来事があったときに「どうしてだろう」とか「このことと関係があるのかな」と考えることはないでしょうか。また，「○○の原因は××だ」と聞いて「そうかなぁ」と思うことはありませんか。このように，原因と結果や，その間の因果関係について考えるものを因果推論とよんでいます。

因果推論を，私たちがどのように行っているのかについては，次のようなことがわかっています。

たとえば「一生懸命勉強すれば，試験に合格する」という因果関係についてはどうでしょう。その通りだと思っていても，「一生懸命勉強したけれど，試験に合格しなかった」ケース（緊張した，当日体調を崩した等）や「一生懸命勉強していないけれど，試験に合格した」ケース（カンニングをした，事前に試験問題を教えてもらった等）が多くあると，一生懸命勉強しても試験には合格できない，あるいは，一生懸命勉強しなくても試験には合格できると考えるようになり，「一生懸命勉強する」ということと「試験に合格する」ということの因果関係はあまりないと思うようになりますね（Cummins，1995; Cummins, Lubart, Alksnis, & Rist，1991）。

また，友だちに話しかけたけれど返事をしてくれなかったというような場合，原因は何でしょうか。「私，気に障ること言ったかな」「具合が悪いのかな」「何か悩み事でもあるのかな」など，いろいろなことを考えますが，そのようなとき，以前，気に障ることを言ってしまったときには笑って許してくれたから違うだろう，とか，この人は疲れると返事をしないことがよくあるからきっとそれだ，などと決めているのではないでしょうか。

このように，思いつく原因（C）がたくさんある場合に，どれを原因だと判断するかには，下の**図5－5**のようなケース（a，b，c，d）が考慮されて，それぞれの原因が，結果となる出来事（E）とどのぐらい多く一緒に起きているかということが大きく影響を及ぼします（Cheng，1997; Cheng & Novick，1990）。

	Eあり	Eなし
Cあり	a	b
Cなし	c	d

図5－5 原因・結果のある時／ない時の表

出所：Manktelow, 2012（服部・山監訳，2015）

しかし，たとえば，パソコンの電源ボタンを押しても起動しないといった場合，バッテリーが切れているのではないかと思ったら充電を試してみますよね。そして，それで起動すれば，原因はバッテリー切れだったと思うでしょう。逆に，それでも起動しなければ，原因はほかにあると考えます。私たちは，このように，実際にやってみることによって

不可能化条件と代替原因

左の例の「試験で緊張した」のようなものを不可能化条件，「カンニングをした」のようなものを代替原因とよんでいる。

共変理論と因果モデル理論

左のように原因と結果の共変（相関）関係から因果性を推論するという考え方を共変理論という。また，その次のように，原因の候補に行為を用いて介入することによるという考え方を因果モデル理論という。

因果性を調べるという方法も行っています（Sloman，2005; Legnado & Sloman，2004）。

4　現代の思考研究

最後に，現在の思考心理学では，どのようなテーマに興味がもたれ，研究が進められているのかについて，ご紹介します。

ここまでに述べられてきたような研究成果は，近年，どのように展開されているのでしょう。また，それは，いまの自分や現代社会にどう生かすことができるでしょうか。

まず注目されているのは，思考には２つの種類があるという見方です。１つは時間や労力を必要としない，直感的な思考です。もう１つは，じっくりと時間をかけたり，頭を使ったりすることが求められる，熟慮的な思考です。これらは一般的に「システム１」と「システム２」（Stanovich & West，2000）とよばれます。

湖に，睡蓮の葉が浮かんでいます。葉の面積は，毎日２倍になります。睡蓮の葉が湖を覆い尽くすのに 48 日かかるとすると，湖の半分が覆われるまでには何日かかるでしょうか？

これは，認知的内省性検査（CRT）（Frederick，2005）の一部です。この検査によると，大多数の人が直感的な回答をします。しかしながら，直感的な反応を内省し，回答する前に熟慮する人がいることもわかっています。

文化と思考

コールとスクリブナー（Cole & Scribner，1974）は，アフリカのリベリアに住むクペレ族の人びとの推論が形式的ではないことを示している。

そして，こういったものの見方や考え方は，世界中の人々の間で共通しているのでしょうか。心理学では長い間，そうであるように思われてきましたが，近年は，文化によって異なることが明らかにされてきました。

たとえば，ペンとニスベット（Peng & Nisbett，1999）は，「過度の卑下は半分自慢」や「敵よりもまず味方を疑え」といった矛盾を含むことわざを米国人と中国人の大学生に示しました。すると，中国人大学生は，米国人大学生に比べて，矛盾が含まれたことわざでも理解を示し，好きだと答えました。

また，モリスとペン（Morris & Peng，1994）は，実際に起きた殺人事件について，事件の原因や犯人の動機が何であると思うかを尋ねました。その結果，米国人の大学生は犯人の性格や考え方，精神面の問題といった個人の特性を重視し，中国人の大学生は人間関係や社会からのプレッシャーといったまわりの状況や環境の影響を重視しました。この研究により，モリスとペンは，物事の原因がなにかを考えるとき，西洋人は個人の要因に注目し，東洋人は状況の要因に注目すると主張しています。

これらの比較文化研究から，ニスベット・ペン・チェ・ノレンザヤン（Nisbett, Peng, Choi, & Norenzayan, 2001）は，西洋人は分析的な思考を行い，東洋人は全体的な思考を行うのだと説明しました。

ところが，最近，これを支持しない研究が多く報告されています（たとえば，Mercier, Zhang, Qu, Lu, & Van der Henst, 2015 など）。

新居と山（Arai & Yama, 2016）も，モリスとペンをもとに，ある刑務所における服役中の人物のデータとして，「殺人」などの犯罪の種類と，その原因・動機である「精神的不安定」「対人関係のトラブル」などを一緒に示し，何が殺人の原因になるかを推論させるという実験を考案しました。そして，その実験を日本人大学生を対象に行ったところ，「精神的不安定」のような個人的な要因の方が「対人関係のトラブル」といった状況的な要因よりも，殺人の原因として結びつきやすいという結果が得られました。この結果は，東洋人である日本人が，原因を考えるときに，まわりの状況よりも個人のせいと考えていることを示しています。

これは，モリスとペンやニスベット（Nisbett, 2003; Nisbett, et al., 2001）のいう東洋人の思考の傾向とは逆で，むしろ西洋人の思考の仕方になっているといえます。理由としては，少なくとも日本人のものの考え方が，ここ数十年の間の国際化・情報化の発展や，それらに応じた教育といった社会の変化の影響を受けて，変わった可能性が考えられます。そこで，新居と山（Arai & Yama, 2021）では，同様の実験を専門学校生を対象として行うと，大学生のような結果は得られず，ただし卒業前の学年になると大学生と同様の傾向がみられました。このことから，日本人ではより高い教育を受けているほど西洋的な思考を行っていることが示されました。

それでは，ほかの東洋人は，どうでしょうか。また，西洋人の考え方も変化しているのでしょうか。さらなる実験が期待されています。

演習課題

① 図5－2「水がめ問題」を実際に解いてみましょう。各問，制限時間は2分間です。家族や友人と一緒に，（約）半数ずつに分かれて，やってみましょう。

② 認知的内省性検査（CRT）で出題される問題（p.72）に答えてみましょう。

【引用・参考文献】

Arai, Y., & Yama, H. (2016). A cultural difference on causal reasoning by a causal induction paradigm: Japanese data. *International Conference on Thinking 2016* (Providence, USA), http://easychair.org/smart-program/ICT2016/2016-08-04.html#talk:27791.

Arai, Y., & Yama, H. (2021). Is it influenced by education? Cultural difference in causal reasoning. *International Conference on Thinking 2021* (Paris, France), https://www.ict-2020.eu/abstract/?id=302.

Cheng, P. W. (1997). From covariation to causation: A causal power theory. *Psychological Review*, 104, 367-405.

Cheng, P. W., & Novick, L. R. (1990). A probabilistic contrast model of causal induction. *Journal of Personality and Social Psychology, 58*, 545-567.

Cole, M., & Scribner, S. (1974). *Culture & thought: A psychological introduction*. John Wiley & Sons.

（コール，M・スクリブナー，S. 若井 邦夫（訳）(1982). 文化と思考――認知心理学的考察―― サイエンス社）

Cummins, D. D. (1995). Naive theories and causal deduction. *Memory & Cognition, 23*, 646-658.

Cummins, D. D., Lubart, T., Alksnis, O., & Rist, R. (1991). Conditional reasoning and causation. *Memory & Cognition, 19*, 274-282.

Duncker, K. (1945). On problem-solving. *Psychological Monographs, 58* (5), i–113.

Frederick, S. (2005). Cognitive reflection and decision making. *Journal of Economic perspectives, 19* (4), 25-42.

Griggs, R. A., & Cox, J. R. (1982). The elusive thematic - materials effect in Wason's selection task. *British Journal of Psychology, 73*, 407-420.

Johnson-Laird, P. N. (1988). *The computer and the mind: An introduction to cognitive science*. Cambridge, MA: Harvard University Press.

（ジョンソン - レアード，P. N. 海保 博之・中溝 幸夫・横山 昭一・守 一雄（訳）(1989). 心のシミュレーション――ジョンソン - レアードの認知科学入門―― 新曜社）

Kahneman, D. (2011). *Thinking, fast and slow*. London: Macmillan.

（カーネマン , D. 村井 章子（訳）(2014). ファスト＆スロー――あなたの意思はどのように決まるか？――　早川書房）

Kahneman, D., & Tversky, A. (1979). Prospect theory: an analysis of decision under risk. *Econometrica*, 47, 263-291.

Lagnado, D. A., & Sloman, S. (2004). The advantage of timely intervention. *Journal of Experimental Psychology: Learning, Memory, and Cognition, 30*, 856-857.

Luchins, A. S. (1942). Mechanization in problem solving: The effect of Einstellung. *Psychological Monographs, 54* (6), i-95.

Manktelow, K. I. (2012). *Thinking and reasoning: An introduction to the psychology of reason, judgment and decision making*. Hove : Psychology Press.

（マンクテロウ，K. 服部 雅史・山 祐嗣（監訳）(2015). 思考と推論――理性・判断・意思決定の心理学―― 北大路書房）

Manktelow, K. I., & Over, D. E. (1991). Social roles and utilities in reasoning with deontic conditionals. *Cognition, 39*, 85-105.

Mayer, R. E. (1977). *Thinking and problem solving: An introduction to human cognition and learning*. Glenview, IL: Scott, Foresman and Company.

（メイヤー，R. E.　佐古 順彦（訳）(1979).　新思考心理学入門――人間の認知と学習へのてびき――　ナカニシヤ出版）

Mercier, H., Zhang, J., Qu, Y., Lu, P., & Van der Henst, J. B. (2015). Do Easterners and Westerners treat contradiction differently? *Journal of Cognition and Culture, 15*, 45-63.

Morris, M. W., & Peng, K. (1994). Culture and cause: American and Chinese attributions for social and physical events. *Journal of Personality and Social Psychology, 67*, 949-971.

Nisbett, R. E. (2003). *The geography of thought: How Asians and Westerners think differently… and why*. New York: The Free Press.

（ニスベット , R. E.　村本 由紀子（訳）(2004).　木を見る西洋人 森を見る東洋人――思考の違いはいかにして生まれるか――　ダイヤモンド社）

Nisbett, R. E., Peng, K., Choi, I., & Norenzayan, A. (2001). Culture and systems of thought: holistic versus analytic cognition. *Psychological Review, 108*, 291-310.

Peng, K., & Nisbett, R. E. (1999). Culture, dialectics, and reasoning about contradiction. *American psychologist, 54*, 741-754.

Simon, H. A. (1957). Models of man; Social and rational. New York: John Wiley & Sons.

嶋崎 恒雄（2003). 問題解決　今田 寛・宮田 洋・賀集 寛（編）心理学の基礎（pp.190-198）

培風館

Sloman, S. (2005). *Causal models: How people think about the world and its alternatives.* New York: Oxford University Press.

Stanovich, K. E., & West, R. F. (2000). Individual differences in reasoning: Implications for the rationality debate?. *Behavioral and brain sciences, 23,* 645-726.

Tversky, A., & Kahneman, D. (1973). Availability: A heuristic for judging frequency and probability. *Cognitive psychology, 5,* 207-232.

Tversky, A., & Kahneman, D. (1983). Extensional versus intuitive reasoning: The conjunction fallacy in probability judgment. *Psychological Review, 90,* 293-315.

山 祐嗣 (1993). 思考・知能，およびその発達　山 祐嗣・山 愛美　行動と深層の心理学 (pp. 70-95)　学術図書出版社

Wason, P. C. (1966). Reasoning. In B. M. Foss (Ed.), *New horizons in psychology, Vol. 1.* London: Penguin.

第6章

発達の可能性を探る
—幼児期から児童期にかけて

人間はみな自分一人で大きくなったのではなく，周囲の環境，そしてさらに大人や友人などとの交流を通して成長します。発達について学ぶことは，これまで歩んできた自分自身の生い立ちをみつめる１つのきっかけとなるものであり，また今後の生き方を模索するうえでのヒントを与えるものとなるでしょう。この章では発達の主なプロセス，さまざまな発達理論，そしてその応用について学んでいきます。

第1節
人間と動物の育ちはどう違うのか

学習のポイント

●人間に特有の発達過程を理解しましょう。
●乳幼児期の重要性について認識を深めましょう。

コトバ

離巣性と就巣性

ウマやサルなどのように出産後はすぐ親と同じように行動できる形態を離巣性といい，ネズミなどのように出産後は親の世話を受ける必要がある形態のことを就巣性という。これに対して人間の場合は，二次的就巣性といわれている。

系統発生と個体発生

多様な種がどのように進化してきたのか，その道筋を示すものを系統発生といい，受精卵が成体になるまでの道筋を示すものを個体発生という。

1　人間はどのように発達していくのか

人間には，他の動物にはみられない多様な能力が備わっています。しかし，誰もが最初からそれらを活用できる状態で生まれてくるわけではなくて，春になって桜の花が咲くかのごとく徐々に開花していきます。

子どもの発達には，首がすわる，つかまり立ちをする，一人歩きを始めるなどの「順序性」，同じ身体でも頭部から胴体，手足というように発達が進む「方向性」，さらには思春期に男女で性差のスピードが異なる「異速性」など一定の規則性がみられます。図6－1は運動に関する発達の順序を表したものです。

人間は最も進化した存在ですが，そのなかでも特に人間に特有のものとして出産の仕方に動物とは大きな違いがみられます。人間以外の哺乳

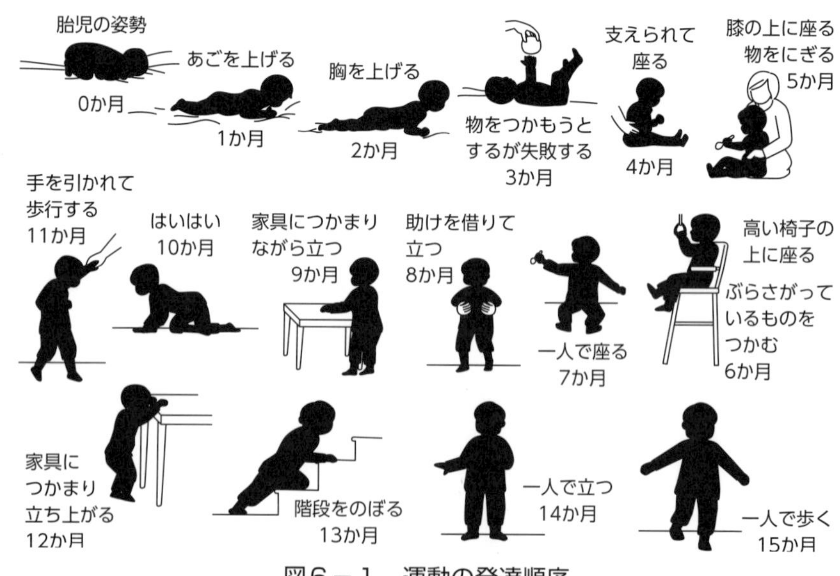

図6－1　運動の発達順序

出所：Shirley 1933 より

類，たとえばサルは生まれたばかりの子どもでも母親にしがみついたり，自分の力で歩いたりすることができます。しかし，人間の赤ちゃんの場合にはそれを自分一人ですることができず，常に大人の世話を必要とします。これはなぜだと思いますか。

そのわけは大脳の発達に由来すると考えられています。ポルトマンによれば，人間の妊娠期間はもともと22か月なのですが，そのときまで胎児が母親の体内に留まっていると頭が大きくなりすぎて出産が困難になります。そこで，そうならないために受胎後約10か月で出産するというわけです。そしてこれを生理的早産といいます。こうして一見すると原始反射以外は何もできない状態で生まれてくるわけですが，みかけによらず人間の赤ちゃんは実にさまざまなことができます。

たとえば生まれて数日の赤ちゃんでも他の言語よりは母親の話す言語を聞きたがります。それは，母親の声をお腹のなかで聞いて，それを記憶しているからだと考えられています。こうして生まれる前から人間の聴覚は発達していることがわかります。

また，赤ちゃんは母乳の匂いと他の匂い区別することができます。そしてさらに母乳の匂いを好んだり，母乳の匂いを嗅がせると大人しく泣きやんだりする現象がみられるため，生まれたばかりでも嗅覚が発達していることがわかります。

ものの見え方に関して赤ちゃんの視力は，健常な新生児の場合，概ね0.02程度であり，その後1歳で0.1程度，2歳で0.3程度，3歳で1.0程度になります。また，ただぼんやりとモノをみているだけではありません。ファンツが，生後6か月までの乳児に人の顔や印刷物，色のついた円盤などをみせたところ，人の顔を注視する時間が長いことが明らかになりました。この実験方法を選好注視法といいます。こうして赤ちゃんは特に人から教えられるわけでもなく，自発的に人の顔に興味を示してその他のものと区別するということがわかりました。

ところで，男女の違いに関しては身体的な側面だけが異なり，心的な側面は同じなのでしょうか。これに関して女性は男性よりも言語発達が早いことや，空間認知などは男性の方が女性よりも理解が早いことなど性差によって得意分野に違いがあることが知られています。

このほかに，視覚的断崖実験（図6－2）を用いた研究から幼い子どもでも高いところを怖がったり，母親の顔の表情をみて危険を察知したりする能力があることが明らかにされています。これは赤ちゃんでもある程度他者の意向を理解する能力が備わっていることを示すものです。

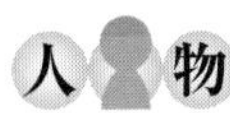

ポルトマン
Adolf Portman
(1897-1982)
スイスの動物学者である。バーゼル大学を卒業後，比較形態学などを研究した。

原始反射
生後間もない人間の子どもにみられるものであり，意志をともなわないことから反射とよばれている。その例としては口にふれたものに吸い付く吸啜（きゅうてつ）反射，大きな音がしたときに両手を広げて抱きつくような姿勢になるモロー反射などがある。

新生児期と乳児期
新生児期とは出生28日までの時期であり，それを含めた1歳半までの期間を乳児期という。

新生児模倣
生後間もない新生児でも目の前で大人が舌を突き出したり，口を開けたりするとそれと同じ顔の動作を示す。これを新生児模倣という。メルツォフとムーアが発見した。

新生児微笑

新生児期にみられる生理的な微笑のこと。

社会的参照

１歳ごろから身近な他者の表情などをみて自分の行動を修正したり，変更したりすること。

幼児期

１歳半ごろから６歳ごろまでとされている。

児童期

６歳ごろから 12 歳ごろまでとされている。

臨界期

脳のシナプス形成は概ね３歳ごろがピークと考えられており，この時期は臨界期または感受性期とよばれる脳の発達にとって重要な時期である。

気質

人が生まれる前から遺伝的に形成されている性質のことである。トマスとチェスは９種類の気質を見出した（第９章参照のこと）。

レディネス

十分な学習効果が得られるために必要とされる学習者の心身の成熟のこと。

図６－２　視覚的断崖実験

出所：宮川・神蔵（2015）を参考にして筆者作図

2　人間の成長にとって遺伝と環境とではどちらが大切か

これまでみてきた通り，人間の赤ちゃんはみかけによらずさまざまな能力が備わっていると考えられています。こうした人間の発達を規定する大きな要因として遺伝と環境が考えられています。たとえば，ある人がとても背が高かったとしましょう。それは親から受け継いだ遺伝が主な原因なのでしょうか。それとも成長するには十分な栄養が必要であることからわかるようにその子どもの身のまわりの環境が主な原因なのでしょうか。このことに関して次の２つの事例が参考になります。

事例６－１　アヴェロンの野生児

1799 年にフランスの森のなかで木の実や根を食べながら生活していた裸の 11，12 歳の少年が捕らえられました。その生活はまったく動物的なものでしたが，その後に街に連れていかれ，人間としての教育を受けることになりました。そして「社会生活に興味を持たせること」や「言葉を使うように導くこと」などの目標が立てられて，その後いくつかの改善がみられました。しかし完全な人間性を備えることはできませんでした。

また，最近の出来事ですが，これとは対照的な事例もあります。次をみてみましょう。

事例６－２　児童虐待

内田（2017）によれば，1972 年に姉弟の２人が児童虐待の状態で発見されました。２人は各々６歳と５歳でしたが，救出時には歩くことや話すことができず，身体の発達は１歳程度（共に体重 8kg，身長 80cm）であったということです。しかし，その後，その２人に対してさまざまな支援がなされることで言語や人格の症状は回復し，通常よりも若干遅れましたが学校に行くこともできるようになりました。

アヴェロンの野生児と児童虐待の事例とでは発見当時の年齢や時代背景，さらには支援の仕方が異なりますので，簡単に比較できませんが，遺伝と環境の関係について考えさせられます。そして，この関係についての主な考え方としては次のものがあります（第９章も参照のこと）。

●遺伝説

親が背の高い人だと比較的その子どもも背が高いという傾向がみられます。このように人間の発達は親から受け継いだ遺伝的な要因によって定められているとする考え方を遺伝説といい，ゲゼルやゴールトンなどが主張しました。

●環境説

人間の発達は生後の環境や経験などによって形成されるとする考え方であり，これを環境説といいます。ワトソンはシロネズミと金属音を使って赤ちゃんにわざと恐怖を学習させ，最後にはシロネズミをみただけで過敏に反応して泣き出すようにしてしまいました。

●輻輳（ふくそう）説

遺伝説と環境説は両極端の考え方であるとしてその後に輻輳説が登場しました。これは遺伝と環境がそれぞれ独立して加算的に働きながら発達に影響を与えるという考え方であり，シュテルンが主張しました。

●相互作用説

これは遺伝的な要因と環境的な要因の２つが相互に関係しながら発達に影響を及ぼすという考え方で，ジェンセンなどが主張しました。現在ではこの相互作用説が一般的に受け入れられています。

ゲゼル
Arnold Lucius Gesell
（1880-1961）
アメリカの児童心理学者であり，発達診断の方法を確立した。

ゴールトン
Francis Galton
（1822-1911）
イギリスの遺伝学者であり，統計的手法を取り入れて心理学を発展させた。

ワトソン
John Broadus Watson
（1878-1958）
アメリカで活躍した行動主義心理学者であり，客観的に観察可能な行動のみを心理学の研究対象にすべきであると主張した。

シュテルン
William Stern
（1871-1938）
ドイツからアメリカにわたって活躍した心理学者であり，知能指数という指標を考案した。

ジェンセン
Arthur Robert Jensen
（1923-2012）
遺伝的な特性は環境的な要因が一定水準（閾値（いきち））を超えたときに発現し，またその一定水準は特性によって異なるという環境閾値説を提唱したアメリカの心理学者である。

第2節
人間の発達に関わる主な理論

学習のポイント

●発達に関する理論にはさまざまな視点や考え方があることを学びましょう。
●発達理論に自分の生い立ちを照らしてみてこれまで学んだことを確認してみましょう。

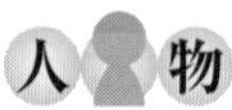

ハーロウ
Harry Frederick Harlow
(1905-1981)
サルを用いたアメリカの心理学者であり，愛着に関して大きな影響を与えた。

ボウルビィ
John Bowlby
(1907-1990)
イギリスの児童精神医学者であり，子どもが3歳になるまでは実母が育てるべきであるとする3歳児神話に影響を与えた。

エインズワース
Mary Dinsmore Salter Ainsworth
(1913-1999)
アメリカの発達心理学者であり，アタッチメントには性質の違いがあることを明らかにした。

1 愛着理論

ハーロウは子ザルを用いて親子関係が子どもの成長にとって重要であることを明らかにしました。またボウルビィは人間にとっても乳幼児期に母親的な存在が不可欠であることを主張しました。彼は，乳幼児と母親（あるいは生涯母親の役割を果たす人物）との人間関係が，幸福感に満たされているような状態が精神衛生の根本であると述べています。そして，子どもが親にしがみついたりするなどして自分の保護を求めるために取る行動のことをアタッチメント（愛着）と名づけました。

エインズワースはストレンジシチュエーション法を用いて母子関係に関する実験を行いました。その後の研究も合わせて子どもと母親的存在とのアタッチメントには以下４のタイプがあることがわかりました。

●回避型

母親などの養育者が自分から離れようとすると泣き出したり，混乱して取り乱したりするようなことがほとんどみられない。

●安定型

母親などの養育者が自分から離れようとすると多少泣いたり，混乱したりするが，再会時には積極的に身体接触を求めてすぐに落ち着く。

●アンビバレント型

母親などの養育者が自分から離れようとすると非常に強い不安や混乱をみせる。再会時には養育者に身体接触を求める半面で怒りをぶつける。

●無秩序・無方向型

接近と回避という本来両立しない行動が同時に，または継続的にみられる。さらに不自然でぎこちない行動をみせる。

2　アイデンティティ（自我同一性）

みなさんは以前，自分が，どこの誰で，何をしにこの世に生まれてきたのか，自分という存在には一体どういう意味があるのかなどと自分自身で考えてみたことはありませんか。エリクソンはこの問題を明確化して論じました。アイデンティティとは，青年期の終わりまでに成人としての役割を身につけるために，それ以前のあらゆる人生経験から獲得しておく必要がある総括的な結果のことをいい，自我同一性ともいいます。エリクソンは，乳児期から老年期までの発達段階をライフサイクルとよんで，それを８つに分類しました（図６－３）。

Ⅷ　円熟期								自我の統合 対 絶望
Ⅶ　成年期							生殖性 対 停滞	
Ⅵ　若い成年期						親密さ 対 孤独		
Ⅴ　思春期と青年期					同一性 対 役割混乱			
Ⅳ　潜在期				勤勉 対 劣等感				
Ⅲ　移動性器期			自発性 対 罪悪感					
Ⅱ　筋肉肛門期		自律 対 恥と疑惑						
Ⅰ　口唇感覚期	基本的信頼 対 不信							
	1	2	3	4	5	6	7	8

図６－３　アイデンティティに関する８の発達段階

出所：エリクソン，E.H.　仁科弥生訳『幼児期と社会１』を参考にして筆者作図

人間は自分のアイデンティティを確立するさいにさまざまな選択をしますが，ときとしてそれがうまく行かない場合もあります。これを危機といいます。みなさんに関わりの深い思春期と青年期に関しては次章で詳しく学びますが，たとえば乳幼児期に克服されるべき危機としては，まわりの人を受け入れることができるか，否かということに関する「基本的信頼対不信」があります。人間はこれらの危機を１つひとつ克服することで自我同一性の観念的な基礎を形づくっていきます。

エリクソンのアイデンティティとボウルビィのアタッチメントは類似した側面があります。しかし，この２つは同じものではありません。アタッチメントの場合，たとえば母親であろうとなかろうと子どもとの間

コトバ

ストレンジシチュエーション法

部屋のなかを養育者と実験者が出入りして２回目に母子が再会したときに子どもの反応をみる実験。

安全基地

母親的な存在は子どもにとっての拠り所であり安全基地としての役割を果たす。

分離不安

愛着対象から離れることに不安を感じること。

内的作業モデル

愛着が形成されることで，自分が困ったときには養育者がいつでも助けてくれるというイメージや主観的な信念を子どもは心のなかにもつようになる。これを内的作業モデルという。

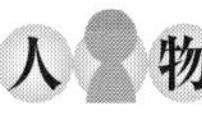

エリクソン

Erik Homburger Erikson

(1902-1994)

フロイトの影響を受けながら人間の自我について研究を発展させた。

でアタッチメントを形成することができます。しかし，今まで実の親子であると信じていたのに成人した後から病院での取り違えが判明して実はそうでなかったということがわかった途端に自分の存在に疑問を感じたり，ショックを受けたりする人がいます。このことは，アタッチメントにはないアイデンティティに特有の意義がそこにあることを示すものだといえるでしょう。この２つは共にフロイトから影響を受けており，大浦（2017）が指摘しているように近年その関係性が注目されています。

3　認知の発達

ピアジェは人間が身のまわりの物を理解したり考えたりするプロセスについて研究しました。彼によれば，私たちは何らかの見方や考え方をもちながら外界の事物を認識します。このような認知的な枠組みのことをシェマといいます。しかし，この枠組みは最初から完全な形で私たちの頭に備わっているのではなくて，外界の情報を取り入れながら徐々に構築されていきます。これを同化といいますが，それはときとして予想に反して外界の事物と合わないことがあります。このようなときに人間はその枠組みをその都度修正していきます。これを調節といいます。人間の認識は同化と調節の均衡によって成り立っています。そして，ピアジェは人間の発達過程について以下の４つの発達段階を主張しました。

1 感覚運動期（0歳から2歳ごろまで）

この時期は自分の身のまわりの状況を感覚的に把握して，働きかけをしていくことが特徴として挙げられます。生後９か月ごろになると，目の前にあるお菓子がハンカチなどで隠されて，自分の視界から消えてしまってもどこかに存在しているはずであるという理解ができるようになります。これを対象の永続性といいます。さらに生後11か月ごろにみられる面白い現象として A not B error があります。これはハンカチAの下にあったオモチャを赤ちゃんがみている目の前で別のハンカチBの下に移したとしても赤ちゃんは最初にオモチャが置いてあったハンカチAをめくってオモチャを取り出そうとする誤りです。また，２歳ごろになると，目の前に存在しないもの（たとえば車のオモチャ）を別のもの（たとえば積み木など）で見立てて表現する象徴機能が獲得されます。

2 前操作期（2歳ごろから7歳ごろまで）

このころの子どもはまだ他人と自分は違う視点をもっていることがよく理解できていません。自己中心性といって自分と向き合っている友だちも自分とまったく同じ背景をみていると考えてしまいます。またみか

ホスピタリズム
衛生的には問題のない施設で育ててもスキンシップのような関わりがないと子どもの認知や社会性に遅れが生じる症状。

延滞模倣
感覚運動期にみられる特徴としては，このほかにたとえば隣の子どもが泣き出すのをみるなどの経験をした後，しばらくしてから自分でもそれを真似して泣き出すように再現する延滞（えんたい）模倣がある。

アニミズムからの脱却
無生物に対して生命があるとする考え方をアニミズムというが，子どもは形式的操作期になって動植物にのみ生命があると考えられるようになる。

発達の領域一般性と領域固有性
ある課題に対して認知発達はその領域や内容とは関わりなしに進展するという考え方を「発達の領域一般性」といい，ピアジェはこれを主張した。これに対して認知発達の進展は課題の内容や領域によってそれぞれ異なっているという考え方を「発達の領域固有性」という。現在ではこの考え方が概ね支持されている。

けの変化に惑わされやすく，コップに入った水を大きさの違う別のコップに移し替えると，水の量も増えたり，減ったりすると考えてしまいます（図6－4）。

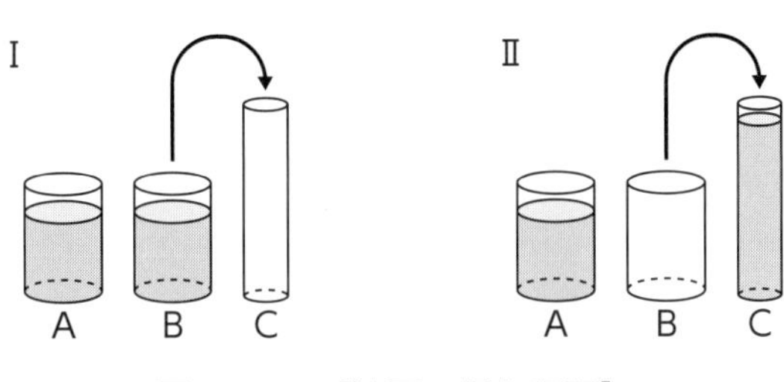

図6－4　【液量の保存課題】

出所：筆者作成

③ 具体的操作期（７歳ごろから１２歳ごろまで）

この時期になれば先ほどの液量の保存実験をみせても入れ物が違うだけであり，中身の水の量は変わらないことが理解できるようになります。また，目の前に具体的な事物があれば，みかけの変化に惑わされることなくそれを使って論理的に考えることができるようになります。

④ 形式的操作期（１２歳以上）

これは考え方が大人のようになる時期です。主な特徴としては，目の前に具体的な事物がなかったとしても，自分の頭のなかだけで物事を論理的に考えることができるようになり，さらに仮説を立てたり，推論をしたりすることができるようになります。

ピアジェ以後，これまでさまざまな考えが出されてきました。たとえばケイスは，ピアジェの考えでは発達のプロセスを説明するのが不十分だと考えて，ピアジェを土台としながらも教育への応用を念頭にした考え方を展開しました。なお，近年ではピアジェ理論を批判する立場（たとえばBraine & Rumain, 1981）や，擁護する立場（たとえば大浦，2012）などさまざまな考えがあります。

4　言語と思考の関係

生まれたばかりの子どもはまだ十分に言葉を使うことができないので，顔の表情や声の調子といった非言語コミュニケーションを取ります。それから生後6か月ごろになって徐々に喃語（なんご）を話し始めます。さらに10か月から1歳を数か月過ぎたころまでに言葉を話し出し，その後語彙の爆発的増加を経て小学校入学前までに約1万以上の語を獲得します。

そのほかの保存課題

ピアジェが考案した保存課題としてはこのほかに２本の同じ長さの棒を左右にずらして長さの変化を問う「長さの保存課題」や，数個のオハジキの間隔を広げてその数の変化を問う「数の保存課題」などがある。

素朴理論

経験によって形成された知識のまとまり。必ずしも科学的とは限らない。

コトバ

喃語

たとえば「ばぶばぶ」などのように母音と子音が組み合わさってできる多音節の語のこと。

言葉を操るのは人間の思考ですが，この両者はどちらが先に存在しており，より根本的なのでしょうか。この点について，たとえばファースは，聾者（ろうしゃ）に関する研究結果から音声言語が不在であるといっても聾者の知能の基礎的発達や構造が健聴者と比べて著しく影響を受けることはないと主張しました。また，最近ではランドが言語と思考の関係には主に４つの立場があることを指摘しています。この問題に関しては今後さらなる研究が必要だといえます。

ところで，ヴィゴツキーは『思考と言語』のなかで言葉の役割には外言と内言の２つがあるとしました。外言とは他者とのコミュニケーションのために使われる言語であり，それがしだいに分岐して思考の手段として使われる言語である内言へと変化していきます。ピアジェは６歳から７歳ごろに現れる言語を自己中心語とよびましたが，ヴィゴツキーはこれを外言から内言への過渡的なものであるとしています。

ヴィゴツキーによると，人間の思考の発達には「前言語的段階」があり，言葉の発達には「前知能的段階」がありますが，思考と言葉は一定の時期まで相互に独立した異なる発達を示します。その後，この２つは交叉（こうさ）してそれ以降は思考が言語的となり，言葉は知能的となると考えられました。個々の要素的な機能は複雑な協同へとつながりますが，この心理体系のことを高次精神機能といいます。さらにヴィゴツキーは子どもが独力で何らかの課題を達成できる段階と大人の助けを借りて達成できる段階を区別しました。これを発達の最近接領域（図６－５の色つきの部分）といいます。

かつて，日本の学校では「詰め込み教育」が盛んになされていましたが，子どもの発達状況や主体性をほとんど考慮せず，校内暴力や不登校などさまざまな問題が生じたことから学習内容を大幅に削減した「ゆとり教育」が実施されました。しかし，学力低下が指摘されたことにより現在では「アクティブラーニング」が取り入れられています。これからの教育のあり方を考えるうえでヴィゴツキーの理論をもっと活用した指導法を考案すればさらにより良い教育へとつながながることでしょう。

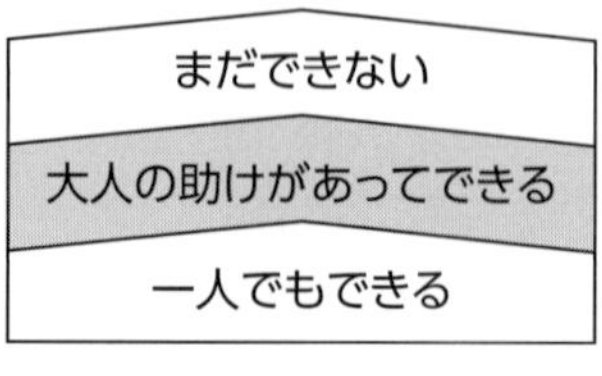

コトバ

ゆとり教育
学校教育にゆとりをもたせる目的で2002年以降，完全学校週５日制などが実施された。

アクティブラーニング
学習者が能動的，主体的に学習に取り組むことを念頭にして展開する指導法の総称であり，グループ活動などを重視している。

まだできない
大人の助けがあってできる
一人でもできる

図６－５　発達の最近接領域

出所：筆者作成

第３節
発達心理学はどのように役立つのか

学習のポイント

- 子どもの社会性がどのような過程を経て発達するのかについてみていきましょう。
- 発達について学ぶことにどのような意義があるのかを改めて考えましょう。

1　対人関係の発達をめぐって

はじめ乳児は母親が「あのネコちゃんみてごらん」といいながら指さししてもその方向に自分の目を向けることができません。別の対象が話題になっていることが理解できずに母親の顔をみつめたり，その指先に目をやったりします。しかし，生後10か月を過ぎるころからようやくその意味が理解できるようになります。これを共同注意といいます。この時点で母親と子どもの関係（二項関係）から母親と指さした先にある対象物と子どもとの間で三項関係が成立します。子どもは，その後１歳半ごろには自己を意識するようになり，３歳前後には自分がしている行動や考えについてそれを上から眺めるように自覚する傾向がみられるようになります。そして，これをメタ認知といいます。

では，子どもは自分と他者の心が同じものではないことにいつごろから気がつくのでしょうか。このことを調べた研究に誤信念課題があります。そのなかの１つである「サリーとアンの課題」では，登場人物のサリーはカゴをもち，アンは箱をもっています。サリーはビー玉をもっていて，それを自分のカゴに入れてから外に出かけました。そのすきにアンがサリーのカゴからビー玉を取り出して自分の箱のなかに入れてしまいました。では，サリーが家に戻ってからビー玉を探すとき，どこを探すでしょうか，というのがこの問題です。

サリーはアンがビー玉を移し替えたところをみていないのですから，正解は「自分のカゴのなかを探す」となります。しかし３歳児の多くは自分と他者の心が違うことが理解できず，自分がみていたとおりに考えて「アンの箱のなかを探す」と答えます。この問題は４歳以降になって正解が多くなります。つまり，このころから子どもは「自分と他者の心は同じではない」ことを理解すると考えられます。そして，このように他者の心的状態を予測したりする能力のことを心の理論といいます。

三項関係の図

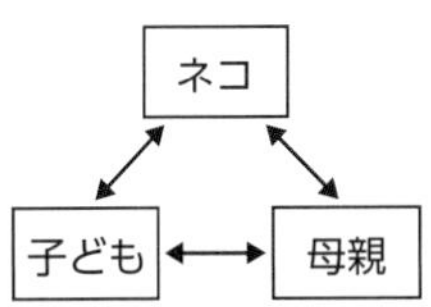

イヤイヤ期
２歳から３歳ごろの第一次反抗期のこと。

コトバ

メタ認知
1970年代に登場した。これを活用した学習指導法は発達障害児にも効果があると考えられている。

2　善悪の判断はいつごろからできるのか

子どもは大きくなるにつれてまわりの大人や子ども同士で関わり合いをもつようになります。友だちが困っているときに助ける行為や，おやつを分け合うといった行為のことをアイゼンバーグは「向社会的行動」と定義しました。そして，そのなかでも他者への同情とか内面化された道徳的な原則に従おうとするものを愛他行動といいます。大人なら概ね良いことと悪いことの区別はつきますが，善悪の感情や道徳観はどのように発達していくのでしょうか。

誰でも悪気がなくてうっかり物を壊してしまった経験などがあると思いますが，前述したピアジェは「動機」と「結果」に着目して子どもの道徳判断を調べました。それによると，10歳までの子どもには動機を考慮しないで結果だけをみて善悪を判断するパターンと，動機のみを考慮して善悪を判断するパターンの2つがあることがわかりました。また，ピアジェの考えを発展させたコールバーグは以下のジレンマ課題を子どもに提示しました。みなさんならこれをどう考えますか。

ジレンマ課題

ヨーロッパで一人の女性がガンで死にかかっていた。ある薬を飲めば彼女は助かるかもしれなかった。その薬というのはラジウムの一種で，同じ町に住む薬屋が最近発見したもので，薬屋は，作るためにかかった10倍の値段の2000ドルの値をつけていた。

病気の女性の夫のハインツは，あらゆる知人からお金を借りてまわったが，薬の値段の半分しか集められなかった。彼は薬屋に彼の妻が死にかかっていることを話し，薬を安く売るか，または後払いで売ってくれるように頼んだ。しかし薬屋は承知しなかった。

ハインツは絶望的になって，妻を助けるために，薬屋の倉庫に押し入り，薬を盗んだ。ハインツはそうすべきだっただろうか。どうしてそう思うのか。

コールバーグ『道徳性の形成』p.49より引用

コールバーグは道徳の発達段階（側注参照）を示して大きな影響を与えましたが，その後ハムリンは，1歳に満たない子どもが他者の邪魔をするキャラクターよりも他者を助けるキャラクターを好むということを見出しました。おそらく子どもは成長の早い段階から物事の良し悪しが理解できるようです。しかし，それは大人からの教育的な働きかけが必

自閉症児と心の理論

自閉症児に誤信念課題を提示すると回答が困難な状況がみられる。

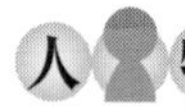

コールバーグ

Lawrence Kohlberg

(1927-1987)

道徳性発達理論を提唱したアメリカの心理学者である。

規範意識

社会によって制定された決まりごとに対する意識のこと。

ギャング・エイジ

児童期の中ごろに同性，同年齢同士の子どもがつくる仲間集団のこと。

10歳の壁

ピアジェの観察でも指摘されている通り，小学4年生前後の時期は子どもの発達が大きく変化する時期である。個人差も大きいことから学習面や交友関係などに対してさまざまな問題を心身に抱えやすくなる。このことを一種の「壁」として表現されることがある。

要だと考えられています。学校や社会，さらに国々の間では以前から差別，イジメや争いごとなどが問題となっていますが，道徳に関する心理学を学ぶことによってその解決の糸口がつかめるかもしれません。実際にそうした指導もこれまでなされています（たとえば櫻井，1997）。平和な国際社会の実現のために心理学の視点から人間の心について考えることはとても有益です。

道徳性の形成

1．前慣習的水準	
段階１	服従と罰への志向
段階２	素朴な自己中心的志向
2．慣習的水準	
段階３	よい子志向
段階４	権威と社会秩序の維持への志向
3．後慣習的水準	
段階５	契約的遵法(じゅんぽう)的志向
段階６	良心または原理への志向

シャーデンフロイデ
自分に害をなした人がその後に何らかの不運に見舞われたときにその状況をみて心に込み上げてくる喜びのことをいう。これは幼児にもみられる現象である。

演習課題

①　動物と人間の出産形態の違いについてまとめてみましょう。
②　事例６－２から発達の可能性について考えてみましょう。

【引用・参考文献】

Bowlby, J.（1951）. *Maternal care and mental health. Geneva*: WHO.（ボウルビィ，J.　黒田実郎（訳）（1967）. 乳幼児の精神衛生 岩崎学術出版社）

Braine, M.D.S, & Rumain, B.（1981）. Development of comprehension of “or”: Evidence for a sequence of competencies. *Journal of Experimental Child Psychology*, 31, 46-70.

Case, R.（1978）. Piaget and beyond: toward a developmentally based theory and technology of instruction. In R. Glaser（Ed.）, *Advances in instructional psychology*（Vol. 1, pp. 167–228）. Hillsdale, NJ: Erlbaum（ケイス，R. 吉田 甫（訳）（1984）. ピアジェを超えて－教科教育の基礎と技法－　サイエンス社）

Eisenberg, N.（1992）. *The caring child*. MA: Harvard University Press.（アイゼンバーグ, N. 二宮 克美・首藤 敏元・宗方 比佐子（訳）（1995）. 思いやりのある子どもたち－向社会的行動の発達心理－北大路書房）

Erikson, E.H.（1959）. *Psychological issues Identity and the life cycle*. New York: International Universities Press.（エリクソン, E. H. 小此木 啓吾・小川 捷之・岩男 寿美子（訳）（1973）. 自我同一性－アイデンティティとライフ・サイクル　誠信書房）

Erikson, E.H.（1950）. *Childhood and society*. New York：Norton & Company.（エリクソン, E. H. 仁科 弥生（訳）（1977）. 幼児期と社会１ みすず書房）

藤永 保（監修）（2013）. 最新心理学事典　平凡社

福原 里恵（2010）. 新生児の知覚，嗅覚の発達　周産期医学，40，1743-1746.

Furth, H.G.（1966）. *Thinking without language: Psychological implications of deafness*. New York: Macmillan Publishing Co., Inc.（ファース, H. G. 染山 教順・氏家 洋子（訳）（1982）. 言語なき思考－聾の心理学的内含－ 誠信書房）

Hamlin, J.K., Wynn, K., & Bloom, P. (2007). Social evaluation by preverbal infants. *Nature*, 450, 557- 559.

Itard, E.M. (1801). *De l' Education d' un homme Sauvage ou des premiers développements psysiques et moraux du jeune sauvage de l' Aveyron*. Paris: Goujon fils. (イタール, E.M. 中野 善達・松田 清 (訳) (1978). 野生児の記録7　新訳　アヴェロンの野生児　福村出版)

小枝 達也 (1998). ヒトの視覚の発達と発達心理学　bio medical engineering, 12, 89-94.

Kohlberg, Lawrence. (1969). Stage and sequence: The cognitive-developmental approach to socialization. In D. A. Goslin (Ed.), *Handbook of socialization theory and research*. (pp. 347-480). Chicago: Rand McNally. (コールバーグ, L. 永野 重史 (監訳) (1987). 道徳性の形成 - 認知発達的アプローチ 新曜社)

Lund, N. (2003) . *Language and thought*. London: Taylor & Francis. (ランド, N. 若林茂則・細井 友規子 (訳) (2006). 言語と思考 新曜社)

宮川 萬寿美・神蔵 幸子 (編) (2015). 生活事例からはじめる保育の心理学　青踏社

中島 義明・安藤 清志・子安 増生・坂野 雄二・繁桝 算男・立花 政夫・箱田 裕司 (編) (1999). 心理学辞典　有斐閣

大浦 賢治 (2012). 選言3段論法に関する推論様式の発達　教育心理学研究, 60, 235-248.

大浦 賢治 (2017). 養子縁組と里親家族から考える3歳児神話　小田原短期大学研究紀要, 47, 11-20.

大浦 賢治 (編) (2019). 実践につながる新しい保育の心理学　ミネルヴァ書房

Piaget, J. (1930). *Le jugement moral chez l' enfant*. Paris: Universitaires de France. (ピアジェ, J. 大伴 茂 (訳) (1957). 臨床児童心理学 3 児童道徳判断の発達　同文書院)

Portmann, A. (1951). *Biologische fragmente zu einer lehre vom menschen*. Basel: Verlag Benno Schwabe & Co. (ポルトマン, A. 高木 正孝 (訳) (1961). 人間はどこまで動物か－新しい人間像のために－岩波書店)

櫻井 育夫 (1997). 道徳的判断力をどう高めるか — コールバーグ理論における道徳教育の展開 — 北大路書房

Shirley, M.M. (1933). The first two years: A study of twenty-five babies. *Intellectual development*, 2, Minneapolis: University of Minnesota Press.

田島 信元・岩立 志津夫・長崎 勉 (編) (2016). 新・発達心理学ハンドブック　福村出版

内田 伸子 (2017). 発達の心理－ことばの獲得と学び－　サイエンス社

Vygotsky, L.S. (1987-1988). *The collected works of L.S. Vygotsky*, (Vols.1-6). New York：Plenum Press. (ヴィゴツキー, L. S. 柴田 義松 (訳) (2001). 新訳版・思考と言語　新読書社)

第7章

人はいくつになっても成長する——青年期以降の心理的特徴

みなさんは，生涯発達という言葉を耳にしたことがあるでしょうか。

1980 年代以降，生涯発達心理学という領域がさかんに研究されるようになりました。それにより，「人は加齢とともに衰え停滞していく」という考え方から，「いかに上手に歳を重ねていくかが個人の幸福度や成熟度に影響する」という考え方への転換が起こります。選択と工夫次第で，人はいくつになっても成長することが可能となる時代になったといえるでしょう。

第７章では，青年期，成人期，老年期と３つのライフステージに分け，それぞれの時期に特有な心理的特徴を学んでいきます。

第1節
自分探しの青年期

学習のポイント

●青年期の悩みに関する理解を深めましょう。

●学校から社会への移行期に求められる資質・能力について学びましょう。

1　青年期の悩み

①　青年期とは

人生において，青年期とはどのような時期でしょうか。たとえば，ホールは青年期を「疾風怒濤の時代」とよびました。船が荒波のなかを進むように，心が著しく変容する時期といえるかもしれません。

諸説ありますが，本章では12歳～15歳ごろを青年期前期，16歳～22歳ごろを青年期後期，と暫定的に定義したいと思います。

青年期前期は，特に思春期とよぶことがあります。急速な体の成長により，心の発達が追いつかず，自分の特徴が他者の特徴と同じでないことに悩んだり，迷ったりしながら生きていく時期です。一方で青年期後期は，私という軸をもち，その方針に沿って生きようとする欲求が高まる時期といえます。私は何が好きで，どんな風な人間で……いわば，自己紹介カードを本にまとめて，長編の物語をつくっていると考えてください。「これが自分だ」という感覚が一貫していると，人は安心感を覚えます。反対に，「1つ1つがバラバラでどれが自分かわからない」「どうして理想の自分と現実の自分はこんなにも違うのだろう」といった不安が心のなかにあると，その不安を払しょくするために，演じたり試したりしながら，本当の自分について確認しようとするでしょう。

このように，私という軸を探す旅に出る場合，他者とのコミュニケーションを通じて自己理解を深める手法として，ジョハリの窓が有効です。自分のなかには4つの窓が存在するといわれています。「自分とはどのような人間で，何を大事に生きているか」について発信し（B），周囲の人からフィードバックをもらうこと（C）は，自分と他人の認識のズレを理解し，そのズレを軽減していくことにつながります。青年期において必要な作業であるといえるでしょう。

ホール

Granville Stanley Hall (1844-1924)

アメリカの心理学者。青年心理学に大きな影響を与えた。

ジョハリの窓

A 開放の窓：自分も他人も知っている自己

B 秘密の窓：自分は知っているが，他人は気づいていない自己

C 盲点の窓：自分は気づいていないが，他人は知っている自己

D 未知の窓：誰からも知られていない自己

	自分は知っている	自分は知らない
他人は知っている	A	C
他人は知らない	B	D

2 自分という存在に悩む

アイデンティティとは，自分とは何者であるかを証明する感覚です。マーシャは「アイデンティティの達成－拡散」という状態をより詳しく調べています。具体的には，自分という存在を確かなものにするためには危機と傾倒の2つの要素が必要であり，その組み合わせによって「同一性達成」「モラトリアム」「早期完了」「同一性拡散」という4つの状態に分類されるというものです（**表7－1**）。

表7－1　4つのアイデンティティ・ステイタス

アイデンティティ・ステイタス	危機	傾倒
同一性達成	経験した	している
モラトリアム	その最中	しようとしている
早期完了	経験していない	している
同一性拡散	経験した / していない	していない

出所：無藤，1979

進路選択で例えるなら，「同一性達成」の状態とは，「さまざまな学校へ入学する可能性を真剣に悩み，情報を集めたうえで，1つに絞り，そこに向かって勉強をがんばっている状態」といえます。一方,「早期完了」の状態とは，「親がすすめた学校にいくことしか考えていない，ほかをみずに勉強をがんばっている状態」のことだといえるでしょう。また,「モラトリアム」という状態は，世間一般に使われるようになった用語です。社会的猶予とよばれており，社会に出ていく前の準備期間として義務や責任を一時的に免除されているような状態です。たとえば，浪人生が志望校に向けて勉強をがんばろうとする場面を想像してみてください。「もう高校生ではないし，将来のことを考えてはいるのだが，具体的な行動に移すのはこれからだ」といった状態が考えられます。最後に，「同一性拡散」の状態とは,「そもそも学校へ入学することを考えていない状態」といえるかもしれません。

近年，この「モラトリアム」や「同一性拡散」の状態を長い期間続けることで，社会人としての責任を回避し，自分という存在を曖昧にしながら生きる若者が一定数いるといわれています。これを自己愛的甘えといいます。特に青年期後期は，幼児期・児童期・青年期前期に比べて親からの献身的な愛情を受けることが少なくなり，その欲求不満の結果として自己愛的甘えが現れやすくなるといわれています。そして，甘えた

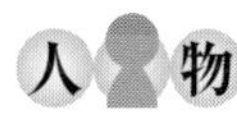

マーシャ
James E. Marcia
(1937-)
臨床発達心理学者。エリクソンのアイデンティティ概念を4つの状態に分類することで，個人の発達の経緯をより明確にした。

危機
複数の自分の価値について悩むこと。

傾倒
何かに積極的に取り組むこと，自己投入すること。

自己愛的甘え
稲垣（2013）は，「甘えが満たされず，甘えたくとも甘えられないゆえに，一方的で要求がましい自己愛要求（すねる，ふてくされるなど）をともなう甘え」と定義している。

い心を十分に意識しながらも，なおかつ甘えることには限界があると知ったとき，はじめて「自分」というものを意識するといわれています。

このように，自己愛的甘えの葛藤を経てアイデンティティの芽生えを体験することは，発達の最中にある変化ですので，決して悪いことではありません。しかし，社会人として責任を果たす立場になってもこの自己愛的甘えが続くのであれば，他者に対して「ゆるしてもらえるだろう」という過剰な期待をもつことにつながります。たとえば，親から生活の面倒をみてもらいながら，長年自分に相応しくない夢を追いかけてばかりいる人のように，今葛藤している人がいるとすれば，自分なりに期限を設けることは重要です。そこまでに達成できなければ潔く諦めよう，といった割り切りが必要かもしれません。

３ 誰かの存在に悩む

青年期の発達において友人関係は重要であり，悩みのなかでも比較的多く挙がるのがこのテーマであるといえます。まずは，以下の事例を読んでみましょう。

事例７－１　Ａ子さんの友人とのつきあい方

Ａ子さんは，この春から高校に入学したばかりの１年生です。同じ中学校からの友人とは疎遠になってしまいました。過去のクラスでは，自分は輪の中心となっていたはずなのに……。気がつけば，今のクラスはすでにいくつかのグループができあがっています。たとえば，同じ中学校からの友人同士，部活動が同じ子同士，SNS・趣味でつながっている子同士……などです。

いよいよ，Ａ子さんの学校生活がスタートしました。授業のグループ学習では，成績に響くので最低限やることをメンバーで話し合います。休み時間は一人でいるのが寂しそうと思われたくないので，本を読んだり，授業の予習をしたり，音楽を聴いたりしてカバーします。昼休みは，ほかのクラスにたまたま通学路が同じ子がいるので，その子の教室へ行き，なんとなく一緒にご飯を食べたりします。

最近，中学校時代の友人と電話で学校の話をしました。友人はとても楽しそうです。Ａ子さんは，いまの友人関係の悩みを言えないまま電話を切りました。

事例７－１において，Ａ子さんはまわりから浮くことを極力避けています。実は，青年期前期の友人関係は同質性を重視する傾向にあるといわれています。人と同じではないことで嫌われたくない，かっこ悪いと思われたくないという気持ちから，表面的な友だちづきあいを続けてしまうのです。このような気持ちは中学生～高校生の初期まで続きますが，だんだんと高校生の中期，後期に移行するにつれて，異質性を重視する傾向へと変化するといわれています。お互いの悩みや違いを共有する形でつき合うことが可能となるのです。

このような特徴のもと，青年期の友人とのつきあい方には以下のような代表的な4つのパターンがあるといわれています（落合・佐藤，1996)。現在のA子さんはどのパターンに当てはまるでしょうか。また，皆さんはどのタイプが近いでしょうか。考えてみましょう。

●**浅く広くかかわる**：誰とでも同じように仲良くしようとしているが，自分の本音を出さずに友だちとつきあう

●**浅く狭くかかわる**：自分の本音は出さずに限られた人とだけつきあおうとする

●**深く広くかかわる**：誰とでもつきあおうとし，誰からも好かれ愛されようとする。そして，お互いにありのままの自己を積極的にうちあけ合い，わかりあおうとする

●**深く狭くかかわる**：限られた相手と積極的にかかわり，わかりあおうとする

●コラム●　他者の存在に悩まない――恋人を欲しいと思わない青年たち

近年，恋人を欲しいと思わないという“絶食系”の若者の存在が確認されています。高坂（2016）は，彼らの特徴を研究した文献をまとめていますが，主なものを引用したいと思います。

・今以上にエネルギー不足になるのであれば，自分のアイデンティティ形成に向けた活動を優先したい。あえて恋愛をしてまでエネルギーを失いたくない

・自分の能力や価値に自信がある一方で，他者を頼りにしていない，あるいは人から拒絶されて傷つくことを恐れるため，人と関わることを避ける傾向にある。結果として「愛することへの欲求」「愛されることへの欲求」が低い

・恋愛に対する否定的イメージをもっている。たとえば，お金がかかる，面倒，趣味や個人的な楽しみの時間が減る

このほかにも，シャイネス，自己充足個人主義，恋愛圏外感，まじめ化など，さまざまな要因が関係しているのではないかといわれています。

同質性
同じような価値観，行動様式をもつこと。

異質性
異なる価値観，行動様式をもつこと。

シャイネス
引っ込み思案であり，劣等感が強く，率直な自己表現が苦手。自己の容姿，能力全般，外向性・社交性を低く評価している状態。

自己充足個人主義
可能な限り自給自足に努め，自分が他者に依存することや，他者が自分に依存することに対してアンビバレントな態度を示す。

恋愛圏外感
奇跡的な出会い，ロマンティックなシチュエーションが頻発するドラマやマンガの恋愛に多くふれたことにより生じる。自分はこのような素敵な恋愛が起こるような世界には入っていないのだろう，という感覚。

さらに高坂（2016）は，恋人を欲しいと思わない青年のなかにも，恋人がいる青年と同程度にアイデンティティが確立されており，自ら努力して成功体験を積み重ねている層（楽観予期群）がいることを指摘します。もはや，恋人がいる青年と遜色がないほどポジティブな特性をもつ一群がいることが明らかとなったのです。

クリスマスになると，冬の寒さと共に恋人がいないことを肌寒く感じる人は多いことでしょう。そんな彼らも，自信をもって「No（欲しいとは思わない！）」と言える日がくるのかもしれません。

2　学校から社会への移行期に求められる資質・能力

1 社会人として必要な力とは

みなさんは，社会人として必要な力とは何かについて考えたことがあるでしょうか。仕事ができる人，企業から採用される人と，学校の成績がよい人とは同義なのでしょうか。

筆者は学生のころ，人望のある仲の良い友人が，就職活動で何社も企業を受けては落ちてしまい，肩を落として帰ってくる姿をみて複雑な気持ちになったことを覚えています。そのような経験から，社会人としてどのような能力を身につけることが大事なのかについて真剣に考え，研究するようになりました。

近年OECDの調査によると，認知的スキルと社会情動的スキルの重要性が明らかになっています（ベネッセ教育総合研究所，2018）。特に社会情動的スキルの伸長は認知的スキルにもよい影響を及ぼすという結果がでており，これらを相互に関連させて高めていくことが求められています。また文部科学省の新学習指導要領では，「知識･技能」「思考力･判断力・表現力」「学びに向かう力，人間性」といった資質・能力を，発達に応じて育成することが目標とされています。以上のように，認知能力と非認知能力をバランスよく身につけることは，社会人に必要な力の糧となるのではないでしょうか。

次項では，認知能力のなかでも「批判的思考力」，非認知能力のなかでも「共感力」を例に挙げて説明したいと思います。

2 批判的思考力を高める

批判的思考とは，相手を敵対的に批判する思考のことではありません。適切な基準や根拠に基づいて，偏りのない思考ができることです。さまざまな問題に対して注意深く観察し，じっくりと考えようとする思考・

認知的スキル
知識，思考，経験を獲得する心的能力。獲得した知識をもとに，解釈し，考える力。たとえば，記憶する，解釈する，推論する能力。認知能力，ともよばれる（14章参照）。

社会情動的スキル
一貫した思考・感情・行動のパターンに発現し，フォーマルまたはインフォーマルな学習体験によって発達させることができ，個人の一生を通じて社会経済的成果に重要な影響を与えるような個人の能力。たとえば，忍耐力，思いやり，楽観性等。非認知能力，ともよばれる（14章参照）。

批判的思考
「何を信じ何を行うかの決定に焦点を当てた合理的で反省的な思考（Ennis，1987）」のこと。「批判的（懐疑的）」という側面が全面に出ているのではなく，「合理的」「反省的」な思考であることが鍵である（道田，2013）。

判断のことだといわれています。みなさんのなかには，「自分には向いていないから，このような思考力や判断力を鍛えるのは難しい」と思っている人もいるかもしれません。しかし，工夫次第では誰もが1から鍛えられる能力でもあります。

ここでは，みなさんの身近にある“チラシ”を用いた授業を紹介したいと思います（事例7－2）。

メディアの広告やチラシ，通信販売カタログなどには，買わせるための強力な説得や真実を隠す情報が含まれていることもあります。情報をうのみにせず，多面的な視点をもって判断することは，詐欺に引っかからない消費者を育てることにつながります。批判的思考は，こうした誇大広告から自らを守り，市民としての正しい意思決定を行うためにも必要であるといえます。

事例7－2　通信販売チラシの分析で身につける批判的思考スキル

「××でこんなに痩せました」というダイエット広告を取り上げる

↓

黒板に20のクリティカルな質問を示し，説明する

◆「その情報の出所は信頼できるか」
◆「情報が間違っている根拠はあるか」
◆「先入観をもたせる部分はないか」
◆「その主張に論理的矛盾はないか」・・・・等

↓

ダイエットチラシに書かれている個々の記述を，20の質問と照合しながら，その信頼性を分析する

↓

分析の結果をグループごとに発表する

【批判的思考を活用した分析の例】

●「体験者の嬉しい声が続々と！」「夢がかないました」

➡ 客観的な事実というよりも，業者のあるいは体験者の主観的な意見であり，このような発言をさせるために体験者が業者に雇われていないという証拠はない

●「大反響の手紙やメール」「TVで絶賛放映中！」

➡ “大反響”や“絶賛”は業者の主観であり，それが事実である証拠はない

出所：花城梨枝子『育成事例②　消費者教育のための批判的思考力の開発』

コトバ

共感

さまざまな定義があるが，ここでは角田（1998）の定義を紹介する。すなわち，「相手の気持ちがわかった経験と，わからなかった経験を包含した共感」である。この両者をバランスよく体験することが適応的といわれている。

コトバ

視点取得

相手の気持ちや感情を，その人の立場に立って理解しようとすること。共感の認知的側面といわれている。

高次の視点取得の段階は，自己の視点を社会全体や集団全体をみる視点として関係づけることができる（Selman, 1976）。

３ 共感力を高める

共感と聞いてみなさんがまず想像するのは，「相手が感じているように自分も感じること」，すなわち，相手が楽しそうにしていたら自分もそのように思い，悲しそうにしていたら自分も同じように悲しみ，嘆くといったことでしょう。しかし，共感とは一面的なものではありません。また，共感と“同情”との区別ができるかどうかが，この力を正確にとらえる鍵だというのです（角田，1998）。

同情とは，たとえば友人と同じ大学を受験したのに，自分だけが合格したときのように，自分の位置が脅かされることがないまま，低い対象である友人に向けられる感情のことです。相手は見下されているように感じ，自分は自分の思うままに気持ちを充足させて，自己満足に終わります。一方で真の共感とは，自分の気持ちに一線を置きながら，相手の立場や気持ちを理解しようとする姿勢です。今日の社会で必要とされる力は，自分がどう感じるかではなく，相手がどう感じるかを想像する力なのです。

このように，相手の視点から考えられる共感の要素は視点取得とよばれています。視点取得は，さまざまな他者との関わり体験を通して獲得される可能性があります。つまり，自分と似たようなメンバー（同質性をもった集団）と関わるだけではなく，考え方や価値観が違うメンバー（異質性をもった集団）とも積極的に関わることで，さまざまな他者の気持ちや立場を理解し，想像できるようになり，最終的には真の共感力として身につくことが予想されます。

では，社会人になる前の学生にとって，普段からどのような生活を心掛けることが必要なのでしょうか。たとえば井芹・河村（2017）は，大学３～４年生（就職採用段階）の時期に，さまざまな正課・正課外活動に精力的に関与するタイプの学生は，社会人基礎力が高く，アイデンティティ達成をしている者が多い，という傾向を明らかにしています。就職活動の時期になると，その活動に集中するためにアルバイトや授業を欠席してでもがんばろうとする学生が一定数いるかもしれませんが，実は何か１つに絞って時間をかけることよりも，重要性を感じた複数の活動に対し，辞めずに優先順位をつけて，最後まで粘り強く幅広く活動を継続することが大事だったという結果がわかっています。

社会に出ると，自分とは異なる価値観をもつ人とも継続してチームで働く必要がでてきます。気の合う仲間との活動ももちろん大事ですが，できればちょっと勇気を出して，年代の異なる別のコミュニティに所属したりと，幅広く活動してみるのはいかがでしょうか。

第2節
ワークライフバランスの成人期

学習のポイント

●成人期のライフスタイルについて学びましょう。

●成人期の職業役割と発達について学びましょう。

1　成人期のライフスタイル

ライフスタイルとは，成人発達研究では社会や家庭での役割，あるいはそれらの役割の組み合わせのことを表します。1970年代半ばごろの日本は，「男は仕事，女は家庭」という役割分業が主流でした。近年は男性の育児参加の高まりや女性の社会進出が，以前に比べて増加してきているように思われます。

とりわけ，近年の成人期の女性のライフスタイルは多様化しています。仕事をするかどうか，結婚するかどうか，子どもをもつかどうか，地域のボランティアや自治活動に参加するかどうかなど，社会や家庭のなかで担う役割の選択肢が多く存在するため，どのような役割を選択し，組み合わせていくかが，現代の女性に特有の課題と心理的な発達をもたらしていると考えられます。また，このような多様な役割を経験することは，個人の社会化や認知能力の発達にも深く関わっているといえます（西田，2012）。

エリクソンは，成人初期の発達課題を「親密性　対　孤独」としています。まずは，自分の重要な他者，たとえばパートナー，仕事先の上司，家族との親密な信頼関係をつくり上げることが重要な課題であるといえるでしょう。しかしながら，母親は家族に多くのサポートを提供する一方で，その逆は少ないといわれています。なぜなら，多くの父親は長時間労働を求められ，家族と過ごす時間が短い一方で，母親は子ども中心の生活で時間が過ぎていきやすいからです（永久，2001，図7－1）。

このように，稼ぎ手役割と子育て役割という性別分業としての夫婦関係を続けていくと，妻がどれほど将来の生き方について不安や焦りを感じているかについて，夫から理解を得にくくなり，夫がそばに居るにもかかわらず妻の孤独感は高まるばかりとなってしまいます。それぞれが楽しみをもつ個人として，お互いに関心をもち合い，サポートを提供し合う関係性を育てていくことが必要といえます（永久，2001）。

性役割
その性別に社会的に期待されている役割，性格特性，態度，行動様式のこと。

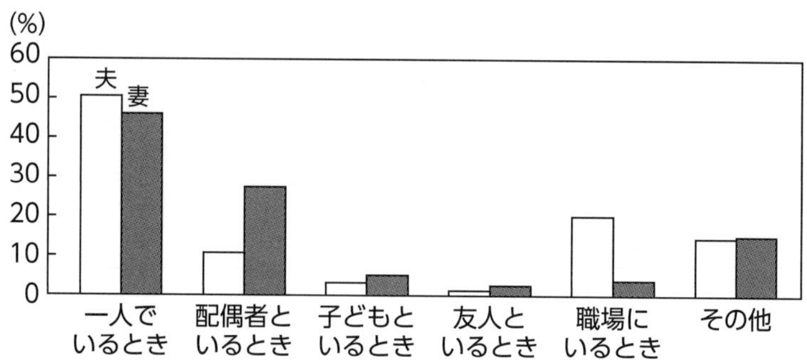

図7－1　孤独を感じやすい状況（夫：職場にいるとき　妻：配偶者といるとき）
出所：永久，2001　大川ら（編），pp95

2　成人期の職業役割と発達

成人期の職業役割について考えるために，職業選択理論をとりあげます。スーパーのライフ・キャリア・レインボーによると，成人期は「確立期」と「持続期」に該当すると考えられます（図7－2）。

スーパーは，最も初期の研究から，長期的な視点で，キャリアパターンに性別の違いがあることを理解していました。多様な役割に対する個人の受け止め方には性差があるのです。つまり，成人期の男性は，職業役割を通して経済的な安定を図ると同時に，仕事の評価ともいえる職場での安定した地位を確保することにより，成熟した自己概念を形成していくのではないかと考えられます。一方で成人期の女性においては，職業役割と家族役割のバランスをとりながらも，ある特有の年齢になったときにおとずれる発達課題をうまく乗り越えていくことにより，最終的には成熟した自己概念を形成していくのではないかと考えられます。

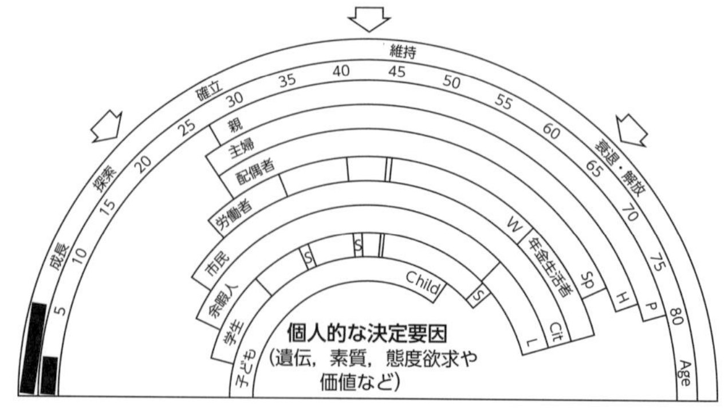

図7－2　ライフ・キャリア・レインボー
出所：Super，1980 を参考に作成

ドナルド・E・スーパー
Donald.E.Super
（1910-1994）
アメリカの心理学者。キャリアに関する包括的理論を提唱した。

コトバ

ライフ・キャリア・レインボー
ドナルド・E・スーパーが提唱したキャリア理論。キャリアを人生の場面のさまざまな役割（ライフロール）の組み合わせであるとした。5つの段階（成長期，探索期，確立期，持続期，下降期）と8つの役割（子ども，学生，職業人，配偶者，家庭人，親，余暇人，市民）からキャリア発達をとらえたもの。

第3節
自己実現の老年期

学習のポイント

●老年期の高齢者の活動と生きがい感について学びましょう。

●高齢者の理想の生き方について考えてみましょう。

1　老年期における高齢者の活動と生きがい感

みなさんは高齢者と聞いて，どのようなイメージをもつでしょうか。

老年期を生きる高齢者は，加齢にともなう身体的，精神的変化としての「老い」を自覚する時期といわれています。具体的には，発達のピークが過ぎ，さまざまな機能が停滞していきます。病気にかかりやすくなり，何か夢中になれるもの，関心をもてるものが少なくなるなど，さまざまなものを喪失する感覚に陥りやすいといわれています。

しかし近年の老年期の研究では，否定的な側面ばかりではなく，肯定的な側面への注目があつまっているといわれています。たとえば高齢者において，生活における自律は，well-being にとって重要であること（堀口・小玉，2014；堀口・大川，2016），社会的なつながりや人間関係の豊かな生活を送ることで認知症発症率が少なくなり，知的機能の維持に重要な意味をもっていること（本間，2003），一時的な気晴らしレベルではなく，個人的発達や成長に関わる余暇活動が生活満足度によい影響をあたえること（山田，2000）（図７－３），創造性と関連した知能は年

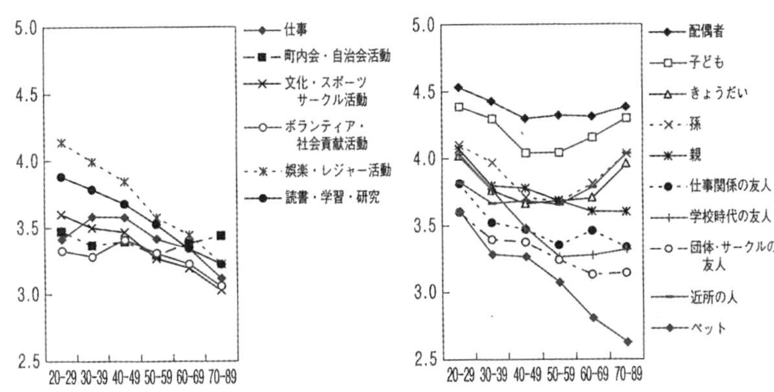

図７－３　老年期に重要だと思う活動

出所：宍戸，2011　大川ら（編），pp17

齢的による急激な低下はなく，老年者の独創性は成人と差がないこと（丸島，2002）などが明らかになっています。高齢化社会といわれて久しい世の中ですが，生活の質（QOL）を高めるために，高齢者がどのような生き方をすることが大切になってくるかといった肯定的な側面からの研究は，今後ますます必要となってくるでしょう。

2　サクセスフルエイジングと老年的超越

サクセスフルエイジングとは，「じょうずな歳の取り方」あるいは「健やかに老いること」という意味です。

バルテスは，老年期の高齢者が目標達成していく際の一連の過程を，目標の選択，資源の最適化，補償の３つの要素に分けました。これをSOC理論（selective optimization with compensation）といいます。たとえば具体的な重要な要素としては，「長寿」「身体的健康」「精神的健康」「生きがい」「社会活動」「生活満足」などが挙げられます。老化によって起こるさまざまな喪失を補ってくれるもののなかで最適なものを選択することができれば，より生きがいを感じる人生を送ることができるようになるといわれています（高橋・中川，2014）。

一方で，人生の最適化を追求するばかりではなく，老年期の自然な変化をありのままに受け止めていくという精神状態を老年的超越といいます。老年的超越の状態とは，たとえば自分の存在や命が宇宙という大いなる存在とつながっていると感じること，死への恐怖の消失，他者を重んじる気持ちの高まりなどがみられるといいます（小野・福岡，2018）。

また，エリクソンは老年期（第８段階）の発達課題を「自我統合　対絶望」としていますが，実は第９段階の発達段階の存在を示唆していたといわれています。それは英智，とよばれる人格的能力であり，老年的超越の状態と類似していることがわかります。

次の文章は，バルテスらの実験です。問題を読んでみましょう。「15歳の少女が，好きな男性と今すぐに結婚したいと言っています。それについてどう考え，どうするべきだと思いますか。」

英智ある答えの評価基準としては次の５つが挙げられています（鈴木，2008）。①事例の知識②ノウハウの知識③発達環境についての知識④相対性の考慮⑤不確実性への理解。この基準から年齢による変化をみたのが右の図です（図７－４）。作業記憶課題と比較すると，年齢によって課題の点数が低下していないことが特徴といえるでしょう。

コトバ

生活の質（QOL）
一個人が生活する文化や価値観のなかで，目標や期待，基準，関心に関連した自分自身の人生の状況に対する認識のこと（WHO，1994）。

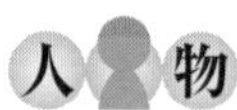

バルテス
Paul Baltes
（1939-2006）
生涯発達心理学の祖。

SOC 理論
３つの方略の頭文字をとったもの。「Lossbased Selection（これまでできてきたことがうまくできなくなったときに前よりも少し目標を下げる）」「Optimization（選択した目標に対して，自分の使える時間や体力を効率的に振り向ける）」「Compensation（他者の助けやこれまで使っていなかった補助を使う）」。

老年的超越
高齢期に現れる価値観や心理・行動の変化。社会との関係，自己意識，宇宙的意識といった要素からなる（Tornstam，1989；増井ら，2010）。

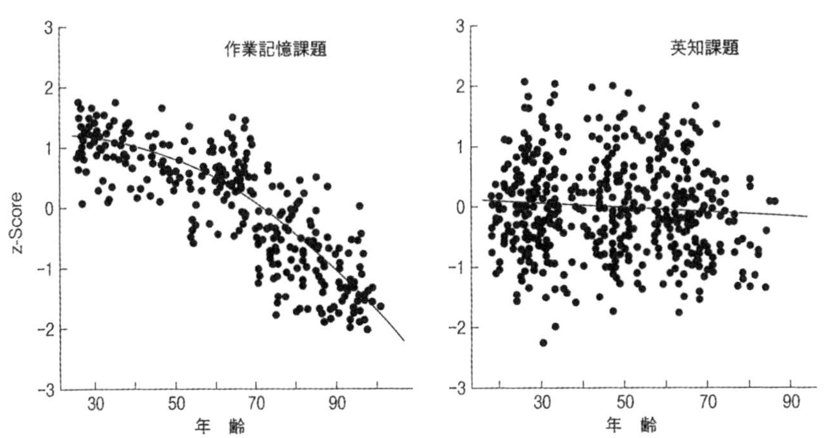

図7－4　作業記憶課題（左）と英知課題（右）の比較
出所：土田，2011　大川ら（編），pp79

では，老年的超越や英智のような現象が起こる人とは，いったいどのような生活を送っている方々なのでしょうか。その答えの1つとして，筆者は日本の伝統芸能や禅の世界の方が近い能力をもっているのではないか，と推測しています。事例7－3を読んで考えてみましょう。

事例7－3　熟達化について

長年稽古を積んだ武道の達人や，歌舞伎役者の方々を思い浮かべてみてください。その所作に年齢特有の老いを感じさせることはなく，歳をとればとるほど，より動きに無駄がなく，洗練されたものとなっていることに気がつきます。このような美しい体さばきは，もはや身体機能の低下を超越していると考えられます。

みなさんは，長いあいだ時間が経って古くはなっているけれど，美しい，あるいは尊いと思える人や物，瞬間に出会ったことはあるでしょうか。

このように，老年期を生きる高齢者は，人生を振り返ったとき，「じょうずに歳をとった」ことに幸せを感じたり，「ありのままの状態」を受け入れ，生と死に真剣に向き合うことでおとずれる，心の静寂を手に入れたりすることで，自分にとっての理想の生き方に出会えたと思うのかもしれません。

コトバ

英智
死そのものに向き合うなかで生そのものに対する聡明かつ超然とした関心のこと（Erikson, 1982)。自己発達の頂点とされている。

演習課題

① あなたがこれまでに体験した，アイデンティティ・ステイタスの「危機」や「傾倒」について，思い出してみましょう。

② 老いのイメージについて，教科書を読む前と読んだ後で気づいたことについて考えてみましょう。

【引用・参考文献】

Baltes, P. B. (1997). On the incomplete architecture of human ontogeny: Selection, optimization, and compensation as foundation of developmental theory. *American Psychologist*, 52 (4), 366-380.

ベネッセ教育総合研究所 (2018)．社会情動的スキル　学びに向かう力　経済協力開発機構（編）　無藤 隆・秋田 喜代美　（監訳）　明石書店

藤田 哲也（編）(2009)．絶対役立つ教養の心理学　人生を有意義にすごすために　ミネルヴァ書房

花城 梨枝子 (2011)．育成事例②　消費者教育のための批判的思考力の開発　楠見 孝・子安 増生・道田 泰司（編）批判的思考力を育む－学士力と社会人基礎力の基盤形成（pp. 162-168）有斐閣

堀口 康太・小玉 正博 (2014)．老年期の社会的活動における動機づけとWell-being（生きがい感）の関連－自律性の観点から－　教育心理学研究，62，101-114.

堀口 康太・大川 一郎 (2016)．老年期の自律性研究の課題と展望：自律的動機づけに着目した研究の方向性の提案発達心理学研究，27，94-106.

稲垣 実果 (2013)．思春期・青年期における自己愛的甘えの発達的変化－自我同一性との関係から－　教育心理学研究，61，56-66.

井芹 まい・河村 茂雄 (2017)．学校から社会への移行期における学生の学びと成長 －正課・正課外活動のバランスと社会人基礎力，アイデンティティとの関連に注目して－　学級経営心理学研究，6，143-152.

角田 豊 (1998)．共感体験とカウンセリング　福村出版

高坂 康雅 (2010)．青年期の友人関係における被異質視不安と異質拒否傾向－青年期における変化と友人関係満足度との関連－　教育心理学研究，58，338-347.

高坂 康雅 (2016)．恋愛心理学特論 - 恋愛する青年 / しない青年の読み解き方　福村出版

権藤 恭之 (2016)．超高齢期の心理的特徴　－幸福感に関する知見－
https://www.tyojyu.or.jp/net/topics/tokushu/koureisha-shinri/shinri-chokoureisha.html (2020年3月11日アクセス)

増井 幸恵・権藤 恭之・河合 千恵子・呉田 陽一・高山 緑・中川 威・高橋 龍太郎・蘭牟田 洋美　(2010). 心理的 well-being が高い虚弱超高齢者における老年的超越の特徴－新しく開発した日本版老年的超越質問紙を用いて－　老年社会科学, 32, 33-47.

丸島 令子 (2002). さまよえる中年期から輝ける老年期へ－「英智」の人とは　女性学評論, 16, 89-120.

元吉 忠寛 (2011). 批判的思考の社会的側面　楠見 孝・子安 増生・道田 泰司 (編) 批判的思考力を育む－学士力と社会人基礎力の基盤形成 (pp. 45-65)

無藤 清子 (1979).「自我同一性地位面接」の検討と大学生の自我同一性　教育心理学研究, 27, 178-187.

永久 ひさ子 (2011). 家族役割の変化と対人ネットワークの広がり　大川 一郎・土田 宣明・宇都宮 博・日下 菜穂子・奥村 由美子 (編) エピソードでつかむ　老年心理学　(pp. 92-95)　ミネルヴァ書房

西田 裕紀子 (2012). 成人期のライフスタイルと心理的発達　速水 敏彦 (監) コンピテンス　個人の発達とよりよい社会形成のために　(pp. 201-210)　ナカニシヤ出版

落合 良行・佐藤 有耕 (1996). 青年期における友達とのつきあい方の発達的変化 教育心理学研究, 44, 55-65.

宍戸 邦章 (2011). 老年期のライフスタイルの多様性　大川 一郎・土田 宣明・宇都宮 博・日下 菜穂子・奥村 由美子 (編) エピソードでつかむ　老年心理学　(pp.17)　ミネルヴァ書房

高橋 一公・中川 佳子 (2014). 生涯発達心理学 15 講　北大路書房

土田 憲明 (2011). 熟達化と英智　大川 一郎・土田 宣明・宇都宮 博・日下 菜穂子・奥村 由美子 (編) エピソードでつかむ　老年心理学　(pp. 76-79)　ミネルヴァ書房

渡邉 三枝子 (2007). 新版　キャリアの心理学－キャリア支援への発達的アプローチ　ナカニシヤ出版

山田 典子 (2000). 老年期における余暇活動の型と生活満足度・心理社会的発達の関連 発達心理学研究, 11, 34-44.

全米キャリア発達学会 (2013). D・E・スーパーの生涯と理論　仙﨑 武・下村 英雄 (編訳) 図書文化社

第8章

障害児・者の心理

「障害」には大きく分けて身体の障害，知的障害，精神の障害がありますが，それらに当てはまらない障害もあります。近年取り上げられることが多くなった発達障害や情緒障害，優先座席の表示に追加されるようになった内部障害，そして筋萎縮性側索硬化症（ALS）やパーキンソン病など指定を受けた難病も「障害」の範囲に含まれ（障害者総合支援法，2014），さまざまな福祉サービスを受けられるようになりました。この章ではそれらの障害の主な特徴，支援策について紹介するとともに，この社会ですべての人が共に生きていくためには何が必要か考えていきましょう。

第1節
障害って何？

学習のポイント

●障害があるというのはどういうことか考えてみましょう。

●障害者が社会的な活動に参加するためには何が必要か学びましょう。

1　障害がある人，ない人

「あなたは健康ですか」と尋ねられたらどう答えますか。最近運動不足で，糖尿で，腰痛がひどくてなど，健康とはいえないという人が多いと思います。

さてWHO憲章では「健康とは，肉体的，精神的及び社会的に完全に良好な状態であり，単に疾病又は病弱の存在しないことではない」と定義されています。すなわち一般に健康状態の目安とされる身体や精神の状態だけではなく，社会的な状態も良くないと健康とはいえないのですね。

では「あなたには障害がありますか」と尋ねられたらどう答えるでしょう。

障害者基本法（1970制定，最終改正2013）では，障害者を次のように定義しています。「障害者　身体障害，知的障害，精神障害（発達障害を含む）その他の心身の機能の障害（以下「障害」と総称する）がある者であって，障害及び社会的障壁により継続的に日常生活又は社会生活に相当な制限を受ける状態にあるものをいう」（第2条第1項）。心身に疾患があり日常生活や社会生活に制限を受けているということは，健康ではないという状態でしょうか。ちなみに第2項では社会的障壁とは「障害がある者にとって日常生活又は社会生活を営む上で障壁となるような社会における事物，制度，慣行，観念その他一切のものをいう」とされています。すなわちここで「障害がある者」というのは第1項の前半，いわゆる医学的な疾患を持つ者ということになるようです。

「いえ，神経痛で歩くのがつらく健康とはいえませんが，障害者ではありません」あるいは逆に「私は身体障害者ですが，すこぶる健康です」という声が聞こえてきそうです。

コトバ

WHO憲章

1946年にニューヨークで作成され，1948年4月7日に効力発生。わが国では1951年6月26日に条約第1号として公布された（平成26年版厚生労働白書）。

2　誰にとっての障害？

「障害」というと，妨げになるということですが，誰にとって何がどのような妨げになるのでしょうか。たとえば，身体障害者にとって「車椅子に乗っていること」が外出の妨げになるのでしょうか？　車椅子芸人を自称するホーキング青山さんは生まれたときから四肢が使えないので，車椅子で移動することは当たり前になっています。でもまわりからは「大変」「気の毒」という目でみられるのです。特別支援学校に行くようになり，近所の友だちと遊べなくなってはじめて自分の障害を意識させられるようになったということです。

また，脊髄性筋萎縮症（せきずいせいきんいしゅくしょう）という難病で車椅子を使う海老原宏美さんは地域の学校に通っていましたが，学校の階段でも遠足でも友だちが手伝ってくれるので何も困らなかったといいます。

自閉スペクトラム症（第2節で解説）のニキ・リンコさんと藤家寛子さんは，自分の身体の一部であってもみえていない部分（背中や，スカートのなかの脚など）は，存在を忘れたりするのは誰でも同じと思っていたそうです。当たり前と思って過ごしてきた人にはそれは障害特有の症状ですよといわれて「へえ，そうだったんだ」ということになるのです。同じく自閉スペクトラム症の東田直樹さんはいつもウロウロ動き回ったり跳びはねたりしています。「じっとしていると，この体に閉じ込められていることを実感させられます」といいます。ほかの人は動いていると「落ち着きなさい」というけれど，東田さんにとっては動いていないと落ち着かないのです。

本人や保護者にとってこれらの症状が生活するうえで支障になることもあるでしょうが，少し観点を変えれば妨げになっている状態を個性ともみることができますし，不都合なことを減らしていくこともできそうです。

コトバ

脊髄性筋萎縮症

脊髄の運動神経細胞（脊髄前角細胞）の病変によって起こる神経原性の筋萎縮症で，体幹や四肢の筋力低下，筋萎縮を進行性に示す（難病情報センターHP）。

事例8－1　手指が自由に動かないAさん

ダウン症のAさんは手指は自由に動かないものの，福祉事業所でパンを焼く仕事をしています。一方Aさんは音楽が大好きで子どものときからピアノを習っています。Aさんの奏でる美しいピアノの音は聴いた人の心を癒してくれると事業所内でも評判です。シャンソンや映画音楽などが得意で，いつかはワンマンショーをやりたいと夢を語ってくれました。

コトバ

ダウン症

本来2本ずつ23組ある染色体の21番目が3本あることで発症する染色体異常の1つ。知的障害，言葉の障害，運動能力の遅れなどをともなうことが多い。

3　環境との関わり

さて，障害というのは主に医学的な見地からみて身体的，知的な発達の遅れや機能の障害があって日常生活，社会生活に支障があることとされてきましたが，1975年国連総会で障害者の権利に関する宣言が採択されて以降，社会における障害者の捉え方が変化してきました。

まず，1980年WHOが従来の障害の定義に代わる国際障害分類（ICIDH：International Classification of Impairment, Disability and Handicap）を発表しました。障害というのは機能・形態障害（Impairment），そのため生じる能力障害（Disability），そのことによってこうむる社会的不利（Handicap）という3つの階層があるという考え方です。これは医学的な疾患だけでなく生活における障害や社会的な障害に目を向けたということで画期的な分類でした。一方，環境的な因子が考慮されていなかったり障害のマイナス面ばかりしかみていなかったりなど問題点もありました。そこで新たに2001年に発表されたのが国際生活機能分類（ICF：International Classification of Function）です。ここでは，障害そのものだけでなく，社会での活動や参加も含めた生活機能（Function）に焦点を当てています。障害のある人が社会活動のなかでできること，できないことを分け，できないことでも物的環境を変えたり，サポートしてくれる人，理解者など人的環境を変えたりすればできるといったプラスの面にも目が向けられているのです（図8－1）。

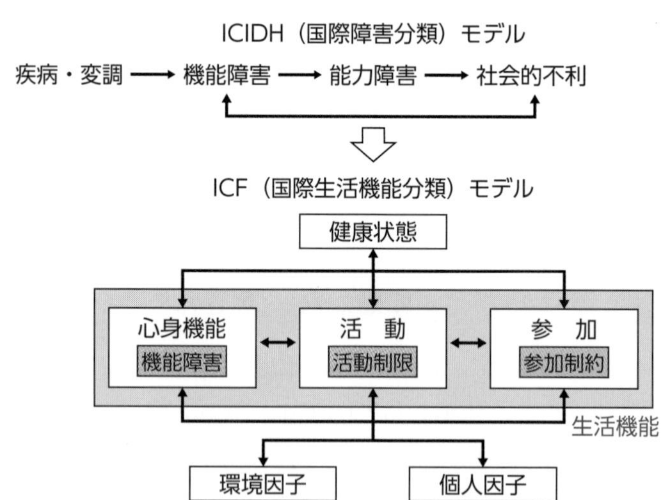

図8－1　ICIDHとICFの概念図

出所：2010厚生労働省ICFシンポジウム資料

第2節
さまざまな障害

学習のポイント

●障害について理解を深めましょう。

●障害者にとって必要なサポートとは何か考えましょう。

1　身体の障害

① 肢体不自由

肢体不自由は身体障害者のうち約半数を占め，症状は四肢の短縮欠損やまひ，自分の意思とは関係なく動いてしまう不随意運動，動きの速さや距離の調節ができない失調の４つに分けることができます。その原因として最も多いのが脳性まひなど脳神経の疾患で，その他脊髄の疾患，筋肉の疾患，骨・関節の疾患があります。先天的な疾患や疾病のほか事故によるものが約16%を占めています。

肢体不自由の人のなかには単に四肢が自由に動かせないだけでなく，知的障害をともなっていたり，医療的ケアが必要であったりする人もいます。このような人たちはまず生命，健康の維持を図ることが大事ですが，一人の人間として人格を尊重し，発語はなくても表情や身体の動きから思いや要求を汲み取れるようになりたいものです。

医療的ケア
人工呼吸器の管理，気管切開部の管理やたんの吸引，経管栄養などをさす。

一方，車椅子を巧みに操り，身体機能を補完する義肢などの補装具や自助具（第３節で解説）により自力で日常動作を行える人たちも多くいます。日常生活動作だけでなく，車椅子バスケットや車椅子ダンスなどをみていると車椅子がまるで身体の一部になっているかのように思えます。車椅子を使う人にとって設備面での工夫や，できない部分はまわりの人たちが手助けすることでより支障が少ない環境づくりが可能になります。

② 視覚障害

視覚障害には視力の障害のほか視野の狭窄や色覚の異常などがあります。拡大鏡などを使えば普通の文字が読める場合を弱視，点字を使う必要がある人は盲といいます。代替感覚としての聴覚，触覚，嗅覚などからの情報に敏感になることや，白杖を用いた歩行訓練も必要です。点字ブロック（視覚障害者誘導用ブロック）はわが国で発明されたもので，現在では多くの国に採用されています。視覚障害者にとって歩く方向や危険な場所を示す案内板になるので，ブロック上に物を置いたり立ち止まって通行を妨げたりしないように注意が必要です。また，誘導を依頼されたときは，肩に手を置いてもらうか，腕をもってもらい半歩先をゆっくり歩くようにします。

3 聴覚障害

聴覚障害とは身のまわりの音や話し声が聞こえにくかったり，ほとんど聞こえなかったりする状態のことです。聞こえにくさ（難聴）は言葉の獲得に支障をきたすので，できるだけ早期に発見し治療を受けたり補聴器を用いたりして聞こえがよくなるようにしなければなりません。補聴器や人工内耳の性能は日進月歩で改良されていますが，聞こえづらい人には発音する口の形がよくみえるよう正面でゆっくり話す配慮が必要です。

+α

伝音性難聴と感音性難聴

難聴には伝音性難聴と感音性難聴があり，伝音性難聴は補聴器によって音を増幅すれば聞こえが改善することがある。感音性難聴は内耳や聴神経の疾患によるもので，音を電気信号に変える人工内耳を埋め込むことで改善することがある。

2　知的障害・言葉の障害

1 知的障害

知的障害には特に定義はありません。診断の基準は，

・物事を理解し判断したり抽象的な思考を行ったりする知的能力が同年齢の人より目立って低い。

・家庭や学校，社会においてスムーズな生活を送る適応能力が同年齢の人より目立って低い。

・それらが発達期（18歳まで）に発症する。

といったいわば社会通念によっています。最近は知能検査で測られた知能指数（IQ）より，家庭や社会に適応した生活を送る能力の方が重要と考えられるようになってきました。ただ，これは客観的に数値化することが難しく，「療育手帳」の等級は知能指数を基本に，日常生活動作（ADL）やコミュニケーション能力など総合的に判断して決められます。

療育手帳

知的障害のある人がさまざまな支援や福祉サービスを受けるため交付される手帳。障害の程度に応じて最重度･重度･中度･軽度などの等級に区分される。

日常生活動作

Activities of daily living。日常生活を送るうえで必要最低限の動作。移動・食事・更衣・排泄・入浴などを指す。

2 言葉の障害

子どもの言葉の発達というのは保護者にとって最も気になることの1つですが発達の速さは子どもによって差があります。1歳過ぎるとどんどん言葉が増える子どももいれば，2歳になっても数語しか話さない子もいます。個人差によるものであれば心配はありませんが，言葉の遅れが聴覚障害によるものであったり，口腔機能の障害により発音が困難だったりする場合は早期に言葉の訓練を行う必要があるでしょう。また，言葉は理解と表出の双方バランスのとれた発達が望まれますが知的な遅

れにより言葉の理解ができなかったり，対人関係を築けずコミュニケーションの手段としての言葉が発達しなかったりする場合もあります。幼いうちから話すことが楽しいと感じられるよう，向き合って根気強く話を聞き，語りかけることが大切です。

3　発達障害，情緒障害

1 発達障害

発達障害とは一体どんな障害でしょうか。発達障害者支援法（2005）によると，発達障害とは「自閉症，アスペルガー症候群その他の広汎性発達障害，学習障害，注意欠陥多動性障害その他これに類する脳機能の障害であってその症状が通常低年齢において発現するもの」と定義づけられています。なお DSM-5（第１章参照）では，自閉症，アスペルガー症候群・広汎性発達障害は，「自閉スペクトラム症」としてひとくくりにされました。また学習障害は，特定のものの習得に著しい困難を示すということから「限局性学習症」とよばれるようになりました。ここでは「自閉スペクトラム症」，「注意欠如・多動症」，「限局性学習症」についてみていきましょう。

①自閉スペクトラム症（ASD：Autism Spectrum Disorder）

DSM-5 の定義では，主にに２つの特徴をもつとされています。１つは社会的コミュニケーションや社会的相互作用（表情や身振り，情緒的な関わりなど）が持続的に欠損していること，２つ目は行動や関心，活動が限定的で反復的であったり感覚過敏・鈍麻など感覚に偏りがみられるということです。

典型的な自閉症の場合，言葉ではエコラリア（反響言語）がみられたり，行動や興味に強いこだわりがみられたりする場合があります。外見的には手をヒラヒラさせていたり，跳びはねたり，身体を前後に揺らすロッキング運動を繰り返す常同運動がみられることが多いですが，いったん興味をひかれるものに出会うと，非常に集中して取り組みます。疲れを感じにくいなどの感覚の偏りも相まって文字通り寝食を忘れて作業に没頭する場合もあるほどです。また，集団活動に参加するのは困難ですが，関心がないわけではなく，何かきっかけがあればすすんで参加する場合もあります。

> **コトバ**
> **エコラリア（反響言語）**
> 耳にした言葉をオウム返しに発言する即時性エコラリア，テレビの CM や駅のアナウンスなど記憶したものを繰り返し発言する遅延性エコラリアがある。

②注意欠如・多動症（ADHD：Attention Deficit/Hyperactivity Disorder）

「注意欠如」とは，細やかな注意ができず，ケアレスミスをしやすい，注意散漫で話をきちんと聞けないようにみえる，注意を持続することが困難，外部からの刺激で注意散漫となりやすいなどの症状，「多動症（衝動性も含む）」とは着席が期待されている場面で離席する，不適切な状況で走りまわったりよじ登ったりする，しゃべりすぎる，順番待ちが苦手であるなどの症状がみられ，これらが 6 か月以上持続するものです。また，日常生活や社会生活に支障をきたしていることが診断の基準になります。

③限局性学習症（SLD：Specific Learning Disorder）

知的能力の遅れはみられないにもかかわらず，基本的な学習能力（文章を読む，書く，計算など）のうち，読字や書字だけができなかったり，計算だけができなかったりと特定の能力に著しい困難を示すというものです。

2 情緒障害

情緒の表れ方が偏っていたり，激しかったりする状態を自分ではコントロールすることができず，日常生活や社会生活に支障をきたしている場合，情緒障害といいます。特に医学的な定義があるわけではなく，発達障害の二次障害によるものや，虐待や貧困など不適切な環境が背景にある場合もあります。症状としては爪を噛む，頭髪を抜くなど自身への行動，ひきこもりや摂食障害，場面緘黙（かんもく）や吃音（きつおん）など，また他者への暴力，万引き，動物虐待，器物損壊といった反社会的行為がみられる場合もあります。ただ，まわりの環境が改善することで症状がなくなることもあり，成育歴や環境がつくってしまった障害であることも多いといえます。特に幼児の場合，虐待を受けていても貧困で十分に食事をとれていなくても助けを求めることができない場合が多いので，まわりの人が気をつけてみていく必要があります。

コトバ

二次障害
一次的な障害である発達障害の特性に対して適切な支援がなされないか，不適切な対応がなされるために生じる情緒や行動面の問題を指す。

場面緘黙
家では話せるにもかかわらず，学校や職場など特定の場所で話せなくなること。

4　精神の障害

精神障害のなかで統合失調症は 100 人に 1 人くらいの割合で生じる比較的一般的な疾患です。幻覚や妄想が出たり，意欲を失ってひきこもりがちになるなどの症状がみられます。最近よく聞かれる精神疾患にうつ病などを含む気分障害や，依存症などがあります。原因としては仕事上のストレス，人間関係のストレスなどが多く，働き盛りの人がうつ病になったりアルコールや薬物の依存症になったりする場合があります。

また，ストレス関連障害や身体表現性障害も増加傾向を示しています。性別の患者数をみると 20 歳未満は男性の方が多いですが，20 歳以上では女性の方が男性の約 1.5 倍になっています。仕事に加え結婚，出産，

身体表現性障害
精神的なストレスが身体の不調となって表れる障害。

子育てなどさまざまなライフイベントにおけるストレスを反映しているのではないかと思われます。また子どもの自殺者が急増しているのは，社会全体にとって大きな課題です。精神疾患ばかりが原因ではありませんが子どもの場合特に学校でのいじめや家族などの身近な人間関係の問題から精神的に追い詰められ自殺に追い込まれる例も多くあります。

5　病弱・その他

1 内部障害

生まれながらの虚弱体質であったり，心臓や呼吸器，腎臓その他身体の内部に疾患のある人たちがいます。外からではその障害がみえないため受けるべき配慮が受けられなかったり，理解されなかったりすることがあるということから，2012年東京都でヘルプマークの配布が始まりました。現在ではほとんどの都道府県で導入されており，電車やバスの優先座席の対象者にも「内部障害のある人」が加えられています。2020年現在内部障害には，心臓機能障害，腎臓機能障害，呼吸器機能障害，膀胱・直腸機能障害，小腸機能障害，ヒト免疫不全ウィルスによる免疫機能障害（HIV感染症），肝臓機能障害の7つの機能障害が指定されています。

2 難　病

原因が明らかでなく，治療法が確立していない希少な病気で，長期の療養を要するものを難病といいます。2013年障害者自立支援法が障害者総合支援法となり，障害者の定義に難病が追加されました。令和元年7月現在，厚生労働省は筋委縮性側索硬化症（ALS）やパーキンソン病，筋ジストロフィーなど333の疾病を難病と指定しています。

病弱や内部障害，難病などで長期入院を余儀なくされている子どもたちが今後社会にうまく適応できるようにするためには，子どもたちの心に寄り添ったていねいな心理的サポートが不可欠でしょう。

ヘルプマーク

内部障害や難病など，外見からわからなくても援助や配慮を必要としていることを知らせるマーク。

オストメイト

膀胱・直腸機能障害のため人工膀胱や人工肛門（ストーマ）を造設した人をオストメイトという。ストーマの洗浄が可能なバリアフリートイレにはオストメイトを示すマークが掲示されている。

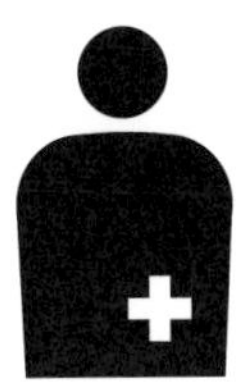

第3節
障害とともに

学習のポイント
●障害のプラス面に目を向けてみましょう。
●社会の障害をなくすにはどうすればよいか学びましょう。

1　障害の特徴を生かす

あるコーラスの練習を見学したときのことです。指揮者は視覚障害があり，20名ほどいるメンバーの顔はまったくみえません。にもかかわらず，「○○さん，そこもう少し高く」とか「○○さん，発音が…」などとそれぞれに細かく指摘しておられるのです。練習後に「一人ひとりの声がどうしてわかるのですか」と尋ねると「長年の付き合いだから，それくらい聞き分けられますよ」といっておられましたが，視覚からの情報が得られないため聴覚が研ぎ澄まされているのを感じました。失われた機能を補填するため，感覚の枠を越えて神経の働きが向上することがあります。視覚障害者の場合は聴覚や触覚が鋭敏になることが多いですし，聴覚障害者の場合は健聴者に比べて視覚情報に敏感であることが知られています。

また，自閉スペクトラム症のある人は全体をみて判断するのは苦手ですが，一部分や細かいところに注意を向け観察する能力が優れているという特性があります。そして興味のあることにはわき目もふらず没頭するので，根気のいる研究や細密画を描いたり，細かい細工をしたりする仕事ではその能力を発揮することができるでしょう。自閉症の当事者であり動物科学分野の博士号を取得，大学の先生でもあり会社も経営しているテンプル・グランディンさんは，自閉症者は言語能力の低さの代償として視覚や数学，音楽にずば抜けた能力を発揮する場合があると述べています。

2　仲間づくりの核になる

『こんな夜更けにバナナかよ』という実話をもとにした映画では，進行性筋ジストロフィーの主人公のまわりでさまざまな人たちが行き交いドラマを繰り広げていきます。まわりの人はどうしてこんな人に振りまわされなければならないの，といいながら，実はこの主人公がいるからこそ自分をみつめ，他者とも向き合っていることに気づかされていきます。動けない主人公が，仲間づくりの核としての存在になっていたのです。

海老原宏美さんの『わたしが障害者じゃなくなる日』は難病で動けなくても普通に生活できる社会はつくれるはず，と確信させてくれます。介助が必要な場合は「手伝ってください」とまわりの人に声をかける勇気を出せば必ず道は開けます。そうすればまわりの人は何か一緒にやるときには車椅子でもできることを，食事のときには手が不自由でも食べやすいものを，と配慮できます。海老原さんは，障害者は車椅子で人工呼吸器をつけて町中に出て行って目立つだけでもいい，といいます。世の中にはこんな人もいるということをみなが知って，それが普通になっていけば助け合う気持ちなど自然に生まれてくるはずだからです。難病の人がより快適に過ごすための新製品の開発を目指す人も出てくるでしょう。

進行性筋ジストロフィー
骨格筋の 壊死・再生を主病変とする遺伝性筋疾患の総称。細胞の正常な機能を維持できず，筋力が低下し運動機能など各機能障害をもたらす。

3　合理的配慮

2014年批准した「障害者の権利に関する条約」に合理的配慮という文言があります。「『合理的配慮』とは，障害者が他の者との平等を基礎として全ての人権及び基本的自由を享有し，又は行使することを確保するための必要かつ適当な変更及び調整であって，（中略）均衡を失した又は過度の負担を課さないものをいう」（第２条）とされています。たとえば学校では，活動の見通しが立てられない人のためにスケジュールを表にして掲げたり，聞こえに障害のある人は席を先生の近くにするほか重要事項は視覚的な情報で伝えるなどの配慮が考えられます。

障害者の権利に関する条約
障害者の権利の実現のための措置等について定める条約。2006年国連総会において採択された。わが国では2014年から効力が発生。

ただ，たとえば車椅子を使用している生徒が入学するのでただちに段差をなくしエレベーターやバリアフリートイレを設置する，というのは「過度の負担」に当たるかもしれません。その代わりにまわりにいる友だちが車椅子をかついで移動するなどのサポートはできます。最近移動型のバリアフリートイレが開発されたので，建物の改修に無理がある場合でも簡単に設置できるようなバリアフリートイレや移動型のエレベーターも開発されることでしょう。

第4節
インクルージョン

学習のポイント
- ノーマライゼーションとインクルージョンの違いについて学びましょう。
- インクルーシブな社会にするにはどうすればよいか考えてみましょう。

バンク・ミケルセン
N.E.Bank-Mikkelsen
(1919-1990)
デンマーク。第2次世界大戦後社会省勤務，精神薄弱福祉課に在籍。1950年代に「隔離施設でのサービスから地域社会での共生へ」を中心とするノーマライゼーションの理念を唱えた。

1　ノーマライゼーション

ノーマライゼーションとは障害のある人も地域のなかでほかの人と同様に生活する権利を有するという考え方で，デンマークのバンク・ミケルセンが提唱しました。役人であったミケルセンは社会から隔離された施設で集団生活を送っている知的障害者をみて，知的障害があるからといってこのような環境におくべきではないと主張し施設の運営改善や法改正に取り組んだのです。

ノーマライゼーションの理念に沿って障害のある人たちが社会のなかでできるだけ不便なく過ごせるように環境を整えるにあたってよく耳にするのがバリアフリーという言葉です。バリアフリーというと車椅子でも移動しやすいように階段のかわりにスロープを設置したりトイレを改造したりといった物理的な障壁をなくすということもありますが，人々の心のなかにある壁を取り除く，制度上の壁を取り除くといったバリアフリーも視野に入れなければなりません。2018年に改正されたバリアフリー法では新設された「理念」の項で，まず「日常生活又は社会生活を営む上で障壁となるような社会における事物，制度，慣行，観念その他一切のものの除去」そして「全ての国民が年齢，障害の有無その他の事情によって分け隔てられることなく共生する社会の実現」がうたわれています。

2　インクルージョン

最近教育の世界でよく聞かれるのは「インクルージョン」「インクルーシブ教育」という言葉です。インクルージョンとは包括すなわち包み込んで一体化するという意味です。これは「ノーマライゼーション」とはどこが違うのでしょう。ノーマライゼーションは障害のある人がない人と同様な生活を送る権利を有するということで，ノーマル（普通）なのは障害がない人の生活ということになります。それに対し，インクルージョンというのは障害の有無だけでなく，国籍や人種，宗教，性別，貧富等の違いを越えてすべての人を受容する考え方です。教育についてはどちらも障害のあるなしにかかわらず教育を受ける権利を有するということになりますが，インクルーシブ教育の基本的な理念は，同じ場所で，みなが参加でき，なおかつ一人ひとりのニーズに合った支援を提供するということです。

ただ，1994 年サラマンカ宣言により世界中でインクルーシブ教育が推し進められてきたものの，あちこちで課題がみえてきています。というのも，設備を整える，クラスの定員を少なくする，教育支援員が配置されるなど条件が整っていない状態では，１つの場所で障害のある人とない人が同じように学習するのは無理があるからです。一緒に学習することが可能な場合は互いに良い刺激になることが多いでしょうが，常に声をあげて動き回る自閉症児や重度の知的障害児，医療的ケアが必要な重症心身障害児などには，クラスの担任教師以外に支援する人が必要です。そして専門的な知識をもつ教員による特別支援教育が確保されたうえで，クラスの仲間として学習できれば「地域の同世代の子どもや人々の交流等を通して，地域での生活基盤を形成する」ことも可能でしょう。そうすれば「人格と個性を尊重し支え合い，人々の多様な在り方を相互に認め合う」ことができるはずです。そして，すべての人にとって社会のなかに居場所があり何らかの役割がある，一人の人間として尊重される社会こそが真にインクルーシブな社会といえるのではないでしょうか。

サラマンカ宣言
1994 年ユネスコ，スペイン政府共催による特別なニーズ教育に関する世界会議において採択された。「万人のための教育」すべての人が教育を受ける権利を有するインクルーシブ教育を提唱。

特別支援教育
2006 年学校教育法改正により従来の「特殊教育」が「特別支援教育」に転換された。ノーマライゼーションの広がりを受け，一人ひとりの教育的ニーズを把握し適切な指導・支援を行うことを目指すものである。

演習課題

① 運動会で徒競走をしたいと思います。クラスに足の不自由な人がいる場合，その人も参加できるようにするための工夫を考えてみましょう。

② 自分の家から学校（または職場，その他）まで車椅子で行くとすると，通行に困難な所はどれくらいあるか，考えてみましょう。

【引用・参考文献】

海老原 宏美（2019）．私が障害者じゃなくなる日　旬報社

Grandin,T., 中尾 ゆかり訳（2010）．自閉症感覚　NHK 出版

Grandin, T.,& Margare,M.S.（1986）. *Emergence Labeled Autistic:* Arena Press（テンプル･グランディン， マーガレット･M･スカリアーノ , カニングハム久子訳（1994）．我，自閉症に生まれて　学習研究社）

東田 直樹（2007）．自閉症の僕が跳びはねる理由　エスコアール

ホーキング 青山（2017）．考える障害者　新潮選書

片桐 正敏（2014）自閉症スペクトラム障害の知覚・認知特性と代償能力，特殊教育学研究，52-2, pp.97-106

国土交通省　バリアフリー・ユニバーサルデザイン https://www.mlit.go.jp/sogoseisaku/barrierfree/index.html (2021 年 9 月 18 日アクセス)

国立特別支援教育総合研究所　サラマンカ宣言 https://www.nise.go.jp/blog/2000/05/b1_h060600_01.html（2021 年 9 月 18 日アクセス）

国立特別支援教育総合研究所　発達障害と情緒障害の関連と教育的支援に関する研究 2012　https://www.nise.go.jp/cms/resources/content/7056/seika13.pdf　(2021年9月18日アクセス）

水野 惠理子（2010）．コミュニケーション能力向上における音楽の役割　―知的障害者授産施設の保護者を対象にした調査―，奈良女子大学人間文化研究科年報， 25, 247-256

水野 惠理子（2017）. ダウン症児・者の身体的不器用さと動作協調―ピアノ連弾を通して―，小田原短期大学紀要，47，pp.203-208

Mizuno,E., Sakuma,H.,（2012）.Wadaiko Performance Enhances Synchronized Motion of Mentally Disabled Persons, *Perceptual and Motor Skills, 116-1*,pp.187-196

Mizuno,E., Osugi,N., Sakuma,H.,Shibata,T.,（2013）.　Effect of Long-term Music Training on Verbal Short Term Memory of Individuals with Down Syndrome, *Journal of Special Education Research, 2-1* ,pp.35-41

文部科学省 HP　共生社会の形成に向けて https://www.mext.go.jp/b_menu/shingi/chukyo/chukyo3/siryo/attach/1325884.htm（2021 年 9 月 18 日アクセス）

内閣府 HP　障害者に関係するマークの一例 https://www8.cao.go.jp/shougai/mark/mark.html（2021 年 9 月 18 日アクセス）

日本発達障害者連盟（2020）．発達障害白書 2020 版　明石書店

ニキ リンコ，藤家 寛子（2004）．自閉っ子，こういう風にできてます，花風社

大浦 賢治・野津 直樹 編（2020）．新しい幼児教育の方法と技術　ミネルヴァ書房

遠山 真世他（2014）．これならわかる障害者総合支援法　翔泳社

第9章

パーソナリティ

面接試験などでよく「自分の長所と短所を教えてください」や「ご自分の性格を教えてください」などと聞かれることがあります。特に試験の際は人とは違う自分らしさ，個性を一生懸命探して答えるのではないでしょうか。人との違い，つまり個人差をとらえる概念の１つにパーソナリティというものがあります。パーソナリティとは日々の出来事や物事に対する向き合い方や考え方，行動パターンなどをも含みます。そして，それらには，その人なりのほぼ一定の傾向，法則がみられ，それが個人差，個性のもととなります。

本章では，そのパーソナリティはどのようにしてつくられるのかやどのように分類できるのか，また，どのようにして測るのか，などについてみていきます。

第1節
パーソナリティ

学習のポイント
●遺伝や環境がパーソナリティの形成に与える影響について考えてみましょう。
●パーソナリティ形成の視点から子どもと養育者の関係について考えてみましょう。

1　パーソナリティって何？

+α
パーソナリティの定義
研究者の数だけ存在するといわれるほど，非常に多くのものがある。しかしそれらに共通しているのは，個人の内的要因であり，個人の独自の行動を決定づける要因であること，などと考えられる。

1 パーソナリティとは

人がある一定の状況に置かれたとき，みんな同じ行動をとるとは限りません。たとえば，芸能人にドッキリを仕掛けるテレビ番組などを観るとそれぞれの振る舞いの違いがよくわかるのではないでしょうか。また，日常生活でも，たとえば入学や就職など新しい環境におかれたとき，自分から積極的に話しかける人，人から話しかけられるのを待つ人もいます。このように人はそれぞれさまざまな行動をとり，どんな行動をとるかは予想がつきません。しかし，たとえば，親しいつき合いがあってその人のことをよく知っているとするとどうでしょうか。ある程度その人の行動を予測することができるかもしれません。みなさんも日々の生活の中で「やっぱりそう言うと思った」「やっぱりそうするよね」などと思ったことはないでしょうか。つまり，その行動が予測できるということは，人は「その人なりのある程度一貫した行動傾向」をもっているからなのです。そして，これらが個性や個人差のもととなります。こういった「その人らしさ」をとらえる概念をパーソナリティといいます。

2 パーソナリティ・性格・気質

パーソナリティと似た言葉に性格や気質という言葉があります。特に性格という言葉は一番使われることが多い馴染みの言葉です。それでは，パーソナリティと性格，気質にはどのような違いがあるのでしょうか。

「性格（character)」とは，ギリシャ語の「刻み込まれたもの」という意味に由来し，パーソナリティとほぼ同意語として使われています。「明るい性格です」や「人見知りです」など比較的表面的に現れている部分を指します。また，日本語で性格というと，性格の善し悪しといった価値判断が含まれることもしばしばあります。

「パーソナリティ（personality)」とは，ラテン語で劇中で使われる仮面を意味する「ペルソナ」が語源となっています。パーソナリティはその人の全体的な特徴を表す言葉で，単に性格だけではなく，そうした性格をつくり出す生理的な基盤であったり，物事に対する認識や考え方など環境に対する適応なども含め，性格よりも広い範囲に及んでいます。また，パーソナリティという言葉には価値判断はあまり含まれません。

「気質（temperament）」とは，刺激に対する感受性の程度や反応の強度，活動性の特徴などがあり，これらの特徴は生まれたばかりの赤ちゃんからすでにみられます。音や光の刺激に敏感に反応する赤ちゃんもいれば，動じない赤ちゃんもいます。環境の変化に慣れやすい赤ちゃんもいれば，慣れるのに時間がかかる赤ちゃんもいます。このような気質的特徴は，環境よりも遺伝的・生理的な影響が強いものとされ，パーソナリティの基礎とも考えられることができます。

3 パーソナリティはどのようにしてつくられるのか

パーソナリティ，いわゆる「その人らしさ（個人差）」はどのようにしてつくられるのでしょうか。パーソナリティ形成には２つの要因があげられています。遺伝的要因と環境的要因です。生まれつき？　それとも育ち？　みなさんはどう考えますか。

パーソナリティの形成には主に次の４つの説があります。

①遺伝説

遺伝とは，両親から受け継いだ生まれもった特徴や傾向といった内的要因のことをいいます。顔や体格，体質など親に似ているところがあるように，パーソナリティにも遺伝的要素は影響を及ぼしています。この考え方の代表的な心理学者としてゲゼルが挙げられます。また，遺伝説について用いられることの多い研究に双生児研究があります。双生児研究とは，一卵性双生児同士と二卵性双生児同士の身長や体重などの身体的形質や知能や性格など心理的形質の類似性について比較をし，その差から遺伝と環境それぞれが与える影響を明らかにするものです。二卵性双生児より一卵性双生児のほうの類似性が高ければ遺伝性が高いということになります。

双生児

双生児とは双子のことをいう。一卵性双生児と二卵性双生児があり，一卵性双生児は１つの受精卵が分裂するため 100%同じ遺伝子をもち，二卵性双生児は２つの受精卵のため 100%同じ遺伝子にはならない。

②環境説

環境とは，生まれてから，あるいは生まれる前からのその人を取り巻くすべての外的要因のことをいいます。たとえば，どのような文化，地域，家庭で育ったのか，どのような学校生活を送り友人関係をつくってきたのか，また，どのような経験をしてきたかなど，数えきれないほどのさまざまな環境要因があります。なかでも，生まれたときから密接な関係をもつ親（養育者）の養育態度は大きな影響を及ぼします。サイモンズは親の養育態度と子どものパーソナリティついての関連性について見出しました。

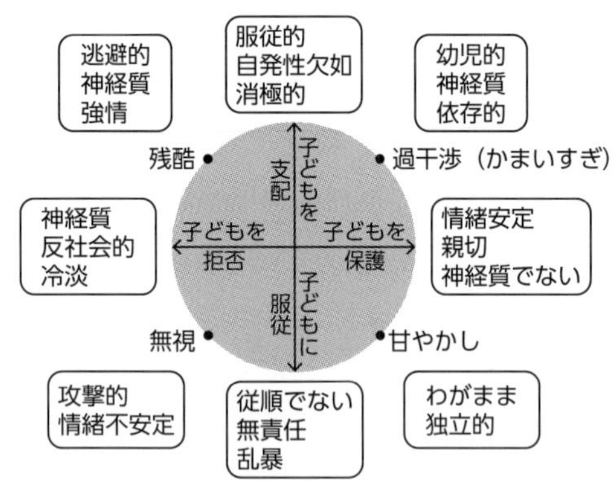

図９－１　親の養育態度と子どものパーソナリティ

出所：井戸ゆかり編『保育の心理学Ⅰ　実践につなげる，子どもの発達理解』萌文書林 2012年をもとに著者作成

サイモンズは親の養育態度を図９－１に示すように「支配↔服従」「拒否↔保護」に分類しました。その養育態度によって，たとえば，親が「支配的」な関わりをすれば子どもは「服従的，自発性欠如，消極的」といったパーソナリティが形成され，また，子どもを「保護」するような関わりをすれば，子どもは「情緒の安定，親切，神経質ではない」といったパーソナリティが形成されるというものです。これらからも，親がもつ子ども観や子どもへの期待，子育てに対する価値観などといったことも子どものパーソナリティの形成には大きく関わってくるといえるでしょう。

③輻輳説

遺伝説，環境説のどちらが優位かといった論争もありましたが，どちらか一方だけが影響を与えるというような極端な考え方ではなく，どちらも影響を及ぼすといった考え方が提唱されました。

シュテルンは，遺伝と環境はそれぞれ別々のものであり，その両方が集まって（輻輳）加算的に影響を与えるといった輻輳説を提唱しました。この説を説明する図式としてルクセンブルガーの図（図９－２）があります。たとえば，図９－２のＸの位置にあたる特性は，遺伝による影響50％，環境による影響50％となりますが，左に移動すれば遺伝の影響は大きく，環境の影響は少なくなり，右へ移動すればその反対となります。

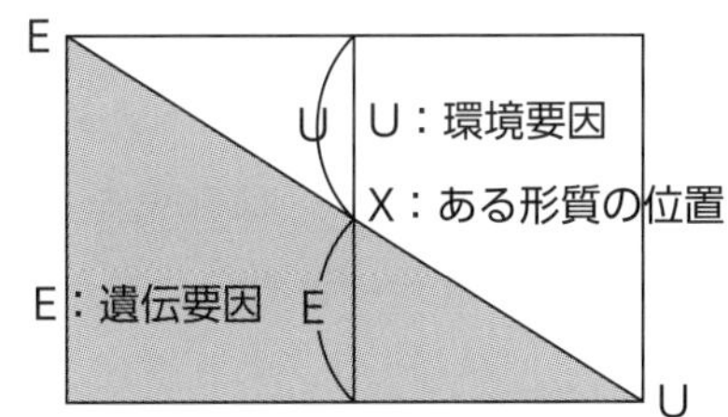

図9－2　ルクセンブルガーの図式（高木，1950）

出所：横田正夫・津川律子編『ポテンシャル　パーソナリティ心理学』サイエンス社 2020年をもとに筆者一部変更

④相互作用説

輻輳説のように，遺伝と環境がそれぞれ独立して影響を及ぼしているのではなく，遺伝的要因と環境的要因はどちらもお互いに影響を与え合っているという相互作用説が提唱されました。輻輳説が遺伝と環境の「足し算」であるのに対し，相互作用説は「掛け算」の考え方であり，現在はこの考え方が主流となっています。アメリカの心理学者ジェンセンは相互作用説の１つである環境閾値説を提唱しました（図９－３）。

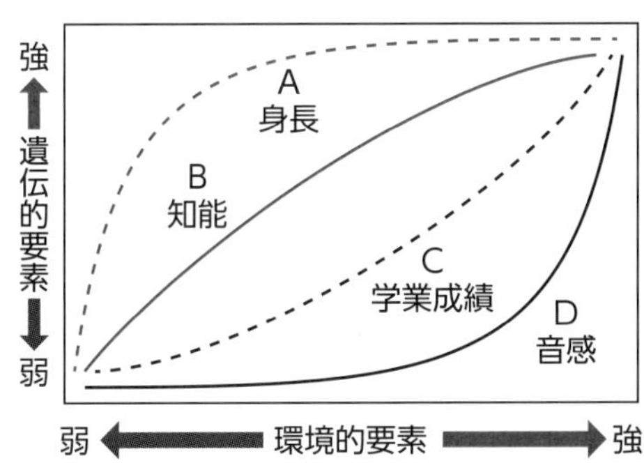

図９－３　ジェンセンの環境閾値説

出所：小野寺敦子『手にとるように発達心理学がわかる本』かんき出版　2009年をもとに著者作成

人間の遺伝的な特性（才能）などがあらわれるには，相応の環境が必要であるいうことです。たとえば，A身長は劣悪な環境でない限り遺伝的要素がそのままあらわれてきますが，B知能はやや環境による影響が大きくなります。C学業成績ではさらに環境の影響を受け，D絶対音感や外国語音韻の弁別などは，より環境の影響が大きくなり，適切な環境が与えられてはじめてあらわれてくるというものです。

4 赤ちゃんのパーソナリティ

みなさんはどんな赤ちゃんでしたか。よく眠る子，よく泣く子，機会

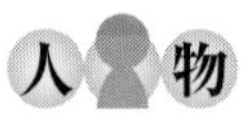
トマス
Thomas,Alexander
(1914-2003)
アメリカの児童精神科医。

があったら赤ちゃんのころをよく知る人に聞いてみてください。

気質のところでも少しふれましたが，赤ちゃんのときからすでにその子らしさが存在します。トマスとチェスは乳児を調査することにより，活動の水準や順応性，気分など９つの気質に分類し，さらに「扱いやすい子」「扱いにくい子」「出だしが遅い子」の３タイプに分類しました（表９－１）。表９－１に示すように，たとえば，「扱いやすい子」は睡眠などの生活リズムが規則的であり，環境の変化にも慣れやすく刺激への反応も穏やかで，機嫌がよいことが多いというタイプです。一方「扱いにくい子」は，睡眠などの生活リズムが不規則で，環境への変化への順応もゆっくりであり，刺激に対しては激しく反応し，不機嫌なことが多いタイプです。このように赤ちゃんであってもそれぞれの気質，個性をもっています。そしてこの気質のタイプがまた，養育者の働きかけを引き出したり，親子関係に影響を与えると考えられています。

表９－１　９つの気質の特徴と３つのタイプ

子どものタイプ		扱いやすい子	出だしの遅い子	扱いにくい子
活動レベル	不活発時に対する活発時の割合	ばらつきがある	低～適度	ばらつきがある
規則性	摂食・排泄・睡眠の規則性	とても規則的	ばらつきがある	不規則
気の紛れやすさ	態度を変える刺激の程度	ばらつきがある	ばらつきがある	ばらつきがある
接近・回避	新しい物や人への反応	明確に接近	はじめは回避	回避
順応性	環境変化への慣れやすさ	とても順応的	ゆっくり順応する	ゆっくり順応する
注意持続時間・持続性	散漫だった時に対する没頭していた時の時間	ばらつきがある	ばらつきがある	ばらつきがある
反応強度	質や内・外を問わない刺激への反応の強さ	低いまたは穏やか	穏やか	激しい
反応閾値（いきち）	反応を誘発するのに必要な刺激の反応の強さ	ばらつきがある	ばらつきがある	ばらつきがある
機嫌	不快，愛想のない様子に対する親しみやすく，愉快で，楽しい様子の量	機嫌がよい	少し不機嫌	機嫌がわるい

出所：松本峰雄監『よくわかる！保育のエクササイズ④保育の心理学演習ブック』ミネルヴァ書房　2016年

第2節
パーソナリティの分類

学習のポイント
●類型論と特性論の違いについて理解しましょう。
●類型論と特性論それぞれの長所と短所を説明してみましょう。

1　パーソナリティの分類

パーソナリティの分類には，主に類型論と特性論の２つがあります。

① 類型論

類型論とは，その人がもっているさまざまなパーソナリティをある基準（血液型や体型など）に基づいて，いくつかの典型的なタイプ（比較的少数）に当てはめて分類することで，複雑なパーソナリティを統一的，全体的に理解しようとするものです。たとえば，「A 型の人は几帳面」といったように，おおまかにこの人はどのような人なのかについては理解しやすくなります。ただし，同じタイプに属する人はみんな同じパーソナリティと理解されてしまう傾向があり，個人間の程度の差やそのほかの特徴については注目されないなどといった短所もあります。

代表的なものにクレッチマーの類型論があります。クレッチマーは体格とパーソナリティとの関連性を検討しました。ドイツの精神科医学者であったクレッチマーは，精神科に入院している患者を対象に体格を，やせ型の「細長型」，丸みを帯びている「肥満型」，筋肉質の「闘士型」の３つに分類しました。そして，統合失調症の患者には細長型，躁うつ

血液型・星座
みなさんもよく知っている，血液型や星座などの性格診断は類型論にあたる。血液型と性格に関連性はないと考えられている（縄田，2014）。

表９－２　クレッチマーの体格・病理・気質の対応

体格	病理	気質	特徴
細長型	統合失調症	分裂気質	非社交的，内気，臆病，神経質，恥ずかしがり，正直，愚直など
肥満型	躁うつ病	循環気質 躁うつ気質	社交的，親切，明朗，ユーモアのある，活発，落ち込みやすいなど
闘士型	てんかん	粘着気質	執着，変化・動揺の少なさ，几帳面，秩序を好むなど

出所：太田信夫監 『シリーズ心理学と仕事９　知能・性格心理学』北大路書房 2019 年をもとに筆者一部変更

てんかん
反復性のてんかん発作（けいれんや意識障害）を主な特徴とする，慢性の脳疾患。

病の患者には肥満型，てんかんの患者には闘士型が多いことを見出しました。さらに，患者の発症前の性格（病前性格）にも一定のパーソナリティの特徴があると考えました。細長型は内気で臆病で正直などの「分裂気質」とよばれ，肥満型は社交的でユーモアがあるが落ち込みやすいなどの「循環気質（躁うつ気質）」とよばれ，闘士型は物事に執着しやすく秩序を好むなどの「粘着気質」とよばれるものです（表9－2）。

2 特性論

特性論を最初に主張したのはアメリカの心理学者オールポートです。特性論とは，人には共通するいくつかの細かいパーソナリティ特性があり，それらがその人のパーソナリティを構成すると考え，それらのパーソナリティ特性をどのくらいもっているかということでその人のパーソナリティを理解しようとするものです。類型論が「どのような」といった質的なものであるのに対し，特性論は「どのくらい」といった量の多少から把握しようとするものです。たとえば，人に共通するパーソナリティ特性として，「やさしさ」「穏やかさ」「頑固」「活発さ」という項目があったとします。それをＡさん，Ｂさん，Ｃさんに当てはめて考えてみましょう。それぞれの項目を５段階評価で考えてみます（表9－3）。

表9－3からそれぞれのパーソナリティを理解しようとするとき，たとえば「Ａさんはとてもやさしい人であり，また，３人のなかでも一番やさしい」「Ｂさんは活発ではあるが穏やかではない人。また，３人のなかでも一番活発である」「Ｃさんは穏やかであるが頑固でもあり，あまり活発ではない人。また，３人のなかで一番穏やかであり頑固でもある」というようにみることができます。このようにそれぞれのパーソナリティ特性に得点をつける（数量化）と，それぞれの特性をどれくらいもっているのかといった点や，他人との比較もできます。断片的なパーソナリティ特性を詳細にみることには優れていますが，それではこの人は一体どういう人なのといった全体像はつかみにくい傾向があります。

パーソナリティ特性を考えると一体いくつあるのだろうか…という疑問が沸き起こるのではないでしょうか。そこで，ゴールドバーグなどによって，人間の全体像をとらえる主要なパーソナリティ特性は５つであるという，ビッグファイブ（Big Five）や５因子モデル（Five Factor Model）が提唱されました。

人物

オールポート
Allport,Gordon Willard（1897-1967）
アメリカインディアナ州生まれの４人兄弟の末子。次兄のフロイド・オールポートも社会心理学者。パーソナリティの研究を中心とし，『人格と社会の出会い』などを出版。アメリカ心理学会などをはじめ，数々要職について心理学の発展に寄与した。

表9－3　パーソナリティ特性の５段階評価

	Aさん	Bさん	Cさん
やさしさ	5	2	4
穏やかさ	3	1	5
頑固	4	3	5
活発さ	3	5	2

出所：筆者作成

コトバ

ビッグファイブ(Big Five) ５因子モデル（Five Factor Model）
この５つの特性は，不安，抑うつ，傷つきやすさなどの「神経症傾向（情緒不安定性）」，積極性，活動性，他者とのつき合いを好むなどの「外向性」，好奇心や想像力の高さ，変化や新奇なものを好むなどの「開放性（経験への開放性）」，やさしさや思いやり，他者への信頼などの「協調性（調和性）」，計画的に物事に取り組む，欲求や衝動をコントロールするなどの「誠実性（勤勉性）」である。

第3節
パーソナリティの測り方

学習のポイント

●パーソナリティ・テストの種類について学びましょう。

●それぞれのテストの種類の特徴を理解しましょう。

1　パーソナリティの測り方

パーソナリティを調べる方法として，観察法や面接法，パーソナリティ・テストなどがありますが，ここではパーソナリティ・テストについてみていきます。パーソナリティ・テストには大きく質問紙法，作業検査法，投影法の３つに分けられます。

1 質問紙法

質問紙法とは，パーソナリティの特徴を表す質問項目について，「はい」「いいえ」「どちらでもない」などあらかじめ用意された選択肢で回答を求めるものです。この方法は実施が簡単で比較的短時間に，同時に多人数に行えることや，結果の処理が比較的容易で客観的であることなどから，最もよく使用される方法です。みなさんも一度はやったことがあるのではないでしょうか。

この方法の短所としては自分をよくみせようとして回答が歪められたり，質問の捉え方が人によって違っていたりし本来の回答と異なることが起こる可能性があることなどがあげられます。

質問紙法の代表的なものに，矢田部ギルフォード性格検査（YG 性格検査），ミネソタ多面人格目録（MMPI），モーズレイ性格検査（MPI）などがあります。なかでも YG 性格検査はよく使用され，就職試験などにも用いられることがあります。ギルフォードの性格理論に基づき，矢田部達郎らによって作成されたテストです。12 の性格特性を量的に測ることができ，さらにそれらの特性の高低（得点）に基づいて，５つの類型（表９−４）に分類されるようになっており，特性論と類型論の両面性をもつ質問紙です。

コトバ

MMPI

ミネソタ大学のハザウェーとマッキンレーによって開発された検査。心気症やうつなどの傾向を測定する臨床目的のための検査。550 の項目から構成され，質問紙法の欠点である回答の歪みをチェックする妥当性尺度も含まれる。

表9－4　YG性格検査の５つの類型と性格特性

類型	性格特性
A型（平均型）	目立たない平均的なタイプ
B型（不安定積極型）	情緒不安定，社会不適応，活動的，外向的，性格の不均衡が外に出やすい
C型（安定消極型）	情緒安定，社会的適応，非活動的，内向的
D型（安定積極型）	情緒安定，社会的適応，活動的，外向的，リーダーに向いている
E型（不安定消極型）	情緒不安定，非活動的，内向的，引っ込み思案

出所：吉川眞理編『よくわかるパーソナリティ心理学』ミネルヴァ書房　2020年

２ 作業検査法

作業検査法は，被験者に比較的単純な作業（一桁の足し算や図形の模写など）を一定の時間内に行い，その作業量や作業経過からパーソナリティを把握しようとする検査法です。この方法の長所は，単純な作業を繰り返し行うということからその検査の目的がわかりにくいため回答の歪みが起こる可能性が少ないことや，言語を用いないため言語能力を要しないこと，実施が比較的容易で集団で一斉に実施できることなどがあげられます。短所としては，単調で長時間に及ぶことがあるため疲れやすいことや，この検査で測定できるパーソナリティは限定的であるためパーソナリティの全体像はとらえにくいこと，検査結果の整理，解釈には熟練が必要とされることなどがあげられます。代表的な検査として，ベンダー・ゲシュタルト・テストや内田クレペリン精神検査（図9－4）などが挙げられます。内田クレペリン精神検査は，検査用紙に横に並んだ１桁の数字を隣同士加算していくという作業を，１行１分間で15行，計15分間連続で行い，休憩を５分間挟み，その後また同様に15分間連続で行うというものです。この作業量によって得られた作業曲線などをもとに解釈をします。この内田クレペリン精神検査も就職試験などに用いられることがあります。

コトバ

ベンダー・ゲシュタルト・テスト

児童精神科医ベンダーによってつくられたもの。９つの幾何学模様を模写させてその正確さから精神発達状態などをみる。

レンシュウ

7　9　4　6　3　8　6　7　5　9　8
　6　3　0　9　1
3　8　5　9　8　7　6　5　4　9　6
8　7　4　9　8　4　7　3　8　5　9
4　7　8　6　5　3　9　5　8　4　5

図9－4　内田クレペリン精神検査

出所：島義弘編　『ライブラリ　心理学を学ぶ6　パーソナリティと感情の心理学』サイエンス社　2017年

3 投影法

投影法とは，曖昧で多義的な刺激（曖昧な模様や絵，文章など）を被験者に提示し，それに自由に意味づけをしたり，構成したりしてもらうことでパーソナリティを把握するという検査法です。曖昧な刺激に自由に反応してもらうため，検査の目的がわかりにくく，また，正解もないため，本人も気づいていないパーソナリティの側面が反応に投影されやすいとされています。しかし，投影法は質問紙法や作業検査法に比べ複雑かつ難解であり，検査の実施，結果の整理，解釈にはかなりの時間と熟練した技術を要します。投影法の代表的なものとして，ロールシャッハ・テストやローゼンツヴァイクのフラストレーション場面を絵で示し反応傾向を調べるP-Fスタディ，その他文章完成法，バウム・テストなどが挙げられます。なかでもロールシャッハ・テストは名高く，インクのしみが描かれた10枚の図版を1枚ずつよくみて，それが何にみえるか，なぜそのようにみえたのかなどということを回答してもらうことで，被験者の全体的なパーソナリティを把握しようとするものです。

ロールシャッハ・テストの図版例

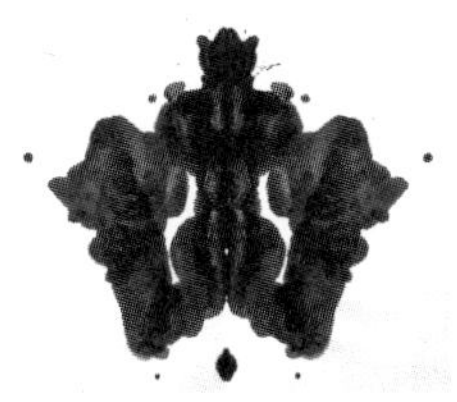

P-Fスタディの図版例

出所：島義弘編者　『ライブラリ　心理学を学ぶ=6　パーソナリティと感情の心理学』サイエンス社　2017年をもとに著者作成

コトバ

文章完成法

「私は（　　　）」などの不完全な文章を完成させることでパーソナリティを分析する。

バウム・テスト

「実のなる木」を書くことでその形態や空間などから分析を行う。

第４節
パーソナリティと社会適応

学習のポイント

●パーソナリティ障害とはどのような状態のことでしょう。

●パーソナリティ障害の治療に向けて本人や家族にとって大切なことは何か考えてみましょう。

1　パーソナリティと健康

私たちはそれぞれさまざまなパーソナリティをもっています。そのパーソナリティによっては社会適応や健康に良い影響や悪い影響を及ぼす可能性があります。

1 タイプＡパーソナリティ

タイプＡパーソナリティ（タイプＡ行動パターンともよばれる）は，冠状動脈性心疾患（CHD）に罹患しやすいパーソナリティとしてフリードマンとローゼンマンによって提唱されました。このタイプのパーソナリティは，①競争心や承認・出世・達成意欲が非常に強く，②時間的切迫感を常にもっている，③敵意や攻撃性を感じやすい，④大きな声，早口で断定的な話し方，などといった特徴をもっています。このタイプＡパーソナリティとは逆に，これらの特徴をもたないタイプをタイプＢパーソナリティとよんでいます。タイプＡパーソナリティはタイプＢパーソナリティに比べ，２倍 CHD にかかりやすいといわれています。タイプＡパーソナリティに当てはまる人が必ずしも CHD に罹患するわけではありませんが，慢性的なストレスを避けゆったりとした時間を過ごすことも大切です。そのほかタイプＣパーソナリティもあります。

演習課題のタイプＡパーソナリティの質問紙をやってみましょう。

2 パーソナリティ障害

パーソナリティ障害とは，パーソナリティがうまく機能しないため，対人関係や社会適応がうまくいかない状態のことをいいます。つまり，ものの考え方や感情のコントロール，人とのコミュニケーションや行動パターンなどに著しく偏りがあるため，本人も周囲の人も苦しんだり困ったりしている場合にこの診断がされることがあります。

パーソナリティ障害の診断，分類については，世界保健機関（WHO）の国際疾病分類 ICD-11 やアメリカの精神疾患の診断・統計マニュアル

コトバ

冠状動脈性心疾患
心臓に血液を供給する冠動脈で血液の流れが悪くなり，心臓に障害が起こる病気の総称。狭心症，心筋梗塞などが含まれる。

タイプＣパーソナリティ
アメリカの心理学者リディア・テモショックが見出したがんに罹患しやすいパーソナリティのタイプ。悲しみや不安などのネガティブな感情をおさえ込み表出したりせず，対人関係においても控え目で忍耐強い，自己犠牲的などのタイプ。慢性的なストレスにさらされることによって免疫機能が抑制されると考えられる。

である DSM-5 にもとづきます。以下 DSM-5 の分類についてみていきます。パーソナリティ障害の種類はそれぞれの特徴により A 群，B 群，C 群と大きく３つに分類されています（**表９－５**）。A 群は，ちょっと奇妙，風変わりな人ととらえられるタイプ，B 群は，気まぐれで，感情の表出が激しく，周囲の人も巻き込まれやすいタイプ，C 群は，自信がなく不安感が強いタイプ，といった共通の特徴があります。これらの特徴をみて，自分も当てはまるかもと思う人がいるかもしれませんが，人は誰しも多かれ少なかれこのような特徴はもっているものです。

コトバ

DSM

DSM(Diagnostic and Statistical Manual of Mental Disorders) は，1948 年に発表された ICD（International Statistical Classification of Diseases and Related Health Problems) にもとづき，アメリカ精神医学会が 1952 年に初版を発行した。なお，ICD は精神疾患のみでなく病気全般の分類をしている。

表９－５　パーソナリティ障害の３つの分類

A 群パーソナリティ障害 ちょっと奇妙，風変わりな人にみえる	猜疑性パーソナリティ障害 妄想性パーソナリティ障害 特徴⇒ほかの人の動機を悪意あるものとして解釈するなど，広範な不信と疑い深さを示す
	シゾイドパーソナリティ障害 スキゾイドパーソナリティ障害 特徴⇒社会的関係からの離脱，対人関係での情動表現の範囲が限定される
	統合失調型パーソナリティ障害 特徴⇒親密な関係では急に気楽でいられなくなり，そうした関係を形成する能力が足りず，風変わりな行動をする
B 群パーソナリティ障害 気まぐれで，感情の表出が激しく，周囲の人も巻き込まれやすい	反社会性パーソナリティ障害 特徴⇒他人の権利を無視し侵害する。小児期，青年期早期から始まり成人後も続く
	境界性パーソナリティ障害 特徴⇒対人関係，自己像，感情などが不安定で著しい反応を示す
	演技性パーソナリティ障害 特徴⇒広範囲で過度な情動性と注意を引こうとする行動をとる
	自己愛性パーソナリティ障害 特徴⇒誇大性，賛美されたいという欲求をもち，共感の欠如がみられる
C 群パーソナリティ障害 自信がなく不安感が強いタイプ	回避性パーソナリティ障害 特徴⇒社会的抑圧，不全感，否定的評価に対して過敏な反応を示す
	依存性パーソナリティ障害 特徴⇒面倒を見てもらいたいという過剰な欲求があり従属的な行動をとる。分離に対する恐怖をもつ
	強迫性パーソナリティ障害 特徴⇒秩序，完璧主義で対人関係の統制にとらわれ，柔軟性，開放性が犠牲にされる

出所：髙橋三郎・大野裕監訳『DSM-5 精神疾患の診断・統計マニュアル』医学書院 2014 をもとに筆者作成

パーソナリティ障害の原因は，どれか1つに断定できるものではありません。遺伝的要因と養育環境やつらい体験などの環境的要因が複雑に絡み合って起こるものと考えられています。

アメリカの研究では，人口の15％にパーソナリティ障害が認められるという報告があります。しかし，実際に治療につながるケースは少なく，ほかの精神疾患を合併して治療につながるケースが多いです。また，反社会性パーソナリティ障害は男性に多く，境界性パーソナリティ障害，演技性パーソナリティ障害，依存性パーソナリティ障害は女性に多いとされています。なかでも境界性パーソナリティ障害は若い女性に多い傾向があります。

パーソナリティ障害は適切に治療すれば改善される可能性も高いため，精神科などの医療機関の受診がベストですが，ハードルが高い場合は地域の保健所などでも相談できます。治療は主に精神療法（心理療法）が用いられますが，不安などの症状を軽減させるために薬物療法も行われることがあります。精神療法では，どんなことに苦しんでいるのか，それに対してどのように対処していくのかなどを本人と治療者でみつけていき，本人の考えや行動パターンなどの偏りを修正していきます。そのため，治療は何年といった長期間に及ぶこともあり，本人の治そうという積極的な気持ちが大切になってきます。さらに時には家族で治療に取り組むこともあります。

ほかの精神疾患

特に結びつきが強い組み合わせといわれているのは，境界性，反社会性パーソナリティ障害と薬物依存，回避性，依存性パーソナリティ障害とうつ病，回避性パーソナリティ障害と社交不安障害など。

精神療法

医学では精神療法，心理学では心理療法という呼称が定着している。無意識の意識化を試みる精神分析療法や，不合理な考え方などを変えていく認知行動療法，カウンセリングなどがある。

演習課題

① 特性論的な見方はパーソナリティ以外でも，日常生活において有効だと思われます。その理由を考えてみましょう。

② タイプAパーソナリティの質問紙をやってみましょう。

タイプAパーソナリティ質問紙

「タイプA」行動をはかる４つカテゴリー

次の文章を読み，現在のあなたに非常にあてはまる場合は５，ややあてはまる場合は４，どちらともいえない場合は３，あまりあてはまらない場合は２，全くあてはまらない場合は１を，回答欄に記入してください。

達成努力		
1	長い間，気を散らさずに仕事（勉強）に熱中する	
2	なにごとにも全力を投入する	
3	努力家である	
4	目標を決め，その達成に向かって人一倍努力する	
5	なにかはじめると，コツコツとねばり強くするほうである	
6	やりかけた仕事はなにがあっても一生懸命やる	
7	仕事や勉強を仕上げるためには夜遅くまででもがんばる	
8	熱中するとどうしてもやめられなくなるほうである	
9	仕事や勉強に没頭できる	
10	自分の能力以上の仕事(勉強)に挑戦しようとする気持ちが強い	
	合計	

時間的切迫性		
1	セカセカしていることが多い	
2	時間をいつも気にしている	
3	レストランなどで注文したものが遅れるとイライラする	
4	ものごとを手早くやるほうである	
5	１週間のスケジュールがつまっている	
6	約束の時間に相手が来ないと腹が立ってくる	
7	早口である	
8	仕事をたくさん引き受けてしまって忙しがることが多い	
9	早足で歩く	
10	時間に追われた生活をしている	
	合計	

競争心		
1	ゲームで負けるとひどくくやしい	
2	他の人より自分を認めてもらいたいという気持ちが強い	
3	競争心が強いほうである	
4	他人の成績が気になるほうである	
5	人一倍負けず嫌いである	
6	勝敗にこだわるほうである	
7	人に自分の弱みを見せたくない	
8	グループの中で進んで中心的な役割を演じている	
9	自分と同じタイプの人に合うと張り合ってしまうほうである	
10	人から「あなたにはかなわない」と思われたい	
	合計	

攻撃性		
1	怒りっぽいほうである	
2	意見が合わないときには他人を批判したくなるほうである	
3	口論などになると相手を言い負かすほうである	
4	人の話を最後まで聞かずに割り入って話し出す	
5	腹が立つと相手を傷つけるような発言をしてしまう	
6	自分の意見に反対されるとムキになって言い返すほうである	
7	ちょっとしたことで腹を立てるほうである	
8	人（友人，家族など）を怒鳴りつけたことがある	
9	言葉遣いが荒々しくなることがある	
10	物事に批判的である	
	合計	
	総合得点	

出所：渋谷昌三・小野寺敦子著『手にとるように心理学がわかる本』かんき出版 2006 年を参考に筆者作成

【引用・参考文献】

安藤 寿康（著）(2000)．心はどのように遺伝するか　双生児が語る新しい遺伝観　講談社

井戸 ゆかり（編著）(2012)．保育の心理学Ⅰ　実践につなげる，子どもの発達理解　萌文書林

市橋 秀夫（監修）(2006)．健康ライブラリーイラスト版　パーソナリティ障害（人格障害）のことがよくわかる本　講談社

小塩 真司（著）(2010)．はじめて学ぶパーソナリティ心理学－個性をめぐる冒険－　ミネルヴァ書房

公益財団法人　日本てんかん協会　https://www.jea-net.jp/epilepsy（2021 年 1 月 19 日）

厚生労働省「知ることからはじめよう　みんなのメンタルヘルス」https://www.mhlw.go.jp/kokoro/know/disease_personality.html（2021 年 1 月 17 日）

松原 達哉（編著）(2010)．史上最強カラー図解　臨床心理学のすべてがわかる本　ナツメ社

松本 峰雄（監修）(2016)．よくわかる！保育のエクササイズ④　保育の心理学演習ブック

ミネルヴァ書房

縄田 健悟（2014）．血液型と性格の無関連性－日本と米国の大規模社会調査を用いた実証的論拠－　心理学研究，85．148-156．

中間 玲子（編）（2020）．感情・人格心理学 「その人らしさ」をかたちづくるもの　川畑 直人・大島 剛・郷式 徹（監修） 公認心理師の基本を学ぶテキスト⑨　ミネルヴァ書房

二宮 克美（編）（2008）．ベーシック心理学　医歯薬出版株式会社

大浦 賢治（編著）（2019）．実践につながる新しい保育の心理学　ミネルヴァ書房

大野 雄子・小池 庸生・小林 玄・前川 洋子（2016）．保育の心理学演習ブック　松本 峰雄（監修） よくわかる！保育士エクササイズ④　ミネルヴァ書房

小野寺 敦子（著）（2009）．手にとるように発達心理学がわかる本　かんき出版

太田 信夫（監修）（2019）．シリーズ心理学と仕事９ 知能・性格心理学　北大路書房

渋谷 昌三・小野寺 敦子（著）（2006）．手にとるように心理学がわかる本　かんき出版

島 義弘（編）（2017）．パーソナリティと感情の心理学　　ライブラリ心理学を学ぶ＝６　サイエンス社

杉野 欽吾・亀島 信也・安藤 明人・小牧 一裕・川端 啓之（著）（1999）．人間関係を学ぶ心理学　福村出版

鈴木 公啓・荒川 歩・太幡 直也・友野 隆成（著）（2018）．パーソナリティ心理学入門　ストーリーとトピックで学ぶ心の個性　ナカニシヤ出版

髙橋 三郎・大野 裕（監訳）（2014）．DSM-5 精神疾患の診断・統計マニュアル　医学書院

詫摩 武俊・瀧本 孝雄・鈴木 乙史・松井 豊（著）（1990）．性格心理学への招待　自分を知り他者を理解するために　梅本 堯夫・大山 正（監修） 新心理学ライブラリ９　サイエンス社

浮谷 秀一（編）（2019）．知能・性格心理学　太田 信夫（監修）シリーズ心理学と仕事９　北大路書房

横田 正夫・津川 律子（編）（2020）．ポテンシャルパーソナリティ心理学　厳島 行雄・横田 正夫・羽生 和紀（監修）テキストライブラリ 心理学のポテンシャル７　サイエンス社

吉川 眞理（編）（2020）．よくわかるパーソナリティ心理学　やわらかアカデミズム・〈わかる〉シリーズ　ミネルヴァ書房

第10章

「家族」について考える（家族心理学）

家族心理学とは個人，夫婦，親子，兄弟姉妹が悩みや問題を抱えたときに，心理学的アプローチによって説明・解決を目指すものです。それぞれの家族には特有の歴史，価値観，性格傾向，遺伝的器質等があり，それが家族成員の悩みや問題に影響を与えていると考えるところに家族心理学の特徴があります。

家族心理学は比較的新しい学問領域であり，認知心理学，発達心理学，臨床心理学をベースに確立され，現在も発展し続けています。この章では家族心理学とは何か，家族のライフサイクルとはどのようなものかを概観し，さらに近年大きな注目を集めている発達障害児[注]と児童虐待の問題について，家族という視点から考えます。

（注）DSM-5（アメリカ精神医学会，2014）では発達障害という用語は廃止されましたが，本章では読者のわかりやすさのために発達障害という語を用いています。

第1節
家族心理学とは

学習のポイント

●家族とは何か，家族心理学とは何かを学びます。

●家族心理学の理論とアプローチ，家族システムという考え方について学びます。

1　家族とは

「家族」とは何でしょうか。「家族」という語からイメージしやすいのはいわゆる「核家族」，すなわち夫婦と未婚の子どもからなる集団でしょう。しかしこれは「家族」の厳密な定義とはいえません。一方，「あいつはもう家族じゃない」といった表現からは，「家族」という語が心理的な近しさを表す比喩として用いられていることがわかります。さらに，ペットは人間でないにもかかわらず，ペットを家族の一員と感じている人たちも大勢います。このように考えると，「家族」という語が実に多様性をもった概念であることがわかります。

では「家族」が担うべき役割とはどのようなものでしょうか。これについては家族機能という観点からさまざまな研究がなされ，知見が蓄積されてきました。そのなかで著名なものにパーソンズの研究があります（Parsons, T. and Bales, R.F.，1955）。パーソンズは家族以外の集団では十分な達成が難しい課題として，育児（子どもの社会化）と，家族成員の情緒の安定化の２つを挙げ，この２つを主要な家族機能と考えました。パーソンズの考え方は提出されてから60年以上が経過していますが，現代を生きる私たちにも納得のいくものといえます。

しかしながら，現代日本の家族においてこのような家族機能は十分に果たされているとはいえません。晩婚や非婚，夫婦間の葛藤と離婚，児童虐待やドメスティックバイオレンス（DV）といった親子間や夫婦間の暴力，「パラサイト」とよばれる親元を離れない，あるいは離れられない若年層や中年層の増加，老老介護や高齢単身世帯の増加など，家族をめぐる問題は枚挙に暇がありません。現代は家族機能が十分果たされなくなった時代といえそうです。

家族にさまざまな問題が起きる背景には，現代の社会や経済のありようがあります。つまり家族はその時代がもつ社会経済的要因の影響を受

コトバ

家族機能
家族が果たすべき機能。人類学，社会学の分野で研究がなされてきた。

児童虐待
第３節で詳述。

ドメスティックバイオレンス（DV）
配偶者や恋人からふるわれる暴力。2001（平成13）年には「配偶者からの暴力の防止及び被害者の保護等に関する法律」が制定された。

パラサイト
学校を卒業した後も親と同居し，生活の基本的な部分を親に依存している未婚者。

老老介護
65歳以上の高齢者を同じく65歳以上の高齢者が介護している状態のこと。

け，その結果としてさまざまな課題に直面する集合体なのです。

家族をめぐる問題に心理学の分野からアプローチするのが家族心理学です。次項からは家族心理学とは何か，その理論と手法をみていきましょう。

2　家族心理学とは

家族心理学は応用心理学の一領域であり，認知心理学，発達心理学，臨床心理学を基盤として発展してきました。家族心理学は夫婦，親子，それを構成する個人がどのように形成され，家族のなかで機能するかを理論と実践の両面から解明する学問です。家族心理学の専門家の多くは臨床家でもあります。そのため家族心理学の対象となるのは臨床的な課題を抱えたクライエントということになりますが，その範囲は多岐にわたります。たとえば人間関係でつまずいているけれども両親が遠くにいるなどの理由により相談相手がいない学生，日常生活や心の健康に問題を抱えていたり，何らかの社会経済的事情を抱えていたりする夫婦や親子，さまざまなライフステージで起きる課題（たとえば恋人関係，結婚，別居，離婚，人種，宗教，性的指向など）に直面している個人，夫婦，親子などです（Thoburn, J. W., and Sexton, T. L.，2016）。

家族心理学が欧米で登場したのは1980年代といわれています（日本家族心理学会，2019）。心理学は20世紀初頭からアメリカを中心に発展した学問ですので，家族心理学は比較的新しい学問領域といえます。

わが国では当初，家族心理学の主な関心は親子関係，特に母子関係に向けられていました。しかし近年，急速に少子高齢化が進行しつつあり，そのスピードは世界でも類をみないものとなっています。この流れを受けて，わが国の家族心理学も親子関係，母子関係という二世代間の関係性を超えて，三世代間にわたる家族の課題解決へと対象を拡大しつつあります。

3　家族心理学の理論とアプローチ

家族心理学では家族をシステムとしてとらえます。家族をシステムとしてとらえる視点がまず根底にあって，それにもとづいて理論を構築し，研究，実証，実践を通して理論の精緻化が繰り返されているのが家族心理学です（図10－1）。

コトバ

高齢単身世帯
65歳以上の1人暮らしの世帯。増加は男女ともに顕著であり，1980年には男性約19万人，女性約69万人，割合は男性4.3%，女性11.2%であったが，2015年には男性約192万人，女性約400万人，65歳以上人口に占める割合は男性13.3%，女性21.1%となっている（内閣府，2018）。

認知心理学
第2，4，5章に詳述。

発達心理学
第6，7章に詳述。

臨床心理学
第13章に詳述。

クライエント
心理療法の来談者。

少子高齢化
出生率の低下により若年人口が減少し，平均寿命の増大により高齢者人口が増加すること。2020年現在，日本の高齢化率は28.4%で世界第1位（総務省統計局，2020）。

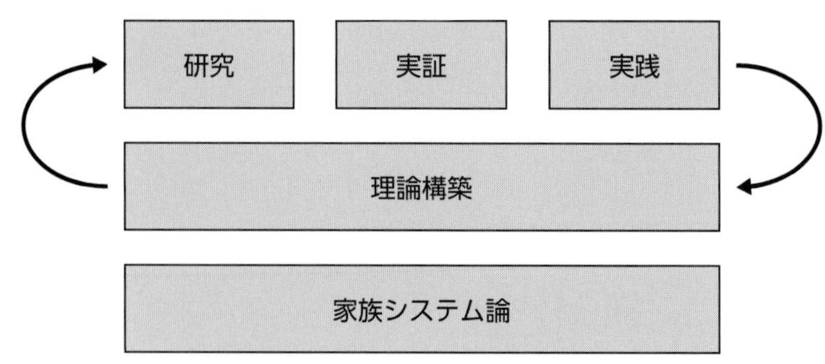

図10－1　家族心理学の構成
出所：Thoburn, J. W., and Sexton, T. L., 2016 をもとに筆者作成

要素還元主義
どれほど複雑な事象でも，単純な要素に分解することでそれを理解・説明できたと考える学術的立場のこと。

特性
ほかのものにはない固有の性質。

家族をシステムとしてとらえるとはどういうことでしょうか。システムとは，いくつかの要素によって構成されているまとまりのことです。ベルタランフィは，自然科学の分野でそれまで主流だった分析的，要素還元主義的な方法ではなく包括的，全体的な視点で自然現象を説明しようと試み，「一般システム理論」を提唱しました（ベルタランフィ，1973）。この理論によれば，電子回路やコンピュータといった無生物体だけでなく，社会集団までもがいくつかの要素をもったシステムとして抽象化され，整理されます。この考え方が家族に対して援用されたものが家族システム論です。そこでは家族は各成員によって構成された１つのまとまりとしてとらえられます。

ここで重要なのは，家族システム論においては家族の特性は単なる各成員の特性の和ではないという点です。むしろ各成員は家族というシステムから役割や機能を付与されて，それが結果的に各成員の特性となっていると考えるのです。たとえば父，母，息子，娘なども家族というシステムから付与された役割といえます。

このような考え方は心理臨床にも大きな影響を与えました（Thoburn, J. W., and Sexton, T. L.， 2016）。家族心理学では問題を抱えたクライアントに対して心理療法を行いますが，家族システム論が提唱・支持された以降は，個人を家族というシステムから役割を付与された要素の１つととらえ，家族システムの特性から個人の問題を説明・解明しようとするアプローチに変化していきました。

第2節
家族ライフサイクル

学習のポイント
●家族ライフサイクルという考え方を学びます。
●夫婦の新婚期から老年期までを家族ライフサイクルの観点から概観します。

家族心理学では，個人にライフサイクルがあるように家族にもライフサイクル（家族ライフサイクル）があると考えます。一般には家族は新婚期から始まります。その後子どもができ，子どもが成長し，やがて巣立つと，夫婦２人の生活に戻ります。このような家族ライフサイクルにはそれに対応した家族心理学的課題があります。順番にみていきましょう。

コトバ

ライフサイクル
「人は誕生から死まで生涯にわたって発達する」という生涯発達論に立ち，人の一生を乳児期から高齢期までに分ける考え方。エリクソンが提唱（第６章参照）。

家族ライフサイクル
家族に固有のライフサイクル。

1　新婚期の家族と乳幼児がいる家族

1 新婚期

男女が出会い，結婚して，新婚期が始まります。新婚期は愛に満ちた幸福な時期と考えられがちですが，現実にはそうではありません。2017年人口動態調査によれば，結婚生活に入ってから同居をやめたときまでの期間を５年ごとに区切った年次別離婚件数では，同居５年未満で離婚に至ったケースが約６万６千件と最も多くなっており（厚生労働省，2017），新婚期がさまざまな危機に直面する難しい時期であることがわかります。

新婚期の課題としては，次のようなものが挙げられます。

・夫婦が家庭生活を維持するに足る仕事に就いていない，資源をもっていない
・高校や大学を中退している
・人種，宗教，階層，教育，キャリア，スキル等の相違

出所：McGoldrick，2015

新婚期に問題となるのは夫と妻の二者関係だけではありません。夫と妻にはそれぞれ生まれ育った家族（源家族）があり，この源家族のもつさまざまな側面が新婚期の二者関係に影響を及ぼします。源家族の社会

経済的地位，教育，職業，性役割に対する態度，両親夫婦の関係が安定しているかどうかなどは新婚の２人の性格や考え方を少なからず形成します。また源家族と新婚夫婦の住居の物理的距離，経済的依存度などは新婚期の夫婦関係に直接的影響を与えます（McGoldrick，2015）。すなわち結婚とは異なる男女２人の結びつきであるだけでなく，異なる２つの家族システムの結合ともいえるのです（野末，2008 a）。

新婚期はまた，家族ライフサイクルにおいて最も重要といえるイベントが始まる時期でもあります。子どもの誕生です。結婚後すぐに子どもをもたない場合でも，いつ子どもをもつのか，何人もつのかなどをこの時期に話し合っておくことは重要です。近年は共働き家庭が増加しているため，子どもをもつ時期を遅らせたり（野末，2019），子どもをもたない選択をする夫婦も増えています。また子どもをもちたいと望んでも，結果的に子どもに恵まれずに終わる夫婦もいて，この危機をどのように乗り越えるかは夫婦にとっての重要な発達課題となります。

２ 乳幼児のいる家族

子どもができると夫婦の生活は一変し，家族は子どもを中心にまわり始めます。夫と妻には新たに「親」という役割が付与されます。子どもができたからといってすぐに立派な親になれるわけではなく，試行錯誤を繰り返しながら自らも成長していきます（柏木・若松，1994）。「親になること」は乳幼児をもつ夫婦の重要な発達課題ですが，その途上にはさまざまなストレスや夫婦が直面する課題があります。

主なストレスには出産，医療，育児，教育にともなう経済的ストレスと身体的ストレス，子育ての悩みなどの心理的ストレス，子どもをもつほかの家庭や源家族との人間関係のストレスなどがあります（野末，2008 b）。人間関係のストレスは，「公園デビュー」という表現にみられるように乳幼児をもつ母親がほかの母親と付き合っていくなかで生じますが（岡本ら，2000），近年はSNSの普及によって，母親同士のSNSでのやり取りでもストレスが生じるケースが報告されています（Aera，2014）。

また夫婦が直面する課題としては，育児や家事の役割分担，仕事と家庭のバランスなどがあります。伝統的性役割観をもつ夫のもとでは妻は育児と家事の負担が大きくなり，このことが夫婦の信頼関係や親密さに負の影響をもたらすことがあります。また近年は出産しても仕事を続ける女性が増加していますが，男性と比較して女性は職業役割と家庭役割の負荷が多大にかかり，両者のバランスをとることに苦心してストレスが増大する傾向があります。これは日本に顕著な傾向であり，その

SNS
ソーシャル・ネットワーキング・サービスの略。Facebook，LINE，Twitterなどがある。

伝統的性役割観
男性は職業をもち，女性は家事・育児をするという性役割観。

背景には男性の長時間労働と育児不在があるといわれています（佐藤，2015）。その一方で，有職女性より専業主婦のほうが育児ストレスが大きいという研究もあります（野澤ら，2014）。

2　学童期から思春期・青年期の子どもと家族

1 学童期の子どもがいる家族

学童期とは主に6歳から12歳までの時期を指し，わが国では小学校時代がこれにあたります。子どもは学校が生活の中心となり，そこでは学業が大きな位置を占めます。エリクソン（Erikson，1950）によれば学齢期の発達課題は「勤勉性・劣等感」であり，学業を通して勤勉性や達成感を身につける一方，他者と比較される場面が増えるために劣等感を感じる経験もするようになります。

学業と並んで重要なのが友だちづくりです。小学校中学年になると気の合う少人数の仲間集団を好んで形成するようになり（ギャングエイジ），親や教師といった身近な大人からの承認だけでなく仲間からの承認を求めるようになります。

さらに現代の学童期の子どもに特有の事情として，外遊びの減少，ゲームやSNSの普及，習い事や塾通いの増加，それによる慢性的な睡眠不足の問題などがあります（学研総合研究所，2020）。

学童期の子どもをもつ親たちは，わが子の学業成績や友人関係に時に喜び，時にはらはらしながらこの時期の子どもを支えます。この時期の家族が直面しやすい課題には，学校生活でのつまずきからくるいじめや不登校の問題があります。また近年は，ゲームやSNSをどこまで認め，どこまで制限するのかという問題や，教育費の増大にどう対処するかという問題なども出てきています。現代の多くの親たちはわが子の将来への不安が強く，わが子が良い教育を受けて良い仕事に就けることに強い関心をもっており，そのために多くの習い事や塾通いをさせますが（東京大学社会科学研究所・ベネッセ教育総合研究所，2020），このことは結果として教育費の増大を招き，家計を圧迫するのです。教育費の捻出を可能にする手段の1つに夫婦共働きがありますが，夫婦は家事・育児の分担をめぐって対立しやすくなります。そして夫婦の関係が険悪になると，子どもはそれを敏感に感じ取って情緒不安定になったり（中釜，2009），家庭内三角関係が生じやすくなったりします（McGoldrick ら，2015）。このように学童期の子どもをもつ家族はさまざまな課題に直面し，心理援助の相談に訪れることがあります。

家庭内三角関係

典型的には，母と子が結びついて父親を排除しようとする。

② 思春期・青年期の子どもがいる家族

子どもは思春期・青年期に入ると，精神的にも身体的にも著しく変化・成長していきます。エリクソンはこの時期の発達課題を「自我同一性（アイデンティティ）の確立」と考えました（Erikson, E.H., 1950）。この時期の子どもは「自分とは何者か」という疑問を抱き，社会のなかに自分を位置づけようと模索します。また身体の急激な成長は子どもに戸惑いと自信をもたらします。この時期の子どもは学童期よりも多くの時間を家庭外で過ごすようになり，友人の存在がますます重要な地位を占めるようになります。

コトバ

アイデンティティ
自分は他ならぬ自分自身であって他のものではない，という意識のこと（第６章，第７章参照）。

このような子どもの変化は家族システムにも変容をもたらします。この時期の家族の特徴は移行期の家族であるということです（中釜・野末，2008）。この時期，親子関係は子どもが親の統制下にある形から対等な形へと移行しますが，スムーズな移行のためには親は子どもをある程度自由にさせることが必要になります。子どもが夕食を外でとったり，以前のようには家族の団欒や家族旅行に付き合わなくなったとしても，それを認める姿勢を示し，逆に子どもが家族の輪に戻ってきたときにはあたたかく受け入れるようにします。家族境界はほどほどであるのが望ましく，家族境界が固すぎても（求心的家族），緩すぎても（遠心的家族），家族関係に問題が生じます（Beavers, R. & Hampson, R. B., 2000）。

家族境界
家族成員間の心理的束縛の強さ。

3　子どもの巣立ちと夫婦の中年期・老年期

① 成人期の子どもがいる家族

子どもは成人期を迎えると就職，１人暮らし，結婚など人生の節目ともいえるライフイベントを次々に経験します。それにともない家族システムもまた大きく変化していきます。子どもの巣立ちは家族成員の減少を意味し，家族はまた夫婦２人の小さな単位に戻ります。

巣立ち
子が学校を卒業すること，成人して家を出て行くこと。

子どもの巣立ちは親にとっては幸福感を感じる出来事である一方で，喪失感や悲しみの経験ともなります。子離れができない場合，子どもへの過干渉や夫婦の危機が起きることがあります（Hiedemann, B., et al., 1998）。この時期，夫婦はもう一度２人だけの関係を構築する必要に迫られます。この時期の夫婦は夫婦関係の再編成が重要な課題となります。

② 夫婦の中年期・老年期

中年期から老年期に入ると，夫婦にとっては自らの老いや身近な人の死をどう受け入れるかということが重要なテーマになります。子どもが結婚して新たな家族をつくった場合には，源家族としての付き合いも始まります。

近年のわが国では急速な高齢化が起きています。我が国の 65 歳以上人口は，1950 年には総人口の５％に満たなかったのですが，1970 年に７％を超え，さらに 1994 年には 14％を超えました。高齢化率はその後も上昇を続け，2019 年 10 月１日現在，28.4％に達しています（内閣府，2020）。また今後は少子化が進み，総人口が減少するなかで 65 歳以上の者が増加することにより高齢化率は上昇を続け，2065 年には 38.4％に達すると見込まれています（図10－2）。

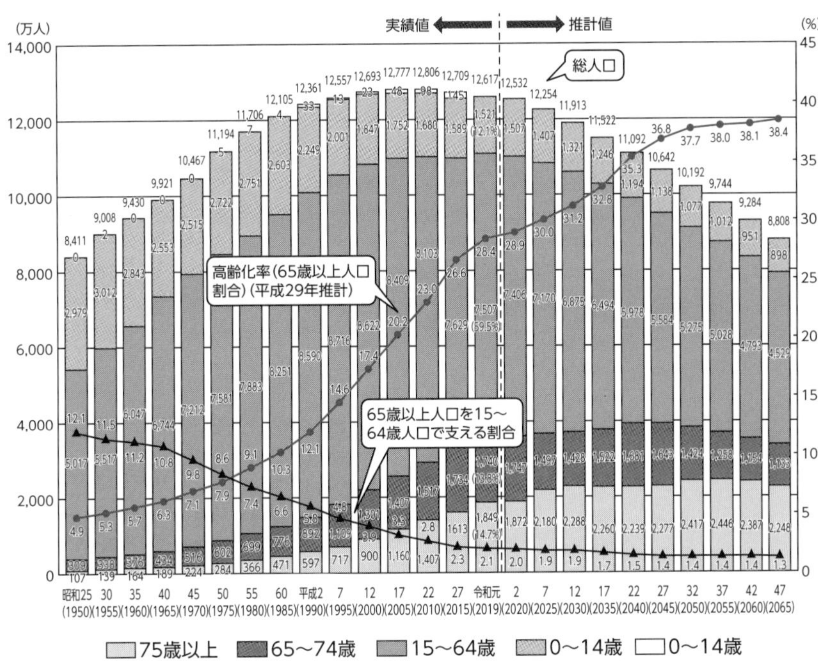

図10－2　高齢化の推移

出所：内閣府令和２年版高齢社会白書図１－１－２をもとに筆者作成

このような急速な高齢化は日本社会にさまざまな問題を生み出しています。高齢者本人にとっては，職業的役割や育児の役割が終わったあとの人生が極めて長くなっているため，趣味や友人関係の充実，健康状態の維持，経済的基盤の確保などが重要な課題となります。配偶者にとっては，夫婦２人きりで過ごす時間が長くなるため，夫婦の関係を良好に保つ努力が必要になります。そして子どもは親の介護をどうするかという問題に直面します。かつて介護は家庭のなかの誰か（主に嫁）が担うのが当たり前とされていましたが，2000 年の介護保険法の施行以降は社会全体で介護を担うという方向にシフトしています。

介護保険法

加齢にともなって要介護状態となった者等について，介護保険制度を設け，保健医療の向上と福祉の増進を図るために制定された。

第3節
特別な配慮を要する子どもをもつ家族

学習のポイント
●近年大きな注目を集めている発達障害児の問題を考えます。
●児童虐待の問題についてもおさえましょう。

コトバ

保育所保育指針
保育所における保育の内容や保育所の運営等に関する事項を示したもの。

幼稚園教育要領
幼稚園における教育課程の基準であり，幼稚園で実際に教えられる内容の基準を示すもの。

「特別な配慮を必要とする子ども」という表現は，厚生労働省告示の「保育所保育指針」，文部科学省告示の「幼稚園教育要領」等にみることができます。ここでは特別な配慮を必要とする子どものうち，発達障害の子ども，虐待のリスクのある子どもを取り上げて，「家族」という視点から考えます。

1　障害のある子どもと家族

近年，保育現場や教育現場で大きな注目を集めているのが発達障害です。発達障害には自閉スペクトラム症，注意欠如・多動性障害（ADHD），学習障害などがありますが（第８章で詳述），いずれも 18 歳までの発達期に認知，言語，知能，社会性，運動などのいずれかまたは複数の領域で遅れや偏りが現れることを特徴とします（太田，2021）。

発達障害児の存在は家族にも大きな影響を与えます。発達障害児をもつ親は，健常児やそのほかの障害児をもつ親と比べて抑うつ，ストレス，不安が高い傾向があります（たとえば Benson, P.R., 2006, Dabrowska, A., & Pisula, E., 2010）。

また，わが子に障害がある事実を親がいかにして受け容れるかという障害受容の問題も，障害児をもつ家族にとっては重要な問題です。障害受容に関する理論としてよく知られているのは Drotar, D.（1975）らによる段階説です。彼らは障害を受け容れていく心理的過程は「ショック－否認－悲しみと怒り－適応－再起」という段階的な経過をたどると考えました。

コトバ

半構造化面接
一定の質問項目に沿って面接を進めつつ，ある程度の回答の自由度を被面接者にもたせる面接手法。

太田ら（2017，2018）は自閉スペクトラム症児の母親の心理的過程について，段階説にもとづいて研究しました。まず太田ら（2017）では自閉スペクトラム症児をもつ母親に半構造化面接を実施し，自閉スペクトラム症児を育てるうえでは「家族のあり方」が重要な鍵を握ることを明らかにしました。夫からの適切なソーシャルサポートがあること，安定した経済的基盤があること，親子関係や家族関係が円満であることは，自閉スペクトラム症児の育児に対する母親の認知を肯定的なものにする効果がありました。次に太田ら（2018）は自閉スペクトラム症児をもつ母親の障害受容に関して，わが子の立場に立って考えられるようになったときに（視点の転換），受容が促進されることを見出しましたが，わが子の立場に立って考えられるようになるためには夫をはじめとする家族からのサポートが重要な役割を果たしていました。

兄弟姉妹もまた，障害児がいることによって影響を受けます。兄弟姉妹への支援はいまだ不十分ですが，周囲の人間が十分に配慮し，丁寧に育てていくことで，兄弟姉妹は健やかに成長し，家族に障害者がいることを肯定的に受け止められる大人になります（太田，2021）。

このように障害のある子どもと家族はさまざまな困難に直面し，乗り越えようと奮闘します。しかしその途上で，障害があるという事実を受け容れることができず，家族関係にひずみが生じてしまう場合もあります。そのようなとき，家族心理学的アプローチによるカウンセリングが効果を発揮することは少なくありません。田熊（2000）は，「障害を持つ子どもに対する治療教育の方法論だけでなく，その家族への心理的援助」が重要であると指摘し，障害受容をうながすカウンセリングの重要性を論じています。

2　児童虐待と家族

児童虐待は1990年代ごろから社会問題として広く認知されるようになり，2000（平成12）年には「児童虐待の防止等に関する法律（児童虐待防止法）」が公布されました。児童相談所に寄せられる児童虐待相談件数は増加の一途をたどっており，2019年度には約19万件と，過去最多となりました（図10－3）（注：ただし令和元年度の児童虐待対応件数約19万件のうち心理的虐待が約11万件を占めており，心理的虐待が増加した要因は児童が同居する家庭における配偶者に対する暴力がある事案（面前ＤＶ）について警察からの通告が増加したことである点に注意が必要）。

児童虐待の問題は，家族の問題と深く結びついています。児童虐待が起きる理由には，親の要因と（体罰肯定の考え方，知的障害等の障害がある，虐待の世代間連鎖等），子どもの要因（障害がある，望まない妊娠等），社会的要因（貧困の世代間連鎖等）があるからです。

児童虐待の防止等に関する法律
児童に対する虐待の禁止，児童虐待の予防および早期発見，児童虐待を受けた児童の保護等を定めた法律。

虐待の世代間連鎖
かつての被虐待児が親になるとわが子を虐待してしまうこと。

貧困の世代間連鎖
貧困家庭出身者が大人になっても貧困が解消されず，子，孫の代まで貧困が続くこと。

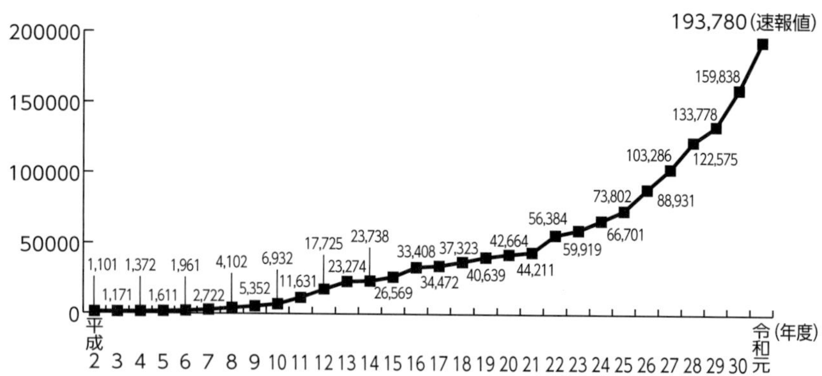

図10－3　児童相談所での児童虐待対応件数と推移

出所：厚生労働省 2020

児童養護施設

何らかの理由で親元で暮らせない満2歳から18歳までの児童を養護する施設。

児童虐待を防止するために，国や自治体，医療機関，療育機関，保育所，幼稚園等が連携してリスクの高い家族を支援しています。心理学的アプローチとしては，臨床心理士が児童相談所等で臨床心理学的援助を行うほか，1999 年には児童養護施設等への心理職導入が本格的に始まりました（内海，2013）。被虐待児に対して心理臨床を行ったり，保護者への支援を行ったりしています。

ここまでみてきたように，この章では，家族心理学の理論，家族ライフサイクル，特別な配慮を要する子どもと家族の問題について考えてきました。現代は社会の急激な変化にともなって家族のあり方も大きく変わっている時代です。家族心理学の果たすべき役割はますます大きいといえるでしょう。

演習課題

① 現代日本の家族が抱える課題と，家族心理学がそれに対してどのようにアプローチすることができるかを考えましょう。

② 家族ライフサイクルについて，キーワードを用いて説明してみましょう。また自分自身は家族ライフサイクルのどの段階にあるか，その段階の課題と自分自身が感じている課題を比較し，説明してみましょう。

【引用・参考文献】

Aera（アエラ）(2014).　女性　公園デビューよりしんどい SNSが生むママ友ストレス Aera, 27（38）, 53-55, 朝日新聞出版 .

アメリカ精神医学会（2014).　DSM-5 精神疾患の分類と診断の手引　医学書院 .

Beavers, R., &Hampson, R. B. (2000). The Beavers Systems Model of Family Functioning. *Journal of Family Therapy, 22*, 128–143.

ベルタランフィ , L. V. (1973).　一般システム理論　―その基礎・発展・応用　みすず書房 .（Bertalanffy, L. V.（1968）*General systems theory, foundations, development, applications* New York, George Braziller.）

Benson, P. R. (2006). The impact of child symptom severity on depressed mood among parents of children with ASD: the mediating role of stress proliferation. *Journal of Autism and Developmental Disorders, 36*（*5*）, 685-95.

Dabrowska, A., & Pisula, E. (2010). Parenting stress and coping styles in mothers and fathers of pre-school children with autism and Down syndrome. *Journal of Intellectual Disability Research, 54*（*3*）, 266-80.

Drotar, D. et al. (1975). The adaptation of parents to the birth of an infant with a congenital malformation: a hypothetical model. *Pediatrics, 56*（*5*）, 710-717.

Erikson, E.H. (1950). *Childhood and Society*. New York: Norton.

学研教育総合研究所（2020).　小学生白書 Web 版「小学生の日常生活・学習・新型コロナ対策の休校に関する調査」（https://www.gakken.co.jp/kyouikusouken/whitepaper/202008/index.html 2021 年 1 月 11 日最終アクセス）

Hiedemann, B., Suhomlinova, O., & O' Rand, A. M. (1998). Economic independence, economic status, and empty nest in midlife marital disruption. *Journal of Marriage and Family, 60*（*1*）, 219-231.

柏木 惠子・若松 素子（1994).「親となる」ことによる人格発達 : 生涯発達的視点から親を研究する試み　発達心理学研究 , 5（1）, 72-83.

厚生労働省（2017).　人口動態調査人口動態統計　結婚生活に入ってから同居をやめたときまでの期間別にみた年次別離婚件数・百分率及び平均同居期間（https://www.e-stat.go.jp/dbview?sid=0003216998　2021 年 1 月 9 日最終アクセス）

McGoldrick, M., Garcia-Petero, N., & Carter, B. (2015). *The Expanding Family Life Cycle: Individual, Family, and Social Perspectives*（*5th ed.*）. Pearson.

内閣府（2020).　令和 2 年版高齢社会白書　https://www8.cao.go.jp/kourei/whitepaper/w-2020/html/zenbun/index.html　2021 年 1 月 18 日最終アクセス

中釜 洋子（2009).　家族発達と情緒的自立－子育ての視点から　現代のエスプリ , 508, 101-111.

中釜 洋子・野末 武義（2008）. 第 7 章「若者世代とその家族」 中釜 洋子・野末 武義・布柴 靖枝・無藤 清子編 家族心理学 （pp101-117）, 有斐閣ブックス .

日本家族心理学会編（2019）. 家族心理学ハンドブック 金子書房 .

野澤 義隆・山本 理絵・神谷 哲司・戸田 有一（2014）. 乳幼児を持つ父母の家事・育児時間が母親の育児期ストレスに及ぼす影響 －全国調査（保育・子育て 3 万人調査）の経年比較より－. エデュケア , 34, 1-8.

野末 武義（2008a）. 第 4 章「結婚による家族の成立期」 中釜 洋子・野末 武義・布柴 靖枝・無藤 清子編 家族心理学 （pp55-69）, 有斐閣ブックス .

野末 武義（2008b）. 第 5 章「乳幼児を育てる段階」 中釜 洋子・野末 武義・布柴 靖枝・無藤 清子編 家族心理学（pp71-86）, 有斐閣ブックス .

野末 武義（2019）. 第 3 章 1「新婚期」 日本家族心理学会編 家族心理学ハンドブック（pp98-104）, 金子書房 .

太田 雅代・山内 慶太（2017）. 母親からみた自閉症児の養育の特徴 ―テキストマイニングを用いた探索的分析― ストレス科学 , 31 （4）, 320-329.

太田 雅代・山内 慶太（2018）. 自閉症児をもつ母親の障害受容過程 ―受容前と受容後の比較― 日本社会精神医学会雑誌 , 27 （4）, 271-284.

太田 雅代（2021）. 第 6 章「発達障害児と家族支援」 大浦 賢治編 実践につながる新しい子どもの理解と援助：いま、ここに生きる子どもの育ちをみつめて（pp133-156）, ミネルヴァ書房 .

岡本 依子・菅野 幸恵・亀井 美弥子（2000）. 公園デビューについての見方：育児経験者および非経験者への面接を通して 日本保育学会大会研究論文集 , 53, 792-793.

Parsons, T., & Bales, R.F. （1955）. *Family Socialization and Interaction Process. Macmillan.*

佐藤 淑子（2015）. ワーク・ライフ・バランスと乳幼児を持つ父母の育児行動と育児感情：―日本とオランダの比較― 教育心理学研究 , 63 （4）, 345-358.

総務省統計局（2020）. 統計からみた我が国の高齢者－「敬老の日」にちなんで－ https://www.stat.go.jp/data/topics/topi1260.html, 2021 年 1 月 18 日最終アクセス

田熊 友紀子（2000）. 発達障害児を持つ母親カウンセリング － 母親の内なる「障害児性」の癒しと「健常児性」の喪の作業－ 文京女子大学研究紀要 . 2 （1）, 127-140.

Thoburn, J. W. & Sexton, T. L. （2016）. *Family Psychology -Theory, Research, and Practice-*. Praeger.

東京大学社会科学研究所・ベネッセ教育総合研究所（2020）. 子どもの学びと成長を追う―2 万組の親子パネル調査の結果から 勁草書房 .

内海 新祐（2013）. 児童養護施設の心理臨床 －「虐待」のその後を生きる 日本評論社 .

第11章

人間関係とこころ
—社会心理学の視点から

あなたが友人に「親切にしてくれてありがとう」というと，友人はとてもよい気持ちになります。友人があなたに「あんなこというのはよくないことだ」というと，あなたは反省したり，怒りがこみ上げたりします。このように，私たちの言動は他人の言動に影響され，私たちの言動もまた他人の言動に影響しているのです。

第 11 章では，このような対人関係の相互作用を，社会心理学の観点から解説します。そのうえで，日常の些細な出来事から「いじめ」のような社会問題まで，人のこころがどのように関与しているのか，その“こころのメカニズム”を理解しましょう。

第1節
自分って何？

学習のポイント

●社会とのつながりのなかで形成される自己を知りましょう。

●日常のコミュニケーションの多くに自己が関わっていることを理解しましょう。

1　2つの自分

初対面の人に対して自己紹介をする場面を思い浮かべてください。まず，「私は＊＊○○です」と，名乗る人が多いでしょう。その後，「△△高校の生徒です」「兄が一人いて，大学生です」といったように，自分自身のことを1つ1つ相手に伝えていくと思います。このとき，相手に伝えている自分自身を含め，あなた自身が認識しているあなた自身のことを，自己概念とよびます。

では，自己概念はどのように生まれるのでしょうか。上記の例をみていきますと，「＊＊○○」という名前から＊＊家の一員であることがわかります。「△△高校の生徒」からは△△高校に所属していること，「兄が一人」からは兄弟のなかの2番目であることがわかります。ここで，少し立ち止まって考えてみてください。私たちは，自己概念を考えるとき，その多くは社会（何らかの集団や他人）とのつながりで考えていることに気づきます。つまり，△△高校という社会があるからこそ，あなたは△△高校の生徒だと認識できるわけです。

このように，社会とのつながりを通して知る自分自身のことを社会的自己とよびますが，その哲学的な基礎を提唱したのがジェームズ（1890）やミード（1934）です。彼らは，自分を2つの自分，すなわち，私自身がどんな存在であるかを「知る自分（主我＝“I”）」と主我によって「知られる自分（客我＝“me”）」に分割して理解することを提案しています。少し抽象的で難しい話ですが，「私は…です」の「…」に当たる部分を20個考えてみてください。そのとき，頭のなかに兄弟と勉強している姿，家でくつろいでいる姿，野球をしている姿など，今の自分のことが思い浮かぶのではないでしょうか。つまり，この状況で今の自分を思い浮かべている存在が主我であり，思い浮かべられているさまざまな自分の姿が客我と考えるとわかりやすいでしょう。そして，思い浮かべた姿に社

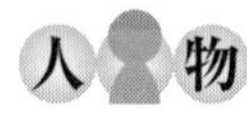

ウィリアム・ジェームズ
William James
(1842-1910)
アメリカの哲学者であり，心理学の父の一人ともいわれる。

ジョージ・ハーバート・ミード
George Herbert Mead
(1863-1931)
アメリカの社会学者であるが，彼の提唱した象徴的相互作用論はさまざまな社会心理学理論に影響を与えた。

「Who am I?」テスト
「私は…です」を20個考えるという方法のこと。

会が含まれていれば，それは社会的自己ということになります。

2　自己の評価的側面と自尊心

さて，自己紹介の例に記したような「△△高校の生徒です」といった自己概念のとらえ方以外に，「私は後輩の面倒見のいいほうです」というようなとらえ方があります。こちらは，自己のさまざまな側面（外向性，能動性など）に対して，高低で高さの程度を評価する部分ということで，評価的側面といわれます。そして，この評価的側面として，社会心理学で中心的に取り上げられているものが自尊心（自尊感情）です。自尊心とは，自分自身に対する肯定的な感情や自分自身を価値ある存在としてとらえる感覚のことを指します。**表11－1**に今のあなたの自尊心を測る尺度（質問項目）を掲載しましたので，回答し，得点を算出してみてください。

尺度

心理学において，尺度とは，ある特定の心理を測定するために開発された測り，つまり体重を測るための体重計のようなものである。自尊心の尺度とは，定められた項目への回答から，その人の自尊心の高さを測定するものである。

ローゼンバーグの自尊心尺度

採点方法は，項目番号の1，2，4，6，7は選んだ選択肢の得点，3，5，8，9，10は逆転項目のため「6－得点」をそれぞれ算出し，計10個の得点を単純加算する。ローゼンバーグの原典では，4件法が用いられている。また，自尊心の尺度はほかにも多数開発されている。

表11－1　ローゼンバーグの自尊心尺度

次の特徴のおのおのについて，あなた自身にどの程度あてはまるかを答える。他からどうみられているかではなく，あなたが，あなた自身をどのように思っているかを，ありのままに答えること。

		あてはまらない	ややあてはまらない	どちらともいえない	ややあてはまる	あてはまる
1	少なくとも人並みには，価値のある人間である	1	2	3	4	5
2	色々な良い素質をもっている	1	2	3	4	5
3	敗北者だと思うことがよくある	1	2	3	4	5
4	物事を人並みには，うまくやれる	1	2	3	4	5
5	自分には，自慢できるところがあまりない	1	2	3	4	5
6	自分に対して肯定的である	1	2	3	4	5
7	だいたいにおいて，自分に満足している	1	2	3	4	5
8	もっと自分自身を尊敬できるようになりたい	1	2	3	4	5
9	自分は全くだめな人間だと思うことがある	1	2	3	4	5
10	何かにつけて，自分は役に立たない人間だと思う	1	2	3	4	5

出所：ローゼンバーグ（1965）の日本語訳版　山本ら（1982）

自尊心
自尊心は，さまざまな種類に区分され，研究が進展しているが，たとえば，尺度への回答で測れる意識できる自尊心を顕在的自尊心，自身で意識できていない自尊心を潜在的自尊心とする区分は有名である。

ソシオメーター理論
自尊心が他者からどれほど受け入れられているかを評価する指標という考えは，ソシオメーター理論によって提起される。

自尊心は，マズロー（1970）も人間の基本的な欲求の１つとして承認欲求を提示し，他者から承認・賞賛が得られたときに高まることを示唆しています。また，かつては自尊心が高くなれば，人間関係の問題にうまく対処でき，新しいことにチャレンジでき，ネガティブな感情をもちにくいなど，自尊心のポジティブな効果が指摘されていました。しかし，現在では，自尊心そのもののとらえ方が多様になっており，そのポジティブな効果も限定的であることが示唆されています。それでも，自尊心は，他者からの自分がどれほど受け入れられているかを評価する重要な指標であるといわれており，人の認知や行動に影響する重要な自己の側面なのです。

3　他人を通して自分を知る

社会とのつながりを通して自分を知ることの心理プロセスを，ここでは２つ紹介します。まず，クーリー（1902）の提唱する鏡映的自己です（図11－1）。あなたは，朝，身だしなみを整える際に，自分の顔を鏡でみていると思います。これは，その日の自分，この場合は顔を知る方法です。それに対して，鏡映的自己とは，あなたの周囲の人があなたのことをどのように思っているかを想像し，その想像を自己概念として認識するものなのです。たとえば，「親友は私のことをとても友だち思いだと思っている」と認識すると，私は友だち思いだという自己概念につながるというものです。いわば，周囲の他者を鏡に見立て，その鏡に映る自分の印象を想像しているということなのです。

図11－1　鏡映的自己
出所：筆者作成

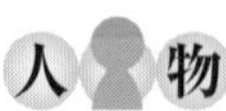

レオン・フェスティンガー
Leon Festinger
（1919-1989）
アメリカの社会心理学者で，社会的比較理論や認知的不協和理論の提唱者である。

２つ目はフェスティンガー（1954）の提唱した社会的比較とよばれるもので，自己のさまざまな側面を他者と比較し，側面毎の自己の位置を見極めるというものです。たとえば，弟がほぼ毎週，週末になると出かけて行って友人と遊んでいるのに対し，自分はたまに出かける程度であれば，弟よりも社交性が低いが，個人の時間を大切にする人間であるという自己へつながるでしょう。

4　自分のことを知ってもらう

再び自己紹介の場面に戻ります。あなたは初対面の人を前にして，良い面も悪い面もすべてをさらけ出して自己紹介をするでしょうか。おそらく，そういう人はほとんどいないと思います。たとえば，今後仲よくしたい同世代の人に対してであれば，気さくで話しやすい人間だと思ってもらいたいでしょうから，カフェめぐりや飲み会が好きだとか，他人に気軽に誘ってもらえるような自分の特徴を話すでしょう。つまり，私たちは数ある自己概念のなかから，いくつかを選択し，紹介しているのです。そして，紹介する側面は，その時々の相手との関係性をどのようにしたいかを考慮し，その目的を達成するために最も適切な側面を選択します。このように，他者からみられる自分の印象に影響を与えようとする言動を自己呈示とよびます。

自己呈示は決して自己紹介の場面だけでなく，普段の会話のなかにすらあふれており，好感をもたれたいときの取り入り，能力が高いという印象をもたれたいときの自己宣伝，立派な人間であると思われたいときの示範，逆らうと危険だという印象をもたれたいときの威嚇，頼りなさをアピールしたいときの哀願の5種類に区分されています(**表11－2**)。

直接的自己呈示
本節で取り上げている自己呈示は，直接的自己呈示ともよばれ，他の自己呈示（防衛的自己呈示や間接的自己呈示）と区分されることもある。

表11－2　自己呈示の種類と目標とする印象

自己呈示の種類	目標とする印象	失敗したときの印象	相手に喚起される感情	典型的な行為
取り入り	好ましい人 好感がもてる人	追従者 卑屈・同調者	好意	意見同調 親切な行為 お世辞
自己宣伝	有用な人 能力がある人	自惚れた人 不誠実な人	尊敬	業績の主張 業績の説明
示範	価値ある人 立派な人 献身的な人	偽善者 信心ぶった人	罪悪感 恥	自己否定 援助 献身的努力
威嚇	危険な人 冷酷な人	うるさい人 無能な人 迫力のない人	恐怖	脅し 怒りの表出
哀願	頼りない人 かわいそうな人 不幸な人	怠け者 要求者	心遣い 恩義	自己避難 援助の懇願

出所：ジョーンズら（1982）をもとに，著者が一部改変

しかし，これらの自己呈示は必ずしも成功するとは限りません。会社の上司に好感をもたれようとして，常にお世辞と意見への同調を繰り返した結果，自分の考えをもたないただの同調者だという悪い印象をもたれてしまうということもありますので，自己呈示の使用には，その時々の状況や相手の考えに気を配ることが重要です。

5　よくも悪くもつくられた自己を維持する

学校での重要な試験の開始前には，「昨日，部屋の片づけをしはじめたら，それで時間がとられてまったく勉強できなかったんだよね」といったようなアピールをする人が続出します。実は，この発言も自己が関係しています。私たちは，他人にこのように思ってもらいたいという気持ちと同時に，他人にこのように思われたくないという気持ちももっています。試験の例では，いつも高得点をとっていて，周囲の人から能力が高いと思われている人が，たとえ試験で失敗したとしても，その印象を守るために，先に試験結果が悪かったことの原因を能力以外のもの（例では，片づけ）の影響であると印象づけようとしているのです。このように，重要な場面で高い評価を受けられるかどうか確信がもてない場合，遂行を妨害する不利な条件をつくり，その存在を他者に主張することはセルフ・ハンディキャッピングとよばれています。

また，自分より能力の劣る他者とあえて比較することで，自己を守ろうとすることがあり，下方比較とよばれています。試験の結果が悪かったときに，いつも成績を競っていた友人と比較することを避け，自分よりも明らかに成績が悪い人と比較し，「あいつよりはよかった」と思うようなことです。ウィリス（1981）によると，下方比較は主観的 well-being や自尊心が低い人のほうが行いやすいとされ，それによって，こころの状態を改善しようという心理過程だと考えられています。

主観的 well-being

幸福感ととらえると理解しやすい。人生や生活に満足し，よい気分を経験することが多く，悪い気分を経験しなければ，主観的 well-being が良好だと考えるものである。

第2節
一貫したがるこころ

学習のポイント

●態度（認知）が一貫したがる原理を理解しましょう。
●説得的コミュニケーションの技法を理解し，自ら使えるようになりましょう。

1 「試着だけでも」は試着だけ？

あなたは洋服を買うためにショップを訪れ，店員さんの「試着だけでもどうぞ」という声掛けから，「試着だけならやってみよう」と試着室へ案内され，あれよあれよという間にその洋服を購入してしまっていた経験はないでしょうか。実は，この「試着だけでもどうぞ」という声掛けは社会心理学的には大変有効で巧妙な声掛けなのです。そして，その有効性を理解するには，態度に関する理論を勉強しておく必要があります。態度という用語は一般用語としても浸透していますが，社会心理学的な理解をするためには，ローゼンバーグら（1960）が分類した態度の３成分説，すなわち対象に対する「認知的成分」，「感情的成分」，「行動的成分」を知る必要があるでしょう。まず，「認知的成分」とは，物事に対する知識や評価(賛成－反対, 良い－悪い)のことを指します。次に,「感情的成分」とは, 物事に対する好み（好き－嫌い）や情緒（快－不快）です。そして，「行動的成分」は，物事への関与度のようなもの（接近－回避）です。たとえば，朝ごはんに対する態度としては，「朝ごはんをしっかり食べることは健康によいことだけど（認知的成分），私は早起きして朝ごはんを食べるのが苦手で好きではない(感情的成分)。でも，がんばって，毎朝食べようと思う（行動的成分)」となります。

コトバ

認知，感情，行動
態度に関してだけでなく，人の心理を考える際に，この３者を区別して理解することは非常に重要である。

顕在的態度と潜在的態度
近年では，自分で意識できる態度のことを顕在的態度，意識できない態度を潜在的態度とよび，区別して議論されことも多くなっている。特に，後者は，IAT（Implicit Association Test）という特殊な手法を用いて測定される。

2 態度の一貫性

さて，イソップ童話に「酸っぱい葡萄」という話があります。お腹の空いたキツネが，木の高いところに実ったおいしそうな葡萄をみつけたのですが，どれだけがんばって飛び上がっても手が届くことはありませんでした。そこで，キツネは「この葡萄は酸っぱくてまずいだろう」という言葉を吐き捨てて去っていくというものです。似たような経験は，

コトバ

認知（フェスティンガーの定義）

フェスティンガー（1957）は，認知的不協和理論における「認知」を「環境に関する，自身に関する，自分の行動に関する，あらゆる知識，意見，または信念」と定義している。

私たちにもあると思いますが，この童話のキツネの心理を説明するのがフェスティンガー（1957）の提唱する認知的不協和理論です。この理論の中心は，人は2つの認知間の関係が，不一致であったり，矛盾していて，不協和なときには不快な感情が生起するため，できるだけ協和的になるように態度を変化させる傾向があるというものです。先ほどのイソップ童話では，「葡萄を食べられなかった」という認知と，「葡萄はおいしい」という認知は，方向性が矛盾していて，不快な感情を引き起こすのです。そのため，「葡萄は酸っぱいだろう」という認知に変更することによって，認知間の不協和を解消し，不快な感情を取り除いているという説明が可能です（図11－2）。

また，不協和の解消には，理論上，矛盾する2つの認知のうち，どちらの認知を変容するかによって2つのルートがあります。しかし，イソップ童話のキツネの場合，葡萄を食べることはできませんので，葡萄の味に関する認知を変化させるルートしかとれません。このように，1つのルートしかとれない状況をうまくつくることで，他人の考え（認知）を変えることも可能でしょう。

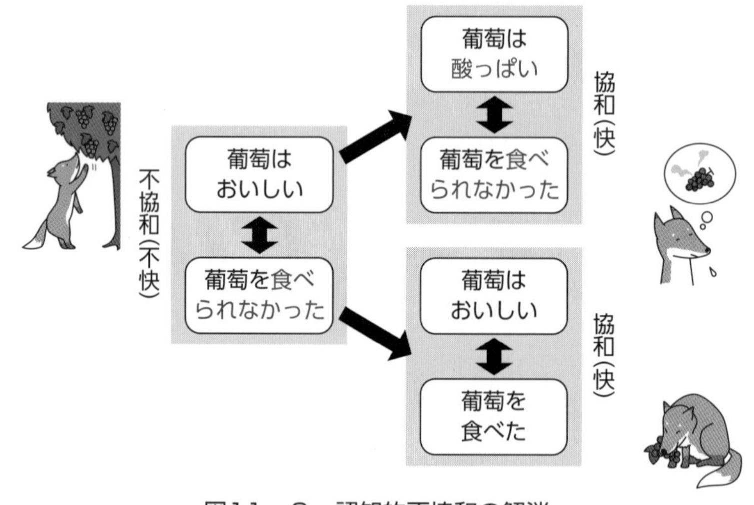

図11－2　認知的不協和の解消

出所：筆者作成

コトバ

サクラ

実験中に，実験参加者とみせかけながら，実験の目的を達成するために決められた発言や行動を行う人のこと。

認知的不協和理論を実証するために行われたフェスティンガーら（1959）の実験を紹介します。この実験では，対象者となった大学生に，誰もが非常につまらないと思う糸巻きの単純な作業を行ってもらいます。その後，次に実験に参加するためにやってきた大学生（実はこの人はサクラで，対象者ではない）に，「実験はとても面白かった」と伝えるように依頼されます。そのとき，対象者を報酬1ドルで依頼される条件と報酬20ドルで依頼される条件，そして「実験はとても面白かった」と伝える依頼をされずに報酬ももらわない条件の3条件に割り振りました。次の実験参加者に面白さを伝えた後（依頼のなかった条件の人は糸巻き終了後），課題の面白さ，実験からの学び，科学的重要性，同様の実験への参加希望を評価してもらいました。その結果（**表11－3**），1ドルで依頼をされた条件の人の課題の面白さへの評価が明らかに高くなったのです。つまり，「面白くない実験」という認知と「実験はとても面白かったと伝える」という認知は不協和だったため，実験が面白かったと認知を変更することによって不協和の解消を図ったいうことなのです。この実験では，その他にも，1ドルで依頼された条件の人は，実験の科学的重要性を高く評価し，同様な実験へ参加したいと思うようになりました。一方で，20ドルで依頼された条件の人は，高い報酬が不協和による不快な感情を抑制し，そのため，不協和を解消する必要性が少なかったと解釈できるでしょう。

表11－3　フェスティンガーらの実験結果

評価指標	統制条件（面白かったと伝えない条件）	1ドルで伝えた条件	20ドルで伝えた条件
課題の面白さ（－5点～＋5点）	－0.45	< 1.35 >	－0.05
実験から何を学んだか（0点～10点）	3.08	2.80	3.15
科学的重要性（0点～10点）	5.60	< 6.45 >	5.18
同様の実験への参加希望（－5点～5点）	－0.62	< 1.20 >	－0.25

出所：フェスティンガーら（1959）

3　態度が変わるとき

人とコミュニケーションを取るなかでは，他者の態度変容を促す場面が多くあります。ショップの店員さんの例のように，お客さんに洋服を気に入ってもらい，購入してもらうことも態度を変えてもらうことです。そのほか，真面目に練習をしないサークルの仲間に，真面目になってもらうこと，自分が好意を抱く異性に，自分のことを好きになってもらう

ドア・イン・ザ・フェイス法
説得的コミュニケーションの技法としてもよく取り上げられる。最初に必ず断られるような大きなお願いをし，断られたのちに本来の目的となるお願いをするという方法である。相手の断り続けることの気まずさを利用する方法である。

ことなども，相手の態度を変えてもらうことです。このように，相手の態度を変化させようと意図して行うコミュニケーションを説得的コミュニケーションといいます。ここでは，態度の一貫性を利用した，２つの有効な技法を紹介します。

１つ目は，フット・イン・ザ・ドア法です。この技法は，最初にほとんどの人に承諾してもらえるような小さめのお願いをし，そのお願いに承諾が得られた後に，本来の目的である大きなお願いをするというものです。たとえば，街頭でいきなり募金を求めることが難しいとき，まずは足を止めてもらい，募金が必要な状況の説明だけでも聞いてもらい，その後，募金をお願いするということです。ポイントは，最初の小さなお願いへの承諾によって，お願いをしている人やその物事にポジティブな態度をつくってもらうことです。いったん形成されたポジティブな態度は，一貫性の原則に基づき，続けて依頼される大きなお願いを断ることを難しくしてしまうのです。

２つ目は，ロー・ボール法です。この技法では，最初にほとんどの人の好みを満たすような好条件にみえる情報を提示しておいて，その条件で承諾を得た後に，さまざまな不利な条件を追加していきます。たとえば，非常に質のよい商品で，金額も安く，お客さんが購入を決めたとします。その後，正式に購入の手続きを進める段階で，他に必要な付属品，想定外に高額な郵送代などがかかることが知らされますが，こういったケースでも，いったん形成されたその商品を購入するという態度を，追加の費用がかかるとしても取り消すことは難しいのです。そして，結局，総額が倍近くになった商品を購入してしまいます。この心理を利用して，最初に好条件を提示しておく方法です。

さて，本節の冒頭で示したショップの店員さんの例に戻りましょう。「試着だけでもどうぞ」という声掛けに，安易に試着するという行動をとってしまうことは，その洋服や店員さんに対するポジティブな態度をつくってしまうということになるのです。もうわかりますね。店員さんは，「試着だけ」という小さなお願いを承諾してもらうことを足掛かりに，洋服を購入してもらうという大きなお願いをする，フット・イン・ザ・ドア法を使って，あなたに洋服を売ろうとしているのです。

第3節
社会からのみえない影響

学習のポイント

●私たちの選択や行動は，知らず知らずのうちに他者から影響を受けていることを知りましょう。

●アッシュの同調実験の手順や大まかな結果を理解しておきましょう。

1　他人から影響を受けるこころ

1世紀以上前に，心理学者のトリプレット（1898）は，自転車レースの記録は，一人で走ってタイムを測定するよりも，伴走する人がいるほうが記録がよいことを発見しました。この発見は，1世紀以上経った今でも，小学校や中学校などでの50m走は，1人ではなく，複数人で走るといったことに応用されています。このように，私たちは自分自身では全力を出していると思っていても，周囲に他人がいる状況といない状況では，パフォーマンスが異なります。つまり，周囲の人から影響を受けているということなのです。そして，周囲に他人がいることでパフォーマンスが上がることを社会的促進，反対にパフォーマンスが下がることを社会的抑制といいます。では，社会的促進が起きるときと社会的抑制が起きるときは何が違うのでしょうか。メタ分析の結果，走ったり，大声を出すなどの単純な作業であれば，社会的促進が生起し，難解な迷路課題などの複雑な作業であれば，社会的抑制が生起するということでしたが，社会的促進効果は極めて小さいものであったともされています（Bond & Titus，1983）。

コトバ

メタ分析

同じテーマの多くの研究結果を統合し，1つの結論を導き出すこと。

また，大勢で共同の作業をするときにも，個人のパフォーマンスが変化します。たとえば，ラタネら（1979）も実験の対象者にできるだけ大きな声を出してもらうよう依頼した際に，一人の条件のときが最も大きく，二人，四人と人数を増やして一斉に声を出してもらう条件では，一人ひとりの声の大きさが小さくなることを示しました。そして，ラタネらはこの現象の原因を社会的手抜きと調整の失敗という用語を用いて説明しています。社会的手抜きとは，意識としては全力で取りかかっているにもかかわらず，集団で行っているという認識があると，無意識のうちに手を抜いてしまう傾向が人にはあるというものです。また，調整の失敗とは，綱引きでは完全に同じタイミングで綱を引かないと最大の力にはならず，声出しでも同じタイミングが重要なのですが，人数が多くなればなるほど，全員が息をあわせて同じタイミングでというのが難しくなるということです。このような２つの原因から，私たちは，複数人で共同作業を行う場合，一人ひとりで作業を行う場合に比べて，全体のパフォーマンスが低下してしまうのです。

2　みんなと同じが安心

自分を含めて，４人の友人グループで居酒屋を訪れたとします。注文の際に，最初の友人が威勢よく「ビールで」というと，２人目の友人も「私も」といい，３人目の友人も「私もビールで」といいました。さて，あなたはこの状況で何を注文するでしょうか。実は，あなたはビールがあまり好きではなく，カクテルなどの甘いお酒を注文したいかもしれません。お酒が飲めない体質であれば，アルコールを避けたいかもしれません。しかし，多くの人は，３人の友人がつくり出したビールを頼むべきという「空気」により，同じようにビールを注文してしまうのではないでしょうか。このように，周囲の人々が同じ選択をしているときに，周囲と同じ選択をしてしまうことを同調といいます。

ソロモン・エリオット・アッシュ
Solomon Eliot Asch
(1907-1996)
アメリカのゲシュタルト心理学者。同調実験が最も有名であるが，ほかにも多くの実験社会心理学における貢献がある。

同調について，アッシュ（1951）は図11－3のような線分を用いた実験を行いました。対象者は，標準刺激と同様な長さの線分を比較刺激の３つの線分から選択するという課題を課されました。この課題は，１人で実施すれば，誰も間違えることのない，非常に簡単なものです。ただし，アッシュはこの課題を，７名のサクラと共に順番に回答するという条件を課しました。そして，この７名のうち，６名は対象者よりも先に回答し，７名全員が明らかに間違った同一の回答（図11－3の例であれば「３」）をします。さて，対象者に順番がまわってきたとき，何と回答するでしょうか。アッシュは一人の対象者に対して，同様な試行を12回繰り返したのですが，12回すべてで正しく回答を行ったのは，わずか４分の１だったのです。つまり，４分の３の人は，明らかに回答が間違っていると思っても，12回中１回は周囲の人に流されて，間違った回答をしてしまったということなのです（表11－4）。

同調は，周囲の人から嫌われたくない気持ちが大きく（規範的影響），未知の情報が多いために自分で判断ができないとき（情報的影響）に強く表れるとされます。先に述べたビールの例では，空気を読まずにビール以外のものを注文すると，周囲から変な奴だとみなされ，嫌われる恐れから，規範的影響を受けたと考えられます。また，近年の選挙では考

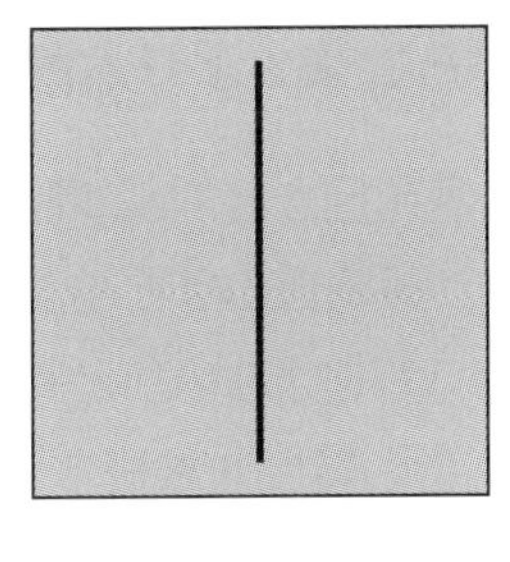
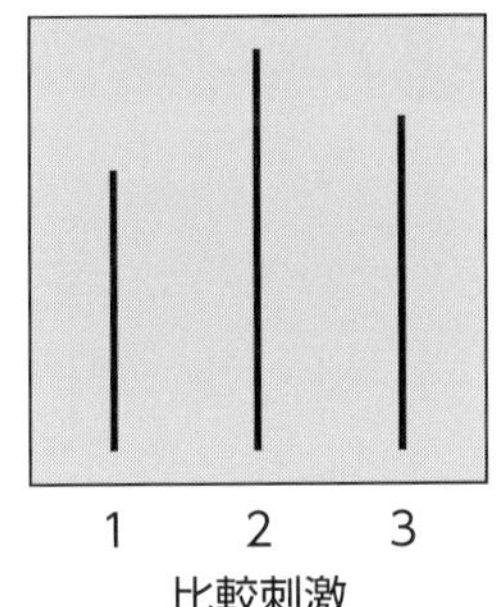

図11－3　アッシュの同調実験で用いられた刺激

出所：アッシュ（1951）

表11－4　アッシュの同調実験の結果

圧力試行での誤り数	0	1	2	3	4	5	6	7	8	9	10	11	12
同調圧力条件（n＝50）	13	4	5	6	3	4	1	2	5	3	3	1	0
統制条件（n＝37）	35	1	1	0	0	0	0	0	0	0	0	0	0

出所：アッシュ（1951）

えなければならない物事（年金，介護，国際問題など）が大変多く，それぞれの政治家の考えを１つ１つ調べ，自身の考えと同じ人を選んで投票することが難しくなっています。考えても結局決められないとき，周囲の多くが「よい」と評価している人や政党に投票するというものが情報的影響です。規範的影響であっても，情報的影響であっても，周囲の人と同じであることが安心なのです。

さらに，明らかに間違っていても，周囲の人に流される心理は，目の前でいじめが起きていても，「おかしい」といい出せないこころのメカニズムを説明しています。大人でも同調に抗うことは大変難しいことであるとアッシュの同調実験が示しているわけですから，子どもであればなおさらです。社会問題となることもあるいじめの場面を想像してみてください。しかし，次のようなデータもあります。元々のアッシュの同調実験をわずかに変更し，対象者よりも先に回答するサクラ６名のうち，１名が正しい答えを発言したとき，対象者が５名のサクラに同調して間違った答えをいうことはほとんどなくなったのです（Asch, 1956)。つまり，いじめの場面でも，たった一人，勇気を出して「おかしい」といい出せば，同じように「おかしい」と思いつつ，いじめに加担してしまっていた人のなかから，高い確率で一緒に「おかしい」といってくれる人があらわれることを示唆するのです。

統制条件の結果との比較

何らかの要因の影響を示すためには，その要因以外に違いがない統制条件の結果と比較しなければならない。アッシュの実験の場合，間違った回答をするサクラがいない条件（他者の圧力がない条件）が統制条件である。結果として，統制条件の参加者には間違った回答をした人はほとんどいなかった。

事例11－1　日本人は集団主義だから欧米人よりも同調する？

大学の講義で，同調についての説明を行うと，必ず日本人はどうなのかと質問が出ます。そして，質問者のほとんどが，日本人は欧米人よりも同調する人が多いのではないかと考えています。実際はどうなのでしょうか。この疑問を検証するため，高野と桜坂（1999）はアッシュと同様の手続きを用いて，日本人対象者に対する検討を行いました。その結果，全体的な同調率を比較した場合には，日本人と欧米人に違いはないことを見出しました。つまり，日本人が特別に同調しやすいということではないようです。さらに，はじめて出会った人同士では同調の傾向は欧米人と変わらないとしても，同じ集団に所属している仲間同士であれば，和を乱すことを嫌う集団主義的な日本人は，欧米人よりも同調するのではないかという批判に対して，高野と荘厳（2008）は仲間同士を対象者として，アッシュの実験を行っても，全般的な同調率は欧米人と変わらないことを示しています。

このように，日本人が特別同調するというわけではないようですが，それでは，集団主義という日本人の文化的特徴も単なる幻想なのでしょうか。国際比較研究の中には，日本人の集団主義傾向の得点は世界的には真ん中あたりで，特に個人主義が強いとされる欧米人と比較すると，集団主義的であるとするデータもあります（Hofstede,1980)。しかし，さまざまな実験結果を欧米人と比較したとき，それほど集団主義から仮定されるような結果が得られているわけではありません。

以上から，明確な結論を出すことはできませんが，少なくとも，一般に考えられているほど，日本人は集団主義的な言動を行うわけではないということでもないのです。

さて，本章では，社会心理学の知見に基づいて，対人関係の相互作用に潜む“こころのメカニズム”を紹介してきました。普段の何気ない言動も，社会心理学的に考えるとさまざまな示唆に富んでいます。対人関係で悩んだとき，ぜひ，社会心理学的にその状況を考えてみてください。あなたを助けてくれる新たなアイデアに出会えるかもしれません。

演習課題

① 「自分探しの旅」というものを知っていると思います。なぜ，旅をすると自分が探せるのか考えてみましょう。

② 社会心理学用語としての「同調」を，あなたの日常生活から探してみましょう。

【引用・参考文献】

Asch,S.E.（1951）. Effects of group pressure upon the modification and distortion of judgments　In H. Guetzkow（Ed.）, *Groups, leadership and men*; research in human relations（pp.222-236）. Pittsburgh,PA: Carnegie Press.

Asch, S. E.（1956）. Studies of independence and conformity: I. A minority of one against a unanimous majority. *Psychological Monographs: General and Applied, 70*（9）, 1-70.

Bond,C,F., & Titus,L.J,（1983）. Social facilitation: A meta-analysis of 241 studies. *Psychological Bulletin, 94*（2）, 265-292

Cooley, C. H.（1902）. *Human nature and the social order*. New York: Charles Scribner's Sons.

Festinger, L.（1954）. A theory of social comparison processes. *Human Relations, 7*, 117–140.

Festinger, L.（1957）. *A theory of cognitive dissonance*. Stanford, CA: Stanford University Press.

Festinger, L., & Carlsmith, J. M.（1959）. Cognitive consequences of forced compliance. *Journal of Abnormal and Social Psychology, 58*（2）, 203–210.

Hofstede, G.（1980）. *Culture's consequences: International differences in work-related values*. Beverly Hills, CA: Sage.

James, W.（1890）. *The principles of psychology : Volume one*, New York: Henry Holt and Company.

Jones, E. E., & Pittman, T S.（1982）. Toward a general theory of strategic self-presentation. In J. Suls（Ed.）, *Psychological perspectives of the self*（pp.231-261）. Hillsdale, NJ: Eribaum.

Latané, B., Williams, K., & Harkins, S.（1979）. Many hands make light the work: The causes and consequences of social loafing. *Journal of Personality and Social Psychology, 37*（6）, 822–832.

Maslow, A.（1970）. *Motiration and personality*（*2nd ed*）. New York: Harper & Row.

Mead, G. H. (1934). *Mind, self, and society.* Chicago: University of Chicago Press.

Rosengerg, M. (1965). *Society and adolescent self-image.* New Jersey: Princeton University Press.

Rosenberg, M. J., & Hovland, C. I. (1060). Cognitive, affective, and behavioral components of attitude. In M. J. Rosenberg, C. I. Hovland, W. J. McGuire, R. P. Abelson, & J. W. Brehm (Eds.), *Attitude organization and change* (pp.1-14). New Haven, CT:Yale University Press.

Takano, Y., & Osaka, E. (1999). An unsupported common view: Comparing Japan and the U.S. on individualism/collectivism. *Asian Journal of Social Psychology, 2* (3), 311–341.

Takano, Y., & Sogon, S. (2008). Are Japanese more collectivistic than Americans? Examining conformity in in-groups and the reference-group effect. *Journal of Cross-Cultural Psychology, 39* (3), 237–250.

Triplett, N. (1898). The dynamogenic factors in pacemaking and competition. *American Journal of Psychology, 9,* 507-533.

Wills, T. A. (1981). Downward comparison principles in social psychology. *Psychological Bulletin, 90,* 245-71.

山本 真理子・松井 豊・山成 由紀子 (1982). 認知された自己の諸側面の構造 教育心理学研究, *30,* 64-68.

第12章

グローバル社会における
カルチュラル・コンピテンス
── 多文化理解と心理学

この章では，日本と外国の言語や文化の違いについて，外国語学習や異文化と接する際に生まれるネガティブやポジティブな感情について心理学的な側面から考えてみたいと思います。

もしみなさんが急に，「明日から外国語を話さなければならない」「外国で誰もまわりに日本人がいないなかで生活しなければならない」状況になったらどうでしょうか。これまで自分が経験したことのない環境に身を置くことになれば，培った経験値がないので不安になるのは至って当然のことです。しかし，それを乗り越えると新しい価値観に出会えたり，自信が生まれたりするかもしれません。

グローバル社会といわれている今日において，「外国語学習」「異文化理解」「多文化共生」について考えてみましょう。

第1節
外国語学習と心理学

学習のポイント

●外国語学習のための動機づけについて理解しましょう。
●外国語を学ぶ意義について考えてみましょう。

1　日本人と外国語学習

「あなたは英語が得意ですか」と聞かれたら何と答えますか。

楽天リサーチ株式会社は2016年に全国の20代から60代の男女1,000人を対象に「英語に関する調査」を実施しました。「英語は得意か」という質問に対し，約7割（69.6％）が「苦手（苦手，とても苦手）」と回答しました。「得意（得意，とても得意）」と感じているのは8.7％で，TOEICが700点以上の人の7割以上が得意と答えたようです。

では，少し掘り下げて質問します。あなたは，英語の4技能「聞く」「話す」「読む」「書く」のうち，どれが得意でどれが苦手でしょうか。人と話すときには，「聞く」「話す」が必要です。「聞く」のは得意で，何を言っているのか理解できるけど，自分は何を言ったらいいのかわからず「話す」のは苦手という人がいるかもしれません。反対に，言っていることが聞き取れずに，苦笑いで過ごしてしまい，コミュニケーションをとることを避けてしまっている人もいるかもしれません。長く学習を続けていれば上達するのに，モチベーションを保ち続けることは容易ではありません。

この学習を継続させるモチベーション（学習動機）について，カナダの心理学者であるガードナーとランバート（1972）は道具的動機づけと統合的動機づけに分類しました。前者の道具的動機づけは，希望の学校に入学したい，語学系の資格を取得したい，よりよい仕事に就きたい，昇進してよい待遇を得たいなどの実利的な理由によるものです。一方，後者の総合的動機づけは，自分が学ぶ言語を使ってコミュニケーションを取りたい，その言語が成立した背景や文化を知りたい，コミュニケーションを取るだけではなく，そのコミュニティのメンバーになりたいなど実利的な理由ではなく個人的な目標によるものです。これらのうち，どちらの動機づけが有効だということはありません。道具的動機づけで

コトバ

TOEIC
Test Of English for International Communicationの略称で，国際的な意思疎通のための英語のテストと訳される。試験結果は合否ではなく，点数で示される。

ランバート
Wallace E. Lambert
（1922-2009）
カナダの心理学者で異文化心理学，言語教育，バイリンガリズム（2言語を併用すること）で功績を残した。

ガードナー
Robert C. Gardner
（1934-）
ランバートの学生として師事した。言語学習におけるモチベーションの大切さを提唱した。

はじめた学習が途中で総合的動機づけに変化することもあるでしょう。

2　言葉の壁 ── 第二言語習得の難しさ

みなさんはこれまで英語をはじめとする外国語を何年くらい学んでいますか。中学校や高校で学んだ人は少なくとも6年間学んでいることになります。では，学んだその言語でどのくらい意思疎通ができますか。もしみなさんのなかで，「全然話せない」「テストのときは単語や文法を覚えたけど全部忘れてしまった」と思う人がいたら，それはその人の努力不足なのでしょうか。個人の能力の問題でしょうか。

一般的に，日本で暮らしていると日本語以外の外国語が必要とされる場面は多くないかもしれません。外国語を使わなければ仕事ができない，授業が受けられないなど必要不可欠な場面を想像しにくいのではないでしょうか。アジアの国々をみてみると，母国語だけではなく英語などの別言語が公用語となっているケースが多くあります。EF社の英語能力指数国別ランキング（2020年）のアジア版では，1位シンガポール，2位フィリピン，3位マレーシアでした。この3か国とも公用語として英語が使われており日常的に英語が必要とされているのです。

つまり，語学学習のために単語を覚えたり文法を覚えたりしても，その知識を発揮できる場所がなければ，「使える」ようにはならないと言えるかもしれません。

外国に長期滞在すると，聞こえてくる音声や目に入ってくる文字を浴びて自然に現地語をインプットする環境に置かれます。また，現地の人と接する場合，現地語を使い，アウトプットすることによって反復トレーニングが行われ，ある程度の言語習得が可能だと考えられています。このような日常生活をこなすレベルの言語力は「生活言語能力」（Basic Interpersonal Communication Skills: BICS（ビクス））とよばれています。一方，学ぶ言語で書かれた本や新聞を読むとき，日常生活では使われない語彙（ごい）や文法，表現が使われています。この場合，文字からしか情報を得られず自分の頭のなかで思考しながら理解しなければなりません。このように論理的に考える能力は「学習言語能力」（Cognitive Academic Language Proficiency: CALP（カルプ））とよばれています。

学習言語能力を高めるためには長い時間と根気が必要です。第二言語習得の分野で有名なアメリカの言語学者スティーヴン・クラッシェン（1985）は，感情的な要因は外国語などの言語習得に影響を及ぼすといった「情意フィルター仮説」を唱えました。学習に対して不安や自信のな

コトバ

第二言語
母語（自分が生まれて最初に接して身につけた日常的に使用している言葉）の後に接する言語のこと。

公用語
その国や地域で用いることが公式に決められた言語。1つの言語とは限らない。

EF社
1965年にEuropeiska Ferieskolan（ヨーロピアン・ホリデー・スクール）として創立し，現在はスイス・ルツェルンに本社を構える世界最大規模の語学学校グループとなっている。

スティーヴン・クラッシェン
Stephen Krashen
(1941-)
第二言語教育・バイリンガル教育の研究を行っている。

さといったネガティブな感情を抱くと情意フィルターが働き，精神的にブロックされ，理解可能なインプットを受けていたとしても，それをスムーズに受け入れられず習得が阻まれるといっています。その半面，ポジティブな感情が起こると情意フィルターは低くなり学習効果が高まります。つまり心理状態がよければ言語習得が促進されるというものです。このクラッシェンの「心理面が言語習得に影響する」という考えに心当たりがある人もいるのではないでしょうか。

さて，「外国語」と一言でいっても世界には多くの言語があります。世界の言語研究を行っているエスノローグが2020年に発表したデータによると，世界には7097の言語があるそうです。もし，みなさんのなかでどうしても英語は苦手だという人がいれば，日本語と性質が似ている別の言語に目を向けてみてはどうでしょうか。英語と日本語のように文字や発音の仕方，文法などあらゆる点で異なり，言語の性質がかけ離れていることを「言語間距離が遠い」といいます。では，日本語と「言語間距離が近い」言語にはどのようなものがあるでしょうか。

まず，地理的な距離も近い韓国語はハングル表記であったり，発音の仕方が少々異なったりする点を除いても文法や語彙の面で共通点が多く学びやすいといわれています。また，日本ではあまりなじみのないトルコ語も習得しやすいといわれています。その理由として，文法や語順が日本語とほぼ一致している点や発音がシンプルでカタカナ発音でも通じやすいといった点が挙げられます。

3　外国語学習から得られるもの

第二言語（外国語や方言）を学ぶと，その言語能力が高まるのはもちろん，それ以外にもメリットがあるといわれています。

事例12−1　きっかけは関西弁

地方出身のAさんは関西の大学に進学することになりました。引っ込み思案のAさんは最初こそ関西弁特有のリアクションやテンポよく話すスピードについていけるか不安でしたが，段々と心地よくなり，いつの間にかAさん自身も関西弁話者になっていました。Aさんは関西弁を使うことで何だか積極的になった気がして，地元に帰省した際，関西に行って明るくなったねといわれ，とても嬉しくなったのでした。

コトバ

情意フィルター仮説
（The Affective Filter hypothesis）
スティーヴン・クラッシェンが提唱した考え。情意とは思いや気持ちのこと。

エスノローグ
（Ethnologue: Languages of the World）民族単位の言語について研究・報告をしている。世界には多くの言語があるが，少数民族の人口減やグローバル化などの理由により継承者がおらず，消滅している言語があることも報告している。

言語間距離
1つの言語がほかの言語（または方言）とどれだけ似ているか，または異なっているかというもの。言語間の距離をはかる決まった方法はない。

Aさんが明るく積極的になったのは言葉の問題だけではなく，まわりの人間関係や環境が影響していることは明白でしょう。しかし，Aさんはこれまで使っていなかった関西弁という新たな言葉と出会うことによって自分自身が変わるきっかけを得たのでした。

事例12－2　外国語で考える

保育施設で働くBさんは，勤務するエリアには外国籍の子どもたちが多く，子どもたちと意思疎通をはかるため必要に迫られてポルトガル語の学習をはじめました。毎日，子どもたちと話したり，保護者向けに文書をつくったりすることで上達していき，ポルトガル語でものごとを思考できるほどになりました。保育施設での仕事は激務で落ち込み悩むことが多々ありましたが，ポルトガル語でものごとを考えると心が軽くなったように感じるのでした。

Bさんは，ポルトガル語の習得を通して，子どもたちとコミュニケーションを取るという利点だけでなく，精神的な安定をも得たのでした。これは一体どういうことなのでしょうか。

ドイツ人臨床心理士のクラウス・ベルンハルト（2020）は，「私たちは誰でも母語以外の言語でくよくよするのは得意ではありません」と述べています。外国語で思考すると母語よりも距離があることから時間がかかり，主観的な感情に流されず，客観的にものごとをとらえることができるためだと指摘しています。そのため外国語で悩みごとについて考えると，ひどく落ち込むことなくいられるというのです。みなさんも一度試してみてください。得意な外国語がなければ，標準語や方言でもよいでしょう。

外国語学習に対するビリーフは何らかのきっかけで変容することがあります。「勉強しなければならない」と半ば強制的に仕方なく学習しているのと，自ら必要と感じ「自分のために勉強しよう」と思うのではまったく勉強方法や効果が変わってくるのではないでしょうか。

事例で挙げたように，自分を変えてみたいと思っている人，何かに挑戦しようと思っている人，悩みを抱えている人は，新たにこれまで学んだことのない外国語学習をはじめてみませんか。

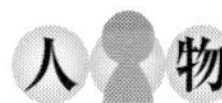

クラウス・ベルンハルト
Bernhardt，Klaus
（1968- ）
不安症やパニック発作の専門家として，ベルリンで臨床心理士としてカウンセリングルームを開設している。

コトバ

ビリーフ（belief）
言語学習においては，学習の方法や効果について学習者がもっている信念や固定観念のこと。たとえば，言語学習で大切なのは多くの単語を暗記することだと考えたり，まずは外国人の友だちをつくって，実践で学んでいこうと考えたりすること。

第2節
異文化理解と心理学

学習のポイント

●自分らしさとは何なのか考えてみましょう。
●異文化間で起きる問題の解決方法を模索してみましょう。

1 「らしさ」とは

「らしさ」とはなんでしょうか。「らしさ」が使われた例文をいくつかみてみましょう。

①こんな失敗をするなんて，あなたらしくないですね。
②学生なら学生らしく学業を優先すべきだ。
③現代人はかつての日本人らしさを忘れたようだ。
④最近の子どもは子どもらしくないね。

これらの例文は普段，私たちが何気なく使っているものかもしれません。では，「らしさとはどういうこと？」と聞かれると，うまく答えられるでしょうか。例文④を取り上げてみましょう。どのようなシチュエーションでこの文が使われているか想像してみてください。とらえ方によっては「子どもらしくない」ことを否定的に解釈する人もいるでしょう。では，みなさんが思い描く「子どもらしさ」にはどのような特徴があるでしょうか。「元気に走り回る，素直・純粋，わがまま・自分勝手，大人に甘える」など，いくつか思い当たるものがあるでしょう。自分が思っている子どもらしさと他人が思っている子どもらしさを比べてみると，意外にもまったく違う場合があります。

神田・高木（2013）は，「『らしさ』という概念は個々人によって異なる概念であり，実態不明の曖昧なものであるといえよう」と述べ，「『らしさ』は社会で共有される『イメージ』となって再生産され，時には守るべき規範として奨励されたりもする」と指摘しています。

このように，「らしさ」とは曖昧なものであるにもかかわらず，時として社会から「らしさ」を押し付けられることがあります。社会から求められる「らしさ」に応えるあまり，「自分らしさ」を見失わないようにしたいものです。

2　日本文化と外国文化の違い

1 ステレオタイプ

あなたは,「日本」「日本人」「日本文化」のそれぞれにどのようなイメージをもっていますか。

事例12−3　日本人らしいとは？

海外留学しているCさんは，クラスメイトの外国人から「日本人なのに意見をはっきり言うね。日本人はおとなしく自分の意見を言わないのかと思っていた」と言われました。また，ほかのクラスメイトから，「いつも時間に正確だね。そんなところは，やっぱり日本人だね」と言われたそうです。

これまで外国の人と深く接することがなく日本や日本人がどのようにみられているか考えたこともなかったＣさんにとって，自国や他国の文化に興味をもつきっかけになった出来事だったそうです。

事例12−4　ブラジル人はサッカーが得意？

外国籍の人が多く住むD県に住んでいるＥさんの子どもが通う小学校には約４割の外国籍の児童が在籍しています。Ｅさんの家には日本人外国人を問わず，多くの子どもたちが遊びに来ていました。ブラジル人の男の子が遊びに来たとき，ブラジルではサッカーが盛んなことからＥさんは，その男の子はサッカーが上手で運動が得意だろうと勝手に期待してしまっていたそうです。

このように「○○人って，こうだよね」というような暗黙の了解として，人々に浸透している固定観念や思い込みのことをリップマンはステレオタイプとよびました。たとえば,「イタリア人はピザやパスタが好き」「インド人は数学が得意で商売上手である」「オーストラリア人は健康的でアウトドアが好き」といった国レベルのことから,「都会の人はおしゃれだ」「関西の人はいつも人を笑わせている」という地域によるものもあります。また，血液型別に,「Ａ型の人は真面目で几帳面，Ｂ型は自己中心的でマイペース」などといわれることがありますが，これ

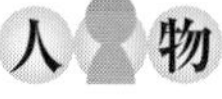

ウォルター・リップマン
Walter Lippmann
(1889-1974)
米国のジャーナリスト・評論家。自由主義の立場から政治・社会問題を論じた。著書『世論』(1922) のなかでステレオタイプという概念を提起した。

もステレオタイプの１つです。個人をみれば，自己中心的でないＢ型の人やインドアが好きなオーストラリア人だっているでしょう。その人となりを理解していれば，「○○さんは，こういう人だ」と理解できることが，集団になると十把一絡(じっぱひとから)げでみる傾向があるのです。

２ ステレオタイプのメリットとデメリット

なぜ私たちはステレオタイプのような画一的なイメージをもつのでしょうか。それにはマス・メディアの影響が大きいといわれています。私たちは日常的にテレビや新聞や雑誌，近年ではSNSなどを通して多くの情報を入手しています。人は特段，１つのものごとに対しよほどの関心がなければ，多くの情報を比べたりその情報が正しいか審議したりしようとする時間や余裕はないでしょう。そのためメディアが発するイメージを固定化し判断していると考えられています。

ステレオタイプにはデメリットだけではなく，ものごとを単純化することでメリットもあります。たとえば車の運転をしているときに，親と小さな子が歩いていると，子どもは思いがけない行動をするから気をつけて運転しようと思うでしょう。これとは逆に，親子をみて，親子共々日焼けしてスニーカーを履き筋肉質な体形だから運動神経はいいだろうなどとわかり得る情報を精査していると瞬時に判断できず，とっさに行動できないことがあります。

人権啓発センターが提供している人権啓発用語辞典によるとステレオタイプには以下の特徴があると記されています。

- 過度に単純化されていること
- 不確かな情報や知識にもとづいて誇張され，しばしばゆがめられた一般化・カテゴリー化であること
- 好悪，善悪，正邪，優劣などといった強力な感情をともなっていること
- 新たな証拠や経験に出会っても，容易に変容しにくいこと

3　異文化間コミュニケーション

１ 文化変容

もし，みなさんが急に日本人が誰もいない場所で暮らさなければならなくなったらどのように対応するでしょうか。戸惑いや不安を感じながらも，新しい文化に適応しようとするのではないでしょうか。

人や集団が自分の属する文化とは異なる文化に出会うときに双方ま

たは一方に生じる文化の変化を「文化変容」（アカルチュレーション Acculturation）とよんでいます。文化変容は次のような３つの過程をたどります。

接触　新たな文化にふれること
⬇
衝突　接触したときに起こる変化への抵抗
⬇
適応　方法を問わず文化間の衝突が緩和すること

２ カルチャーショック（Culture shock）

事例12－5　環境の変化

Ｆさんは念願だった夢が叶い一人で海外留学をすることになりました。かねてから，その国の言語や文化を学び意気揚々と出発しました。頭では日本とはすべてが違うとわかっていても，なかなか新しい環境になじめず段々と外に出ることさえ億劫になってしまったのでした。

異文化にふれた際，それまで自分が慣れ親しんできた生活習慣，考え方，常識だと思っていた規範や価値観が大きく異なる場合，誰でもなんらかの形で衝撃を受けたり戸惑ったりすることがあります。このような心理的ショックを「カルチャーショック」といい，文化人類学者のオバーグ（1960）によってこの言葉が広く普及しました。

カルチャーショックには個人差があるものの，一般的な傾向としてその過程には４つの段階があるといわれています。

①【蜜月期（みつげつ）】みるものすべてが新鮮で新しい文化に魅了される
②【敵対・攻撃期】さまざまな現実的問題に直面し，不満が強くなる
③【回復期】前向きな気持ちに変化し，新しい環境に適応しはじめる
④【適応期】現地社会の習慣・文化を受け入れ順応し生き生きとする

カルチャーショックは「ショック」というだけにネガティブに思われがちですが，アドラー（1975）やステラとリーバ（2012）は肯定的にとらえ，カルチャーショックを新しい文化の学習と自己の成長という重要な側面となり得ることを指摘しています。異文化適応の過程で起こるさまざまな経験をうまく乗り越えることで，新たな自分自身を発見できるかもしれません。

オバーグ
Kalervo Oberg
(1901-1973)
文化人類学者であり，culture shock= カルチャーショックという言葉を提起した。彼自身が世界を旅行し，カルチャーショックを経験したといわれている。

アドラーの異文化適応５段階
アドラーは海外生活などでの異文化への適応プロセスを次の５段階に分類した。
1. 異文化との接触
2. 自己破壊
3. 自己再統合
4. 自律
5. 独立

第3節 多文化共生と心理学

学習のポイント

- 「多文化共生」と心理学の関係について学びましょう。
- 異なる文化をもつ人々と共生するために必要なことを考えてみましょう。

1　異文化理解と多文化共生の違い

第2節では，異文化理解について説明しましたが，本節では多文化共生について学びます。異文化理解と多文化共生は時代背景が異なるものの考え方が似ている部分が多くあります。まず，下の事例を読んでみましょう。

事例12－6　お互いを知る

1か月前に日本に留学してきた留学生のGさんはムスリムです。なるべく早く日本の生活に慣れ，日本人学生と交流を深めてほしいため歓迎会を行うことになりました。歓迎会実行委員のメンバーで食事のメニューや当日のプログラムを検討することにしました。そこで，イスラム教の食べ物には「ハラールフード（食べてよいもの）」と「ハラームフード（食べてはいけないもの）」があることを知りました。また，歓迎会を行う時間帯に礼拝があるので，そのための部屋が必要だということもわかりました。今後のことを考え，Gさんにも実行委員会に参加してもらい，Gさんの意見を聞くことになりました。

コトバ

ムスリム
アラビア語でイスラム教徒のこと。イスラム教の神であるアッラーを深く信仰している人を示す。

この事例には2つのポイントがあります。

①ムスリムの食事や礼拝などの自分とは異なる文化や慣習について，理解したり容認したりしている。
②今後，Gさんと一緒に生活をしていくことを考え，対話を取り入れ，お互いが暮らしやすい方法を考えている，ことです。

①は「異文化理解」，②は「多文化共生」の概念です。

ここでキーワードとなるのが，異文化理解では，受け入れ側を「ホスト」，入ってくる側を「ゲスト＝お客様」ととらえるのに対して，多文化共生では受け入れ側，参入者側の両方を「生活者」ととらえるということです。異なった文化の人をお客様としておもてなしするのと，共に生活者として生きていくのではまったく心構えが変わってくるのではないでしょうか。

2　地域社会の多文化化

日本に住む外国人の数は毎年増え続けており，出入国在留管理庁は2019年末には約293万人で過去最多になったと発表しました。旅行者でない外国人住民は日本人住民と同じように日本の法律などのルール，災害情報などの国や自治体からのお知らせを正しく理解しなければなりません。そのため，前項で扱った「多文化共生」のような考え方が生まれてきました。

総務省（2006）は，地域における多文化共生を「国籍や民族などの異なる人々が，互いの文化的違いを認め合い，対等な関係を築こうとしながら，地域社会の構成員として共に生きていくこと」と定義しています。つまり，多文化共生を進めるうえで大切なことは日本人外国人にかかわらず対等な立場で共に考えていくという態度です。

多文化共生によって，受け入れ側と参入する側に文化の変化（文化変容）が起こります。ベリー（1997）は，この文化変容を参入者側と受け入れ側に分け，４つのタイプに分類しました。下図はその文化変容モデルを示しています（表12－１，表12－２）。

在留外国人数

出入国在留管理庁（2020年３月27日発表「令和元年末現在における在留外国人数について」）

近年，在留外国人が増加しているだけでなく，国籍・地域の数は195に上るなど多国籍化していることが報告されている。

文化変容

第２節第３項①を参照。

表12－１　参入者側の文化変容モデル

		参入者の自文化に対する態度やアイデンティティの保持	
		肯定的（＋）	否定的（－）
新しい文化に対する考え方	好意的（＋）	**統合** Attitudes 自文化を保ちながら異文化も受け入れ共存している状態。望ましい形態	**同化** Assimilation 自文化の保持に消極的または喪失し，新しい文化になじんでいる状態
	否定的（－）	**分離** Separation 新しい文化になじめず，自文化に閉じこもっている状態	**周辺化・境界化** Marginalization 自文化を喪失し，新しい文化にもなじめず，両方の文化に属さない状態

出所：ベリーのモデルを参考に筆者作成

表12－2　受け入れ側の文化変容モデル

		参入者の自文化に対する態度やアイデンティティの保持	
		肯定的（＋）	否定的（－）
受入側の参入者に対する態度	好意的（＋）	**多文化** Multicultural 参入者が自文化を保ちながら，参入側も積極的に尊重している状態	**同化** Assimilation 受け入れ文化への同化を求め，参入者側へ積極的に接触している状態
	否定的（－）	**隔離** Exclusion 参入者側が自文化を保ち，受け入れ側が参入者を積極的に受け入れない状態	**周辺化・境界化** Marginalization 参入者側が自文化を失い，受け入れ側も参入者側を受け入れず，どちらの文化とも距離を置いている状態

出所：ベリーのモデルを参考に筆者作成

3　カルチュラルコンピテンス

多様な価値観や異なる文化的な背景をもつ人々が共に暮らしていく共生社会においては，「違う」ことをお互いが理解し，諸問題を解決する対応力が求められています。そのような文化の差を認め，それに対応する力をカルチュラルコンピテンスといいます。

では，実際にどのような対応力が必要なのでしょうか。新倉(2008)は，異文化間コミュニケーションで求められる資質について，「接触の多さが必ずしも個人の異文化資質や能力に比例しない」と指摘し，「相手の置かれた問題状況，その深刻さの程度，それにともなう感情の複雑さを洞察できる」ことを資質と述べています。言語力はどうでしょうか。その地域やコミュニティ内で使われている言語（日本語や方言や若者・流行り言葉など）は重要な要素ではありますが，言語能力が高いからといって，カルチュラルコンピテンスが十分だとは言い切れません。

前項までは，外国と日本との違いばかりにふれてきましたが，実はこのカルチュラルコンピテンスは同じ国の人同士でも必要なのです。「ビジネス上の付き合いがある」「同じ地域に住んでいるので毎日のように顔を合わす」相手であれば，苦手だから関わらないようにしようということは難しいでしょう。たとえば次のようなケースがあげられます。

・女性だけの職場に男性が入社してきた・職場ではじめての育休を取得する
・メールを送るとき，挨拶文や言葉遣いを気にする人と用件だけを述べる人
・これまでの慣習に従って動く人と柔軟な発想で新しいことを取り入れる人

このような自分になじみのない文化が入ってきたとき，あなたはどのように対応しますか。具体的な方法を考えてみてください。

コトバ

カルチュラルコンピテンス（Cultural competence）
ベルリッツ・ジャパン（2013）は，「「文化」の違いを活用する力」と述べ，「自分とは異なる文化を持つ人々や組織とうまくビジネスを行うために，自分の文化的指向性をどう捉え，相手との共通点と相違点をどう見つけ，活用すればよいか」と問題を提起している。

コミュニティ
community
共同体，地域社会のこと。ICTの普及によって，オンライン上の仲間を示すようにもなった。ロバート･M.マッキーバー（Robert Morrison MacIver）の1917年の著作『community』で，この言葉を提唱したといわれている。

総務省「多文化共生事例集」PDF

ワーク

多文化共生を推進している自治体では，さまざまな取り組みを行っています。総務省は取り組み事例を「1 コミュニケーション支援」「2 生活支援」「3 多文化共生の地域づくり」「4 地域活性化やグローバル化への貢献」に分類し，公表しています。左のQRコードを読み込んで，次の課題に取り組んでみましょう。

① 興味のある分野の取り組みを2つ選び，概要をまとめましょう。
② 自分の居住地がある地方の取り組みを探してみましょう。
③ 自分や自分のコミュニティでできそうな多文化共生プランを考えてみましょう。

演習課題

① スマートフォンに，無料アプリ「多言語音声翻訳アプリ<ボイストラ>」をインストールしてさまざまな国の言語を聞いてみましょう。文字も表示されますのでノートに書き写してみましょう（参考 https://voicetra.nict.go.jp/index.html）。もし，ボイストラがインストールできなければ，ほかのアプリでも構いません。

❶いくつかの外国語で「こんにちは」や「ありがとう」などの基本的なあいさつをしてみましょう。
❷いくつかの外国語で「私は○○（自分の名前）です。よろしくお願いします。」と自己紹介してみましょう。
❸自分で考えた文章を翻訳してみましょう。

② あなたの親友が長期の海外研修に行くことになりました。最初はみるものすべてが目新しく楽しいことばかりでしたが，そのうち気をつかうことに疲れてきてしまい，夜は眠れずホームシック（日本に帰りたい）になったようです。しかし，すぐに帰国できそうにありません。あなたは，この親友にどのようにアドバイスしますか。2つ以上，考えてみましょう。

【引用・参考文献】

Adler, P. S.（1975）. *The transitional experience: An alternative view of culture shock.* Journal of Humanistic Psychology,15（4）, 13-23.

ベルリッツ・ジャパン（2013）. グローバル人材の新しい教科書―カルチュラルコンピテンスを伸ばせ！ 日本経済新聞出版社

Bernhardt, Klaus　平野 卿子訳（2020）. 落ち込みやすいあなたへ「うつ」も「燃え尽き症候群」も自分で断ち切れる CCC メディアハウス

Berry, J.W（1997）. *Immigration, acculturation, and adaptation. Applied Psychology:* An International Review,46（1）,5-34.

EF（2020）. 英語能力指数ランキング（アジア）Education First https://www.efjapan.co.jp/epi/（2020 年 11 月 29 日）

Ethnologue（2020）. 世界の言語数 Ethnologue https://www.ethnologue.com/（2020 年 11 月 29 日）

Gardner, R. C. and W. E. Lambert.（1972）. *Attitudes and Motivation in Second Language Learning.* Rowley, MA: Newbury House

神田 靖子・高木 佐知子（2013）. ディスコースにおける「らしさ」の表象 大阪公立大学共同出版会

Krashen, S.D.（1985）. The input hypothesis: Issues and implication. London: Longman.

NICT 国立研究開発法人情報通信研究機構（2015）多言語音声翻訳アプリ＜ボイストラ：VoiceTra＞ https://voicetra.nict.go.jp/index.html（2021 年 9 月 4 日）

新倉 涼子（2008）. 異文化間心理学の視点からとらえる異文化対人コミュニケーション 工学教育, 56（3）, 62-67（P.66 から引用）

Oberg, K.（1960）. *Cultural shock: Adjustment to new cultural environments.* Practical Anthropology, 7, 177-182.

楽天リサーチ株式会社（2020）. 英語に関する調査 楽天リサーチ株式会社 https://insight.rakuten.co.jp/report/pdf/English_1608.pdf（2020 年 10 月 20 日）

総務省（2006）. 地域における多文化共生の推進に向けて 総務省 https://www.soumu.go.jp/kokusai/pdf/sonota_b5.pdf（2020 年 11 月 20 日）

総務省（2017）. 多文化共生事例集 総務省 https://www.soumu.go.jp/main_content/000476646.pdf（2020 年 11 月 20 日）

Stella Ting-Toomey and Leeva C. Chung（2012）. *Understanding intercultural communication*（2nd ed.）. New York: Oxford University Press

出入国在留管理庁（2021）. 令和元年末現在における在留外国人数について 出入国在留管理庁　http://www.moj.go.jp/isa/publications/press/nyuukokukanri04_00003.html（2021 年 6 月 5 日）

財団法人和歌山人権啓発センター（2020）. ステレオタイプ 財団法人和歌山人権啓発センター http://www.w-jinken.jp/（2020 年 11 月 30 日）

第13章

「悩み」を悩むこと・支えること（臨床心理学）

みなさんは今，「悩み」はありますか。「悩み」があるという悩み，「悩み」がなくならないという悩み，もしかしたら「悩み」が見当たらない，という悩みもあるかもしれません。私たちが生きていくなかで，「悩み」は避けることができない日常的なものだといえるかもしれませんね。

しかし，一旦悩みはじめると，さまざまな困ったことが生じてきます。この章では，主に臨床心理学の視点から，「悩む」こと，「悩み」に対処すること，「悩み」を抱えた人を支えることについて考えていきたいと思います。あなた自身が悩んだときに，また友人や家族が悩んでいるときに，どのようなことができるでしょうか。どのような視点や工夫が「悩む」ことを取り扱ううえで役立つでしょうか。

この章の終わりに，みなさんそれぞれの回答がみつかるように，一緒に学んでいきましょう。

第1節
悩みのメカニズム

学習のポイント

●「悩む」という現象の背景にある臨床心理学的な理論と概念にふれましょう。

●心の健康に関わる心理学の諸概念について知りましょう。

1　適応の機制

事例13－1　心理的な負荷

タロウは小学４年生。クラスの好きな子が気になって，優しくしたいのについ意地悪をしてしまう。落し物を拾って，素直に手渡せばいいのに「バーカ」と言って，帰り道にシュンとしてしまった。

中学２年生のケイコは，同級生のシホが最近すごく感じが悪いと感じてしまう。イライラをぶつけるように，視線を送ってくる。「なんなのよ！」と言ったら怪訝な顔をされて「どうしたのケイコ」なんて言ってきた。感じ悪くしておいて，心配なんてしないでよ。

高校２年生のタケシは，半年付き合ってきた彼女に急に別れ話を切り出され，失恋することになった。これまで一緒に過ごした思い出などが頭をよぎり，つらくて仕方ない。数日すると悔しさが込み上げてきて，これまであまり熱心ではなかった受験勉強に急に打ち込むようになった。

いずれも架空事例ですが，みなさんもよく似た経験をしたことはありませんか。上記の事例は短いですが，どれも「悩み」につながる可能性のある場面です。より正確に記述するならば，登場人物の心理的な負荷が高まっている場面であるといえるでしょう。

私たちの日常では，外的・内的に発生するさまざまな衝動によって私たちの「意識」を構成している「自我」が脅かされます。精神分析学では「防衛機制」とよばれる心のバランスの均衡を保つための防衛システムが生来的に備わっていると説明されます。表13－１に代表的な防衛

コトバ

精神分析学

フロイトが創始した心理療法理論。無意識を想定し，夢や自由連想など深層心理へのアプローチを重視する。

表13－1　代表的な防衛機制

防衛機制	内　容
退行	より早期の発達段階に後戻りする
抑圧	意識から締め出す（無意識のなかに押し込める：忘れる）
投影	相手に向かう欲求や感情を，相手が自分に向けているものとする
否認	現実を認めず，無視する（特に苦手な側面を直視しない）
反動形成	本心とは反対のことを言ったり，行動したりする
昇華	欲求を社会的に望ましい行動で表現する

出所：長尾（2013）を参考にして筆者作成

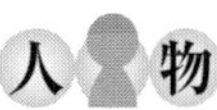

フロイト
Sigmund Freud
(1856-1939)
無意識を提唱したことで知られる精神科医。精神分析学を提案し，心理学にも大きく影響を及ぼした。

機制を示しました。

タロウの事例は「反動形成」という実際に思っていることと反対のことをしてしまう防衛機制の例です。この例の逆で敵意をもっている相手に，必要以上に感じよく接したりする場合もあります。

ケイコの例は,「投影」という自身の感情を相手に投げ入れ(投影し)て，まるで相手がその感情を自分に向けているかのように体験されるものです。これは少し戸惑うかもしれませんが，同級生のことを「苦手・キライだ」という負の感情を自身がもっているということは，自我にとって脅威となります。そのような感情を抱くことは自然なことでもありますが，同級生のことをよく思えない自分を抱えきれないときに，そのもて余した感情を相手に投げ入れるということが生じるわけです。相手は別に敵意を抱いていないわけですから，事例のようなすれ違いが生じると考えられます。

タケシの事例は「昇華」とよばれる防衛機制の例です。失恋などの苦しい体験を「勉強」のように社会的にも望ましい形に変換するのです。事例のような勉強だけではなく，部活動やスポーツに打ち込むという場合もあると思います。心理的な負荷をより肯定的な形に変換することになりますから，比較的適応的な防衛機制といえるかもしれません。

しかし重要なことは，どの防衛機制がよい･悪いということではなく，私たちの心が「さまざまな内外の刺激」と出会った際の「心のバランス」を保とうとする無意識の働きの結果であるということです。無意識の働きなので，特定の防衛機制を選択的に使用するということは難しいですが，負荷が生じた際の自分の傾向を知っておくことは自分の「悩み」について向き合う際に有効ですね。

2　コミュニケーションの背景にある心の機能

前項では，精神分析における防衛機制について紹介しました。「悩み」が生じた際に起こるさまざまな反応の背景には，多様な無意識の働きが想定されることは理解できたでしょうか。一人ひとり顔が違うように同じ環境に置かれても生じる反応は多彩です。

交流分析という理論では,「自我状態」という概念を用いて私たちの「思考・感情・行動」について議論します。特に対人場面のコミュニケーションの特徴などを考える際に参考になる理論です。

「自我状態」とは,「感情および思考，さらにはそれらに関連した一連の行動様式を統合した一つのシステム」と定義されます（杉田，2000)。この自我状態のモデルは表13－2に示したように,「親（Parent)」,「成人（Adult)」,「子ども（Child)」の３つが想定され，親と子どもはそれぞれ２つ，合計５つの機能が想定されています。

コトバ

交流分析

精神科医のエリック・バーンによって提案された心理療法理論。独自の概念によってさまざまな分析観点が特徴。

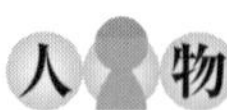

エリック・バーン

Eric Bern

(1910-1970)

カナダ出身の精神科医。交流分析を提唱した。過去に着目する精神分析を展開し，現在そして未来志向的な観点を指摘した。

表13－2　自我状態の機能モデル

	自我状態	プラスの側面	マイナスの側面
P（親）	CP：批判的な親	具体的な指針を示す，はっきりと意見を述べる	相手を批判する，従えようとする
	NP：養護的な親	優しく，慈しむ	甘やかす，堕落させる
A（成人）		客観性を重んじる	人間味に欠ける
C（子ども）	FC：自由な子ども	創造的なエネルギーに富む	周囲との協調性に欠ける
	AC：順応した子ども	状況に適応する	自分の感情を押し込める

出所：杉田（2000）を参考にして，筆者作成

どの自我状態が良い・悪いということではなく，たとえば「FC：自由な子ども」は，創造性豊かなエネルギーに富み，行動力がある反面，気ままで周囲を振り回す可能性もあるという具合です。そしてこれらの自我状態は，さまざまな状況において変化することで複雑な日常を生きていると考えます。

交流分析ではどのような自我状態が活性化して，相互にコミュニケーションが交換されているかということを検討します。その交流のパターンによって,「平行交流」「交差交流」「裏面交流」の３つのコミュニケーションのパターンが想定されています（図13－1)。

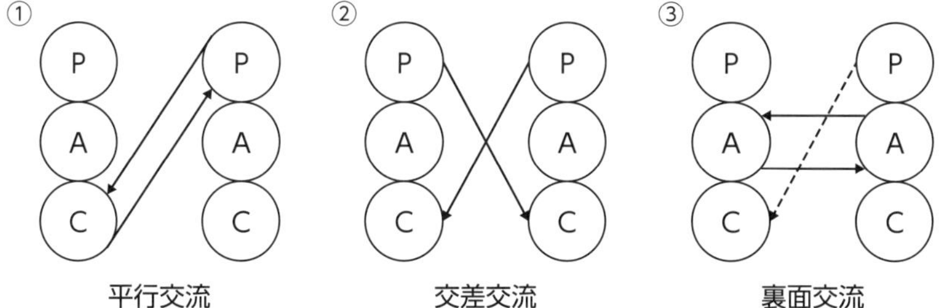

図13－1　3つの交流パターン

出所：杉田（2000）を参考にして，筆者作成

①「どうしていつも遅刻するのだ（CP）」とPからCに向かった交流に対して，「本当にごめんなさい（AC）」というCからPに向かう交流が展開しています。おそらくこの後には，「謝るくらいなら改めなさい（すみません……）」という会話が続くことは予想に難しくありません。このように「平行交流」の特徴は，コミュニケーションが連続する可能性があるところです。

②「私の言っていることをいい加減わかってよ（CP）」というPからCに向かった交流に対して，「そっちこそ私の言っていることを受け止めなさいよ（CP）」と同じくPからCに向かった交流が展開し，コミュニケーションは矢印が交差しています。ケンカ中の二者のコミュニケーションの多くはこの形の交流であると考えられますが，おそらくこの後プイッとお互いが顔を背けてしまう姿が予想されますね。「交差交流」の特徴は，コミュニケーションが1度断絶するという点があります。

③この例では，実線の矢印と点線の矢印が示されていますが，実線の「ちょっとそこの水筒を取ってください（A）」「はいどうぞ（A）」という反応は，実際に言葉として交換された交流です。しかし本音では点線で示された「そんなこと言ってないで，自分で取りなさいよ（CP）」というPから相手のCに向けられた交流が存在します。このような交流の形態を「裏面交流」とよびます。私たちの日常で交換される多くのコミュニケーションは，「本音と建前」がある場合が多いですね。裏面交流では，そのコミュニケーションの継続については，本音で交換される交流によって決まるという特徴があります。みかけ上，平行交流となっていても，コミュニケーションが断絶する場合には，背景に交差交流となっている本音が隠れているかもしれません。

デュセイ
Dusay, J. M.
(1935-)
自我状態の状態を視覚化するエゴグラムを開発した。当初は主観的に自身の各自我状態のエネルギー量をグラフに示す形式であったが，現在は質問紙法によるエゴグラムが性格検査として開発されている。

ここまで述べてきた自我状態の各パラメータを視覚的に図式化したものをエゴグラムとよびます（図13－2）。元々はデュセイという臨床家が治療のツールとして提案したものです。質問紙法によるエゴグラムの代表的なものとして TEG（東京大学式エゴグラム）が開発され，学生相談などの臨床の現場でも活用されています。

3 ストレスの心理学

「悩み」の背景にある心理学概念について紹介してきましたが，「ストレスが溜まる」「ストレスがたくさんあるから大変だ」とみなさんの日常のなかで「ストレス」という言葉はよく登場すると思います。

ラザルスとフォルクマン（1984）は，心理的ストレスを「ある個人の資源に重荷を負わせる，ないし資源を超えると評定された要求」と定義し，図13－3に示した心理学的ストレスモデルを提唱しました。多くの心理学研究がこのモデルの枠組みを採用して研究しています。

一般にストレスとよばれる現象は，ストレッサーとよばれるストレスの原因からはじまります。私たちは，まずストレッサーを認識するとそれが自身にとって脅威かどうかを判断します。これを認知的評定（1次評定）といいます。脅威であると判断された場合，心理的ストレス反応（急性）として不安や怒りなどが生じます。この時点で私たちは「ストレスがある」という発言になると考えられます。そして，この事態に対処するためにコーピングとよばれる対処行動が検討されます。そしてこのコーピングが機能したかという認知的評定（2次評定）がなされ，コーピングがうまく機能しない場合，心理的ストレス反応（慢性）として，さまざまな症状が生じると説明されます。

ラザルス , S. R.
Lazarus, S. R.
(1922-2002)
アメリカの心理学者。心理学的ストレスモデルを提唱した。

フォルクマン , S.
Folkman, S.
(1938-)
アメリカの心理学者。ラザルスと共にストレスの認知的側面，ストレス・コーピングの研究が著名。

つまり，私たちの「悩み」をストレスという概念を用いて考えると，複雑なプロセスが想定されています。次節からは「悩み」に対処するという視点から，コーピングについてさらに詳しく紹介します。

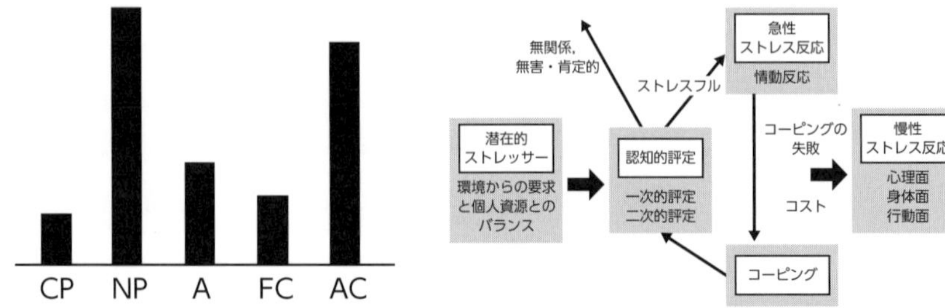

図13－2　エゴグラムの例
出所：デュセイ（1980）を参考にして筆者作成

図13－3　心理学的ストレスモデルの概要
出所：小杉（2002）を参考にして筆者作成

第2節
悩みに取り組む心理学

学習のポイント

- 「悩み」を対処する視点から，コーピングや援助要請の概念について理解しましょう。
- 「悩み」を受け止める相談の基本的な姿勢について知りましょう。

1　コーピングのいろいろ

事例13－2　友人に話を聞いてもらう

キャプテンのケンタは部活動の試合に向けた練習方法について悩んでいました。副キャプテンのアキラと方針の違いで口論になりました。アキラも試合に向けて真剣に考えているようです。ケンタは中学の部活動の顧問の先生に電話をして，練習方法と方針の内容について相談しました。どのような工夫がよりよいかを教えてもらおうとしたのです。アキラは仲のよい友人たちにケンタとの口論について相談しました。ケンタの言い方が気に入らないことや，一緒にやっていこうと考えている気持ちを無視されたような気がしたことを話し，友人に話を聞いてもらいました。

このようにストレッサー（この場合は練習方法の方針が合致せず，口論となったこと）から生じるイライラや戸惑いなどの心理的ストレス反応に対処するために取られる行動や努力を，コーピングとよびます。ストレッサーの解決のために具体的な内容に関する情報を得たり，問題の解決に焦点を当てた対処は，問題焦点型コーピングとよばれます（事例ではキャプテンのケンタの方法）。ストレッサーから生じるイライラや戸惑いという気持ちの調整に焦点を当てた対処は，情動焦点型コーピングとよばれます（事例では副キャプテンのアキラの方法）。これに関して，①コーピングは意識的な努力であり，無意識でなされる防衛機制とは異なること，②コーピングは対処の努力であり，コーピングの結果を事前に予測することは困難であること，コーピングの結果が，２次評定において効果がない場合は異なるコーピングについて検討されることが指摘

さまざまなコーピング
ここでは，ラザルスらのWCQ：Ways of Coping Questionnaire）の構成因子である問題焦点型コーピング，情動焦点型コーピングを紹介したが，ほかにもさまざまなコーピングが提案されている（例：責任受容（自らの行動を自覚したり，反省する），サポート希求（他者から援助を得るために相談したりする））。

されています（Lazarus, 1993）。

課題や試験など私たちが悩ましくなるストレッサーは多様ですが，やはり日常生活のなかで最も悩みの種となりうるものは人間関係であると思われます。人間関係に起因するストレッサーを対人ストレッサー（**表13－3**）とよび，対人ストレッサーに対処するコーピングを対人ストレスコーピング（**表13－4**）とよびます。

+α

ストレス・ライフイベント研究

ホームズら（Holmes & Rahe, 1967）は適応に関連するライフイベント（人生における出来事）を調査し，その出来事を経験した際に適応に要する努力量の評定を求め，ストレス・ライフイベントのリストを作成している。最もストレスフルな出来事は「配偶者の死」や「離婚」であるが，「結婚」や「妊娠」「就学・進学」などのめでたい出来事もストレスフルとなる可能性が指摘されている。変化が生じることで適応に影響があることが考えられる。

表13－3　対人ストレッサーの例

種類	対人ストレッサーの内容（項目別）
対人葛藤	〈他者が否定的な態度や行動をあらわすような状況〉 あなたの意見を○○が真剣に聞こうとしなかった ○○からけなされたり，軽蔑された あなたと関わりたくなさそうな態度やふるまいをされた ○○が都合のいいようにあなたを利用した あなたを信用していないような発言や態度をされた ○○の問題点や欠点について注意・忠告をしたら，逆に怒られた
対人過失	〈相手に迷惑や不快な思いをさせてしまうような状況〉 あなたの落ち度を，○○にきちんと謝罪・フォローできなかった ○○に対して果たすべき責任を，あなたが十分に果たせなかった あなたのミスで○○に迷惑や心配をかけた ○○にとってよけいなお世話かもしれないことをしてしまった ○○に過度に頼ってしまった ○○の仕事や勉強，余暇の邪魔をしてしまった
対人摩耗	〈配慮や気疲れを感じさせるような状況〉 あなたのあからさまな本音や悪い部分が出ないように気を使った その場を収めるために，本心をおさえて○○をたてた ○○に合わせるべきか，あなたの意見を主張すべきか迷った ○○の機嫌を損ねないように，会話や態度に気を使った 本当は指摘したい○○の問題点や欠点に目をつむった 本当は伝えたいあなたの悩みやお願いを，あえて口にしなかった

出所：加藤（2008）を参考にして筆者作成

表13－4　対人ストレスコーピングの例

対人ストレスコーピング	内容（*具体例）
ポジティブ関係コーピング	対人ストレスイベントに対して，積極的にその関係を改善し，よりよい関係を築こうと努力するコーピング方略群 *相手のことをよく知ろうとした *積極的に話をするようにした
ネガティブ関係コーピング	対人ストレスイベントに対して，そのような関係を放棄・崩壊するようなコーピング方略群 *無視するようにした *友だち付き合いをしないようにした
解決先送りコーピング	ストレスフルな対人関係を問題とせず，時間が解決するのを待つようなコーピング方略群 *自然の成り行きに任せた *気にしないようにした

出所：加藤（2008）を参考にして筆者作成

ポジティブ関係コーピングが問題の解決にとって有効であることは明らかですが，直接問題と向き合うことが負担な際には，思いっきりカラオケをしてみたり，趣味などの気晴らしをしてみるといった解決先送りコーピングによって少し問題から距離を取り，回復するということも有効です。ただし本質的な問題の解決ではないことには注意が必要です。時が解決する場合ももちろんありますが，しっかりと問題に取り組むこともときに重要なのです。

2　ソーシャルサポートと援助要請

ただし，悩ましい問題に一人で向き合うことはとても大変ですね。みなさんは，生活のなかで悩ましい問題に取り組もうと考えた際，誰からのサポートを期待しますか。企業で働く人を対象とした職場でのコーピングの効果を検討した研究において，同僚からのサポートが多い群と少ない群を比較した際に，同僚からのサポートが多い群の方が心理的ストレス反応が低く，積極的な問題解決を試みることが報告されています(Shimazu et al., 2004, 2005)。

家族や友人，学校における先生，カウンセラーや医師などの専門家を含めて，社会的関係において得ることができる心理的・物質的援助をソーシャルサポートとよびます。上記の例のように，ソーシャルサポートと精神的・身体的健康との間には関連があることがさまざまな研究によって明らかになっています。表13－5にソーシャルサポートの具体的な機能について示します。

ピアサポート
専門家と相談者という関係性ではなく，同じ学生同士，仲間同士で援助し合う取り組みをピアサポートとよぶ。学生支援活動の一環として各大学においてさまざまなピアサポート活動が展開している。たとえば，名古屋大学では，学生支援センターとの連携のもと，学生同士の悩み相談活動が実践されている。名古屋工業大学では，先輩がいる学習室を開設し，学生同士の学習支援が実践されている。三重大学では，正課教育のなかでピアサポートに関するプログラムが作成され，キャリア・ピアサポーター資格という認証資格が発行されている。

表13－5　ソーシャルサポートにおける機能

情緒的サポート	相手を尊重したり，関心を示して話を聞く
評価的サポート	フィードバックを与え，社会的な比較を提供する
情報的サポート	具体的な助言や提案，有益な情報を与える
道具的サポート	必要な物品や空間を提供したり，一緒に作業を手伝う

出所：House（1981）を参考に筆者が作成

みなさんの友人や家族が困っているとき，どのようなソーシャルサポートの機能を提供できるでしょうか。それぞれ得意なサポートや傾向があると思います。また，自分の周囲のサポート源について考えてみてください。私たちは人間関係で悩むことも多いですが，このように人間関係によって「悩み」に対処する際に大いに助けられているともいえると思います。もちろん自分の性格や工夫などの個人内の資源によって「悩み」を乗り越えることもあると思いますが，外的なソーシャルサポートも適切に活用できるようになることで，「悩み」に強くなれると思います。

しかし，周囲に「困ってるんだ。少し助けてほしいな」と援助を求めることが苦手な人もいるかもしれませんね。他者に援助を求めることを心理学では，援助要請とよびます。個人の援助要請には個人差があることが指摘されています。表13－6に援助要請の3つのタイプを示しました。みなさんはどのタイプでしょうか。

援助要請スキル
困ったときに援助要請を効果的に行うための具体的な工夫や技術。表13－7を参照。

表13－6　援助要請の3つのタイプ

援助要請のタイプ	内容
1　援助要請自立型	困難を抱えても自身での問題解決を試み，どうしても解決が困難な場合に援助を要請する傾向
2　援助要請過剰型	問題が深刻ではなく，本来なら自分自身で取り組むことが可能でも，容易に援助を要請する傾向
3　援助要請回避型	問題の程度にかかわらず，一貫して援助を要請しない傾向

出所：永井（2013）

自分ですべて解決しようと抱え込んでしまうことや，自分で解決できる問題も周囲に依存的になってしまうことなく，適度に周囲に相談できる自分の加減を調整できるようになるとよいですね。援助要請の態度に関する研究では，抵抗感と期待感のバランスから「助けて」と援助を求める行動を説明します（本田，2015）。効果的な援助要請を行うための具体的なスキルを表13－7に，心理専門職への援助要請の態度を表13－8に示しました。

表13－7　援助要請スキルの内容

援助要請スキルの側面	具体的なスキルの内容の例
〈相手を選択するスキル〉 良い相談相手を選ぶこと	真剣に聞いてくれそうな人を何人か思い浮かべる 助けてほしい相手に余裕があるか確認する
〈援助要請の方法のスキル〉 相談する方法を複数知っておいて，その中から選ぶこと	相談の仕方を何通りか考える （直接，メール等，別の人に言ってもらう，など）
〈伝える内容のスキル〉 相談するときに相手に言う内容	困りごとを自分の中で整理する，相手にしてほしいことを伝える，助けてほしい理由を言う
〈援助要請スキルからとらえた機能的な援助要請行動〉 自分の悩みに応じて適切な相談相手と相談方法を選び，相手に配慮しなから自分の思いを分かりやすく伝える相談	

出所：本田（2015）

表13－8　心理専門職への援助要請の態度

	心理専門職に対する援助要請態度	内容
期待感	専門性に対する信頼と期待	有効な解決方法がみつかる ありのままの自分を受け入れてもらえる
抵抗感	汚名に対する恐れ	相談したら，周囲の人は私に精神的な問題があると思うだろう
	特殊な状況に対する抵抗感	相談することは特別なことと思えるので，構えてしまう
	心理的援助に対する無関心	相談するなんて，思いもつかない そもそも心理専門職に相談することに興味がない

出所：本田（2015）

「問題の解決につながる有益な機会になるかもしれない」「少し楽になれるかな」といった相談することで得られる「期待感」と，「相談するということは相当問題がある人と思われるのではないか」「もう“普通”の人ではなくなってしまう」といった相談することへの「抵抗感」の綱引きのような葛藤があることがわかります。みなさんは，小中高の学校生活のなかでスクールカウンセラーと直接話をした経験はありますか。相談行動と相談の抵抗感に関する研究では，カウンセラーが作成している相談室便りをよく読んでいる生徒，カウンセラーの顔を知っている，話をしたことがある生徒は,「抵抗感」が低いことが知られています（水野ら，2009）。大学には学生相談室などカウンセラーの相談窓口があります。一度ホームページなどをチェックしてみましょう。

３　心理療法の視点から考える「原因」と「対処」

では，カウンセラーなどの心理専門職はどのような観点から問題について考えるのでしょうか。ここでは代表的な心理療法理論の中心仮説を紹介します（表13－9）。心理専門職によるカウンセリングも多様な観点から「悩み」にアプローチすることがわかると思います。

公認心理師
2015年に公認心理師法が成立し，2017年に施行された日本初の心理職の国家資格。

精神分析療法は，主に無意識に注目し，私たちの深層心理にアプローチすることで問題の解決を目指します。行動療法は，不適切な行動に注目し，適切な行動に修正することで問題の解決を目指します。認知行動療法は，認知に注目する認知療法と行動療法が合体したもので，主に物事のとらえ方のくせ（認知の歪み）に注目し，自身の思考の特徴を理解することで問題の解決にアプローチします。クライエント中心療法は，来談者（相談者）の有する成長への志向性（自己実現傾向）を活性化するために，丁寧に話を傾聴し，クライエントとカウンセラーの相談の場における体験を通じた成長によって問題の解決を目指します。

無意識，行動，認知，自己実現，実にさまざまな側面にアプローチすることに驚かれたかもしれません。山登りと同じように，頂上を目指すルートは無数にありますね。一人ひとり個人差があり，複雑な存在である私たちの「悩み」に取り組む道もさまざまなのです。険しい道にはガイドの存在が必要なように，難しい課題に取り組む際には専門家の援助が有効であることをイメージしていただけたでしょうか。

表13－9　代表的な心理療法理論とその中心仮説

精神分析療法（Psychoanalysis）	乳幼児期の体験で意識に統合されなかった事柄が無意識の領域へと抑圧され，その結果，心的葛藤が生じ，症状が形成される。したがって，無意識の抑圧の解除と葛藤の意識化が介入の目的となる。
行動療法（Behavioral therapy）	不適応行動も，適応的な行動と同様に学習の原理にしたがって特定の常用のもとで学習された反応である。したがって，学習訓練手続きを用いることによって，不適応行動を消去し，それに替わる好ましい行動を新たに形成するように働きかけをすることが介入の目的となる。
認知行動療法（Cognitive-Behavioral therapy）	人は，刺激―認知過程―反応という図式で示されるように認知的過程で情報処理を行い，行動を決定する。心理障害の症状は，その認知過程における認知の歪みに媒介されて発生し，維持される。したがって，認知の歪みの修正が介入の目的となる。
クライエント中心療法（Client-centered therapy）	人間は，一人ひとりが基本的に健康で，成長と自己実現に向かう可能性を持った存在である。心理的に不適応な状態とは，自己実現という本来の傾向に従わないでいる場合であるので，その人の潜在力と主体的能力を尊重し，内在する自己実現傾向の促進的風土を提供することが介入の目的となる。

出所：下山（2009）

4　「悩み」を受け止める姿勢・態度

「友だちが悩んでいるみたいで，どう話を聞いてあげたらいいでしょうか？」という相談をよく聞きます。もちろん深刻な相談であればカウンセラーのところに相談することを勧めていただくことが一番よいですが，友人として話を聞いてあげたいという場合も多いと思います。

ここではクライエント中心療法の観点から共感的傾聴について紹介します。これは心理専門職はもちろん，教師など対人で援助的な仕事をする方に有用な視点です。ロジャーズはクライエント中心療法を提案するなかで，「治療的人格変化の必要十分条件」という論文を発表しました。そのなかで紹介された重要な条件の３つが「カウンセラーの基本的態度」としてよく紹介される「共感的理解」「無条件の肯定的配慮」「自己一致」です。

「共感的理解」は，クライエント（相談者）が体験した事柄を，援助者が自分自身の価値や判断基準ではなく，あたかも相談者本人が感じているように理解しようとする姿勢を指します。そして相談者の話から体験的に理解した事柄について，丁寧に伝え返していくことです。「無条件の肯定的配慮」は，相談者に条件をつけずに，ありのまま，そのままの相談者を受け止めよう，向き合おうとする態度を指します。ときに矛盾や混乱されている状況であっても，その矛盾をも相談者の大切なあり方として大事にしようとする姿勢です。「自己一致」とは，相談者の話を聴くなかで理解される「感じ」が，共感的理解を示す援助者の立ち振る舞いや言動と一致しているということです。つまり援助者のなかに確かな実感を感じながら，相談者との話が展開していくということを大事にすることの重要性を意味します。たとえば，好きだけど大嫌いという話を聴きながら「変なことを言っているなぁ」と相談者の矛盾する相容れない想いに実感がともなわないままに，言葉として「好きだけど大嫌いなんですね」と共感を示すと，まったく伝わりません。逆に，好きだけど，好きだからこそ許せなくて，大嫌いに思えてくる，そんな自分がまた許せない……といった複雑な思いについて実感があるなかで，「好きだけど大嫌いなんですね」と伝えられるのとでは相手と共有される内容が大きく異なってきます。

このように考えると，この３つの条件が整った「話を聴いてもらえる場所」というのは，あまり日常的でないことが理解できるでしょうか。つい自分の価値を押し付けてしまったり，相手の話を聴いているつもりが，自分の話に変わってしまったり，話の途中で相手を批評してしまったりする場合も多いかと思います。

友人や家族の「悩みごと」をこのように聴く努力をすることは援助的だと思います。ただし，あくまで友人や家族として話を聴くわけですから，「少し重たい」「負担だな」と思う場合には，決して無理をしないで専門家のところに相談に行くことを勧めましょう。困っているときは藁をも掴みたくなるものです。依存的になった際に「もう無理」となるこ

カール・ロジャーズ
Carl. R. Rogers
(1902-1987)
アメリカの臨床心理学者。クライエント中心療法を提案し，クライエント自身の主観的体験に注目し，援助者の姿勢を重視した。

同情・同調・共感
同情は，自分の枠組みから「かわいそう」と情けを感じ，示すこと。
同調とは，「あの授業つまらないよね」と相談者の語りに「そうそう，私もそう思っていたんだ」と自分の価値に合致する場合に同化してしまうことを指す。
共感は，「あの授業つまらない」という語りを，相談者はどのような部分からつまらないという体験を得たのだろう？と関心を向けて，相談者の枠組みにピントを合わせて話を丁寧に聴き，理解しようとする姿勢を意味する。

とはお互いにとってよくありません。「大変な状況にあるから心配しているよ。でも友人として(家族として)，これ以上の話は少し大変だから，一緒に相談室に行って専門家に相談しよう」と提案しましょう。四六時中「傾聴的共感」を行うということは大変困難で消耗することです。心理専門職との面接は予約制で時間が決められている場合が多いですが，それは援助的な面接にとって重要な枠組みでもあるのです。

演習課題

① あなたのまわりにある「相談できる相手」をリストに整理してみましょう。また「心理専門職」として相談できる機関（保健室・相談室・クリニックなど）についても調べてみましょう。

② 自分がストレスフルに感じた際に，どのような「コーピング」を選択しているでしょうか。具体的に書き出して，さらにほかのコーピングとしてどのような対処の工夫があるか検討してみましょう。

【引用・参考文献】

Folkman, S., & Lazarus, R. S. (1998) *Manual for the Ways of Coping Questionnaire.* Palo Alto, CA: Consulting Psychologist Press.

Holmes, T. H., Rahe, R. H. (1967) The social readjustment rating scale. *Journal of Psychosomatic Research*, 11, 213-218.

本田 真大（2015）援助要請のカウンセリング 「助けて」と言えない子どもと親への援助 金子書房.

House, J. S. (1981) *Work stress and social support.* Reading, MA: Addition-Wesley.

伊東 博・村山 正治（2001）ロジャーズ選集(上)：カウンセラーなら一度は読んでおきたい厳選33論文 誠信書房.

ジョン・M・デュセイ（1980）エゴグラム ひと目でわかる性格の自己診断 創元社.

加藤 司（2008）対人ストレスコーピングハンドブック ナカニシヤ出版.

小杉 正太郎（2002）ストレスの心理学 個人差のプロセスとコーピング 川島書店.

Lazarus, R. S. (1993) Coping theory and research: Past, present, and future. *Psychosomatic Medicine*, 55, 234-247.

水野 治久・永井 智・本田 真大・飯田 敏晴・木村 真人（2017）援助要請と被援助志向性の心理学 困っていても助けを求められない人の理解と援助 金子書房.

水野 治久・山口 豊一・石隈 利紀（2009）中学生のスクールカウンセラーに対する被援助

志向性　- 接触仮説に焦点をあてて　コミュニティ心理学研究 , 12, 170-180.
長尾 博（2013）ヴィジュアル精神分析ガイダンス　図解による基本エッセンス　創元社 .
Shimazu, A., & Shimazu, M., & Odahara, T.（2004）Job control and social support as resources of coping: Effects on job satisfaction. *Psychological Reports*, 94, 449-456.
Shimazu, A., Shimazu, M., & Odahara, T.（2005）Divergent effects of active coping on psychological distress in the context of job demands- control-support model: The roles of job control and social support. *International Journal of Behavioral Medicine*, 12, 192-198.
杉田 峰康（2003）新しい交流分析の実際　TA・ゲシュタルト療法の試み　創元社 .
下山 晴彦（2009）よくわかる臨床心理学　ミネルヴァ書房 .

第14章

ポジティブ心理学

ポジティブ心理学は応用心理学の１つです。ポジティブ心理学では科学的根拠にもとづいたうえで，ウェルビーイングとパフォーマンスの向上を目指します。すなわち，私たちは自分の力で，自分の行動次第で，もっと幸せに，もっと健康に，もっと心豊かに生きることができますし，勉強もスポーツも楽器の演奏も，人前でのスピーチやプレゼンテーションも，仕事の業績も高めることができます。嬉しい，楽しいなどの感情や，夢中になること，情熱や粘り強さなどについてもポジティブ心理学から理解することができます。

ポジティブ心理学を日常生活に取り入れることによって，現実をみつめて受け入れながらも希望や理想に近づくことができる，一過性の幸せではなく持続的な幸せにつなげることができると期待できます。

第1節
幸せとは

学習のポイント

●幸せは主観的なものですが，科学的にもっと幸せになる方法を学んでいきましょう。
●嬉しい，楽しいなどのポジティブ感情の長期的な恩恵を理解しましょう。

1　ポジティブ心理学とは

ポジティブ心理学は21世紀の心理学です。20世紀までの心理学は人間のネガティブな側面を重視してきました。20世紀は第一次世界大戦，第二次世界大戦，ベトナム戦争など，戦争の世紀でした。戦争で心も身体も傷ついた人々を不安や抑うつ，甚大なストレス反応などのネガティブな状態から回復する心理的サポートが急務だったからです。

1998年にセリグマンは，アメリカ心理学会の会長就任挨拶で，21世紀の心理学としてポジティブ心理学を提唱しました。ポジティブ心理学は，一見，弱い存在である人間のもつ強み（human strengths）や潜在能力を引き出し，個人や社会を繁栄させる要因を見出し，促進することによって，人間が最大限に機能できるようになるための科学的研究です（Seligman & Csikszentmihalyi，2000）。これから解説していくウェルビーイング，強み，フロー，精神的健康，ポジティブな集団や組織の特徴などに対して実証的研究を提供することを目標の1つとしています（Boniwell，2012）。

セリグマン
Martin E. P. Seligman
（1942-）
アメリカの心理学者であり，抑うつ，学習性無力感などの研究を経てポジティブ心理学を提唱した。

たとえば健康について考えてみましょう。病気でなければ健康かというとそうではありません。「健康とは疾病や虚弱でないというだけではなく，身体的，精神的，社会的に完全に良好で満たされた状態（well-being）」であると定義されます（WHO，1946）。健康の定義に用いられる完全に良好な状態，すなわちウェルビーイングはポジティブ心理学の重要なテーマの1つです。また，潜在能力や人間の最大限の機能を引き出すことはパフォーマンスの向上と関連します。スポーツの試合や楽器の演奏会や合否判定のある試験など「ここぞの場面」において，私たちは緊張したりあがったりして実力を発揮できず，悔しい思いをすることがあります。ポジティブ心理学を利用して，自己コントロールを図ることでピークパフォーマンスの発揮につなげることもできます。

2　ポジティブ感情

感情（affect）は快—不快を両端とする感情価（valence）の軸と，興奮—鎮静を両端とする覚醒（arousal）の軸の２軸から理解できます。感情と類似した用語に情動（emotion）や気分（mood）があります。情動と気分を含めて感情とよびますが，情動は喜怒哀楽など激しくて持続時間が短く，気分は比較的穏やかで持続時間が長いという特徴があります。怒りや不安などのネガティブ感情は，自己に脅威をもたらすと予測される刺激に対して優先的に注意を向け，闘争あるいは逃走反応（fight or flight response）のように攻撃や逃避などの行動を誘発します。サバンナなどで暮らす野生のライオンと捕食動物を想像してください。捕食動物がライオンに出会った場合，食べられないように本気で闘うか逃げます。生きるか死ぬかという場面で「夕日がきれいだな」などと考える余裕はありません。

このようにネガティブ感情が特定の刺激に対して注意を喚起し，行動の選択肢を狭めることは，人類の進化の過程を考えれば適応的であるため，淘汰されずに現代においても観察される現象であるといえます。しかしながら，不安や抑うつなどのネガティブ感情は長期化した場合，心身の健康に悪影響を及ぼし，疾患の発症や悪化をもたらします。

一方，ポジティブ感情は単に気分がよいだけではありません。日常生活で頻繁に経験される10のポジティブ感情は，喜び（joy），感謝（gratitude），安らぎ（serenity），興味（interest），希望（hope），誇り（pride），愉快（amusement），鼓舞（inspiration），畏敬（awe），愛（love）です（Fredrickson, 2009）。

拡張－形成理論（broaden-and-build theory）によると，①ポジティブ感情を経験すると，②心理的，身体的，社会的資源や，思考と行動の選択肢が拡張され，③身体的，知的，社会的な個人資源が継続的に形成され，④ウェルビーイングをもたらします（Fredrickson, 2001, 2009）。ネガティブ感情が思考や行動の幅を狭めるのに対し，ポジティブ感情はそれらの幅を広げて，さまざまな思考や行動に注意を向けさせます。たとえば思い悩み，疲れてぐったりしているときに電車で席を譲る余裕はないかもしれませんが，気分がよく元気なときは「断られたら気まずいかな」とも考えずに「どうぞ」と席を譲ることができると思います。

感情
第３章参照。

闘争あるいは逃走反応
交感神経系の亢進に特徴づけられるストレス反応のこと。

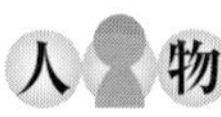

フレドリクソン
Barbara Fredrickson
（1964-）
アメリカの心理学者。ポジティブ感情の実証的研究や介入研究を行っている。

3　ウェルビーイングと幸福感

ウェルビーイングは幸福や健康と訳されることもあります。幸福感は社交性や健康状態や忍耐力を高め，他者をサポートする行動につながります（Boniwell, 2012)。ウェルビーイングの評価にはポジティブ感情，幸福感，人生満足感（life satisfaction）などが用いられてきました。ウェルビーイングには2つの側面があります。快楽主義的側面を重視したヘドニック（hedonic）なウェルビーイングは快楽主義（hednism）にもとづき，最大限の快楽と最小限の苦痛を追求するものです。一方，本質的な側面を重視したエウダイモニック（eudaimonic）なウェルビーイングはエウダイモニズム（eudaimonism）にもとづいており，真の性質や潜在能力を引き出し，自己実現を目指すものです。

持続的幸福モデル（sustainable happiness model）によると，幸福感の決定要因とその割合は，遺伝的に規定されたセットポイント（50%），年齢，性，収入などの環境要因（10%），自分で変えることのできる意図的な活動（40%）です（Lyubomirsky, Sheldon, & Schkade, 2005)。意図的な活動次第で私たちは自分の力でもっと幸せになることができます。意図的な活動とは行動や実践であり，ある程度の努力を必要とします。もっと幸せになるための科学的根拠のある12の行動習慣は以下です（Lyubomirsky, 2012)。①感謝の気持ちを表す，②楽観的になる，③他者と比較しない，④親切にする，⑤人間関係を育てる，⑥ストレスや悩みに対抗策を練る，⑦人を許す，⑧熱中できる活動を増やす，⑨人生の喜びを深く味わう，⑩目標達成に全力を尽くす，⑪内面的なものを大切にする，⑫身体を大切にする。日常生活においてできることから，意図的に行動を変容してみましょう。

セリグマン（2011）は，一過性の幸福感や満足感ではなく，持続的（flourish）な幸福を目指すウェルビーイング理論を提唱しました。ウェルビーイングの5つの要素として，ポジティブ感情（positive emotion），エンゲージメント（engagement），関係性（relationships），意味・意義（meaning），達成（achievement）を指摘し，PERMA（パーマ）と名付けました。エンゲージメントとは後で説明するフローに似ており，自分の行っている対象に完全に熱中し，没入した状態です。関係性とはポジティブな対人関係のことです。意味・意義とは人生に意味を見出すことであり，達成は目先の個人的な目標よりもむしろ自己実現やライフワークにおける達成のことです。PERMAの各要素を高めていくことが持続的な幸福につながります。私たちはもっと幸せになれるのです。

コトバ

ヘドニックなウェルビーイング
物質的，肉体的快楽を追求し，具体的には余暇，休息，遊びなどである。欲望を満たし，快楽を得られてもよりよく生きるには十分ではない。

エウダイモニックなウェルビーイング
古代ギリシア哲学者アリストテレスの「エウダイモニア」を起源とする。自己実現，成長，よりよく生きることをめざす。

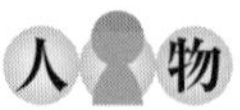

リュボミアスキー
Sonja Lyubomirsky
(1966-)
ロシア出身のアメリカの心理学者。幸福感の研究で有名。

第2節
ポジティブな特性

学習のポイント

●誰にでも強みや長所があります。自分の強みに気づき，強みを生かしましょう。

●逆境でもがき苦しんだ後，回復し，成長できる可能性について理解を深めましょう。

1　強み

あなたの長所や強みは何ですかと質問された場合，何と答えますか。優しい，真面目，謙虚など答えは人それぞれです。ポジティブ心理学のテーマに強み（strengths）があります。強みの基準として，充実した人生につながり，道徳的に価値をもち，他者を傷つけず，反対語はネガティブな内容であり，行動に反映され，ほかの特性と区別ができ，天才的な人と欠如した人がいることなどを設けました。その結果，人間の強みに関する尺度として，知恵と知識，勇気，人間性，正義，節度，超越性の6領域24の強みから構成されたVIA-IS（Values In Action Inventory of Strengths）が開発されました（Peterson & Seligman, 2004）。強みは誰にでも備わっていますし，最も特徴的な強み（signature strengths）を日常生活で意識的に活用すると幸福感が高まります。

VIA-ISの日本版も作成されています（大竹・島井・池見・ピーターソン・セリグマン，2005）。日本版VIA-ISもまた知恵と知識，勇気，人間性，正義，節度，超越性の6領域24の強みから構成されています。**表14－1**に日本版VIA-ISの構成を示しました。強みはパーソナリティ特性の概念と類似した内容を含んでいるため，強みとパーソナリティ特性のBig Fiveを検討した結果，外向性は熱意，ユーモア・遊戯心，開放性は審美心，好奇心・興味，向学心，独創性，調和性は親切，感謝，誠実性は見通し，自己コントロールと，それぞれ関連がありました。VIA-ISの多くの長所をもつ人ほど幸福感が高く，社会的活動障害やうつ傾向が低く，健康であることがわかりました。また，強みの保持のみならず，強みの認識と日常生活における強みの活用が重要であるという指摘から，強み認識尺度と強み活用感尺度が開発されました（Govindji & Linley, 2007）。短所の克服も重要ですが，長所や強みに気づき，伸ばしたいものです。

ピーターソン
Christopher Peterson
（1950-2012）
アメリカの心理学者。ポジティブ心理学，特に強みの研究で著名。

Big Five
パーソナリティの5因子理論であり，神経症傾向，外向性，開放性，調和性，誠実性の5因子からパーソナリティは構成されるという理論。第9章参照。

表14－1　日本版 VIA-IS の構成

領域	強み
知恵と知識	独創性，好奇心・興味，判断，向学心，見通し
勇気	勇敢，勤勉，誠実性，熱意
人間性	愛する力・愛される力，親切，社会的知能
正義	チームワーク，平等・公平，リーダーシップ
節度	寛大，謙虚，思慮深さ・慎重，自己コントロール
超越性	審美心，感謝，希望・楽観性，ユーモア・遊戯心，精神性

出所：大竹ら，2005

2　Grit

近年，将来の成功を予測する非認知能力として Grit という概念が注目されています。非認知能力とは自尊感情（self-esteem），意欲，忍耐力，自律性，協調性，コミュニケーション能力などのことです。一方，認知能力とは学力テストや知能検査などで測定できる能力のことです。Grit は「長期的目標に対する情熱と粘り強さに特徴づけられる非認知的特性」と定義されます。Grit の特徴として，知能指数（Intelligence Quotient, IQ）とは関連がなく，自己統制（self-control）やパーソナリティ特性の Big Five の誠実性と高い関連があり，Grit は知能指数や誠実性よりも将来的な成功を予測すると報告されています（Duckworth, Peterson, Matthews, & Kelly，2007）。成人を対象とした研究の結果から，Grit は学業上の達成や少ないキャリア変化と関連すること，青年を対象とした研究の結果から，Grit は長期的な学業成績を予測することなども明らかとなりました（Duckworth & Quinn, 2009）。日本語版グリット尺度（竹橋・樋口・尾崎・渡辺・豊沢，2019）や日本語版 Short Grit 尺度（西川・奥上・雨宮，2015）も開発されています。これらの日本語版の Grit 尺度もまた, 自己コントロールや誠実性と関連することが報告されています。

Grit は高めることができます（Duckworth，2016）。Grit を高める効果的な方法として，最後までやり遂げる習慣を身につける，自尊感情を育む，課外活動をする，高い期待と惜しみないサポートを組み合わせる, 厳しくしつつも温かくサポートするなどが指摘されています。また, Grit を強化するためには興味，練習，目的，希望が重要です。興味について，長期的な課題を楽しんでこそ情熱が生まれます。練習について，日々の努力を怠らず，何年も継続すること，そしてたとえ才能が2倍であったとしても2分の1しか努力をしない人は，2倍努力をする人より

コトバ

自尊感情（自尊心）
自分に対する肯定的感情，自分には価値があると認知すること。第11章参照。

知能指数
平均が100であり，精神年齢／生活年齢×100で算出される。第1章参照。

も成果が劣ると報告されています（Duckworth, 2016）。目標について，自分のやることは重要であると確認してこそ情熱が実を結びます。希望について，長期的課題の遂行には困難や伸び悩みがともないますが，困難に立ち向かうためには粘り強さが必要となります。さらに，Grit は能力の成長思考と関連します。能力について，人間は変われる，成長できるといった成長思考と，スキルの習得はできるけれども，能力は努力して伸ばせるものではないといった固定思考があります。単なる根性論ではなく，科学的根拠があるのですから自分の限界を自分で定めず，情熱と粘り強さをもち，長期的課題に挑戦し続けたいものです。

3　レジリエンス

ストレスの原因であるストレッサーは私たちに心理的，認知行動的，身体的なストレス反応をもたらします。私たちはいつ災害や事故に遭遇するかわかりません。大災害，大事故，大事件など衝撃的な出来事に遭遇した場合，私たちは落ち込み，もがき苦しみます。しかし，もがき苦しんだ後，徐々に回復をしたり，克服したりすることもできます。レジリエンス（resilience）とは「困難で脅威的な状況にもかかわらず，うまく適応する過程・能力・結果（Masten, Best, & Garmezy, 1990）」と定義されます。レジリエンスは逆境から回復する力であり，ストレッサーがもたらしたストレス反応から早く回復できる人はレジリエンスが高いといえます。元々は戦争や虐待で心身ともに傷ついた後，不適応となる人々もいれば，うまく適応できる人々もいて，その違いはどこにあるのかといった研究からはじまりました。レジリエンスの構成要素には楽観性，肯定的な未来志向，ソーシャルサポート，社交性，感情調整，自己効力感（self-efficacy），忍耐力，行動力などがあります（小塩，2016）。困難で脅威的な出来事に遭遇してもがき苦しみながらも，周囲からのソーシャルサポートを得て，ネガティブな感情を調整したり，耐え忍んだりした後，現実を受け入れて，いまできることは何だろうと熟考し，自分の可能性を信じて尽力するのだろうと考えられます。レジリエンスは資質的レジリエンス要因と獲得的レジリエンス要因に分類できます（平野，2010）。資質的レジリエンス要因とはストレスや傷つきをもたらす状況下で感情的に振り回されず，ポジティブに，そのストレスを打破するような新たな目標に気持ちを切り替え，周囲のサポートを得ながらそれを達成できるような回復力です。獲得的レジリエンス要因とは自分の気持ちや考えを把握することによって，ストレス状況をどう改

ストレス，ストレッサー
第13章参照。

レジリエンス
回復，克服と訳されたり，リジリエンスと表記されたりすることもある。

ソーシャルサポート
第13章参照。

自己効力感
ある状況で特定の行動をどれほどうまく遂行できるかという確信のこと。第4章参照。

善したいのかという意思をもち，自分と他者の双方の心理への理解を深めながら，その理解を解決につなげ，立ち直っていく力です。また，レジリエンスは困難な状況から心理的に回復し，適応状態に戻る過程に影響するだけでなく，心理的ウェルビーイングや心理的不適応状態の再発予防，人間的な成長の促進に貢献すると考えられます（上野・飯村・雨宮・嘉瀬，2016）。

4　心的外傷後成長

逆境から回復する力をレジリエンスといいましたが，人間には逆境から成長する力もあります。心的外傷後成長（Posttraumatic Growth, PTG）とは「危機的な出来事や困難な経験における精神的なもがき・闘いの結果生じるポジティブな心理的変容体験（Tedeschi & Callhoun, 1996）」と定義されます。精神疾患の診断・統計マニュアル（DSM-5）によると，外傷体験（トラウマ体験）とは実際にまたは危うく死ぬ，重症を負う，あるいは性的暴力を受ける出来事を体験した，目撃した，あるいは家族や友人など身近な他者が巻き込まれたという出来事のことです。外傷体験による深刻かつ特徴的なストレス反応を心的外傷後ストレス障害（Posttraumatic Stress Disorder, PTSD）といいます。PTSDの特徴として，①侵入症状（フラッシュバック。苦痛の再体験や悪夢など），②回避症状，③気分と認知のネガティブな変化（ネガティブ感情や認知，興味・関心やポジティブ感情の喪失，疎外感，孤立感など），④覚醒度と反応性の著しい変化（睡眠障害，警戒心，集中困難，驚愕反応など）があります。これらの症状が1か月以上持続することで明らかな苦痛が存在し，社会生活や日常生活に支障をきたしている場合，医学的にPTSDと診断されます。一方，外傷体験によって信念や世界観が破壊された後，情緒的苦痛，ネガティブな反すうや熟考，PTSDにさいなまれながらも，周囲からのソーシャルサポートを得て，ポジティブな意図的，前向きな熟考の後，認知の再構成や可能性の再認識により，PTG に至ります（宅，2016）。このように私たちには逆境から回復するだけでなく，成長する可能性があります。PTGの操作的定義として，①他者との関係，②新たな可能性，③人間としての強さ，④精神性的な変容，⑤人生に対する感謝の各領域における成長とされます（宅，2016）。たとえば，活躍し，将来を嘱望されていたアスリートが事故に遭い，脊椎を損傷し下半身不随となることがあります。受け入れがたい現実にもがき苦しみながらも治療とリハビリテーションに専心し，車椅子生活となった後，障

コトバ

DSM（Diagnostic and Statistical Manual of Mental Disorders）
アメリカ精神医学会による精神疾患の診断・統計マニュアル。最新版はDSM-5。第1章，第9章参照。

反すう
牛や山羊などの動物が食物を食べて胃に送った後，再び口に戻して咀嚼することをいう。そこから，ネガティブなできごとをくよくよと何度も考え続けることを指す。反すうは抑うつの原因となる。

害者スポーツにおいてアスリートとして活躍する，パラリンピックに出場するという事例を見聞きしたことがあるかもしれません。本人の葛藤や心境を思うと簡単に感動をありがとうなどとはいえませんが，PTGの事例であるといえるでしょう。

レジリエンスとPTGとマインドフルネスの関連を図14－1に示しました（上野ら，2016）。マインドフルネスとは「今の瞬間の『現実』に常に気づきを向け，その現実をあるがままに知覚し，それに対する思考や感情には囚われないでいる心のもち方，存在のあり方（熊野，2007）」といえます。すなわち，過ぎ去った過去を反すうしたり囚われたりせず，まだみぬ未来に過度の予期不安を抱かず，「いまここ」に集中することです。私たちはつい過去を振り返ってくよくよしたり，まだ起こっていない将来のことを心配しすぎてしまい，緊張や不安を高めてしまったり，「心ここにあらず」の状態になりがちだからです。

たとえば，スポーツの試合，試験や受験の面接，ピアノの発表会など，“ここぞの場面”で私たちは緊張したり，あがったりして実力を発揮できず，悔しい思いをすることがあります。十分な準備や練習をして臨んでいても，「失敗したらどうしよう」と予期不安を抱いたり，「準備不足だった」と過去を振り返ったりしがちです。そのようなときこそ，マインドフルネスを活用し，「いまここ」に集中しましょう。「いまここ」に集中するための簡単な方法は自分で自分を実況中継することです。不安などのネガティブ感情や高まった心拍数などの感覚を評価や解釈せず，緊張している自分をそのまま受け入れ，実況中継することに集中するのがコツです。

コトバ

予期不安
将来を悲観的に予測し，高まる不安のこと。

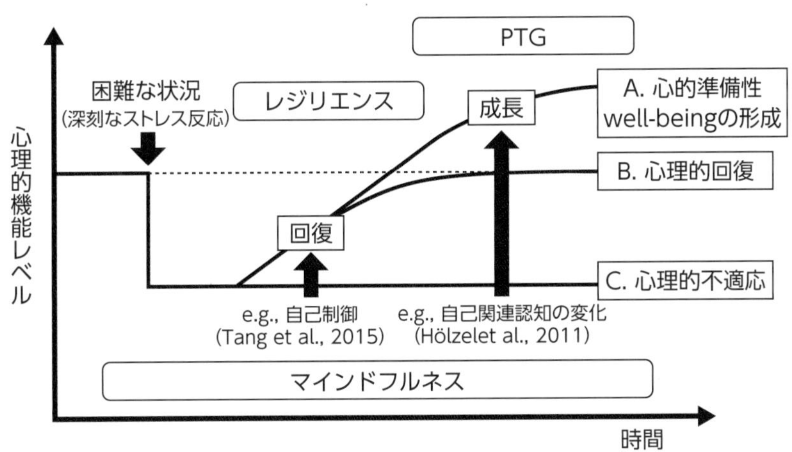

図14－1　困難な状況からの回復や成長のプロセスモデル
出所：上野ら（2016）

第3節
ポジティブ心理学の実践

学習のポイント

●時間を忘れて夢中になる，没頭するような体験のメカニズムを理解しましょう。

●楽観と悲観など，考え方次第で行動や結果が変わる過程を学びましょう。

1　フロー

夢中になって小説を読んでいたら明け方になってしまったなど，没頭していたらいつの間にか何時間も経っていたという経験はありませんか。このような経験はフロー（flow）とよばれます。フローの概念を図14－2と図14－3に示しました。フローは課題のチャレンジレベルと自分のスキルレベルがともに高いレベルで釣り合った場合に生じるため，フローが生じるには努力が必要です。スキルに対してチャレンジレベルが高い場合は不安を感じ，チャレンジに対してスキルレベルが高い場合は退屈を覚えます。フローが生じる条件として，明確な目標，迅速なフィードバック，スキルとチャレンジのバランス，高い集中力，活動自体を楽しむ，状況のコントロール感，自尊感情の高まり，ポジティブ感情などがあります（Csikszentmihalyi，2010）。フローの生じやすい活動として，スポーツ，楽器の演奏，芸術の創作活動，読書，趣味，勉強，仕事などがあります。特に競技スポーツは記録や勝利などの明確な目標があり，結果が即時にフィードバックされるため，フローが生じやすい活動です。なお，スポーツで「ゾーンに入る」といいますが，フローのことです。フローはPERMAモデルやGritと関連します。すなわち，フローは内発的動機づけによって行動に没入し，ポジティブ感情が生じ，情熱と粘り強さを要する長期的な課題遂行により積極的に取り組むことができるからです。しかし，フローが常によいものであるとは限りません。ギャンブル行動や自動車の危険運転などもフローを引き起こします。これらはジャンク・フローとよばれます。また仕事に没入しすぎて仕事中毒（workaholic）になると，他者とのコミュニケーションや健康維持に必要な時間さえも奪うことになります（Boniwell，2012）。

コトバ

フロー

「内発的に動機づけられた時間感覚を失うほどの高い集中力，楽しさ，自己の没入感覚で言い表されるような意識状態あるいは経験」と定義される（たとえば Csikszentmihalyi, 2010）。

内発的動機づけ

第4章参照。

チクセントミハイ

Mihaly Csikszentmihalyi (1934-)

ハンガリー出身のアメリカの心理学者。フロー理論を提唱した。

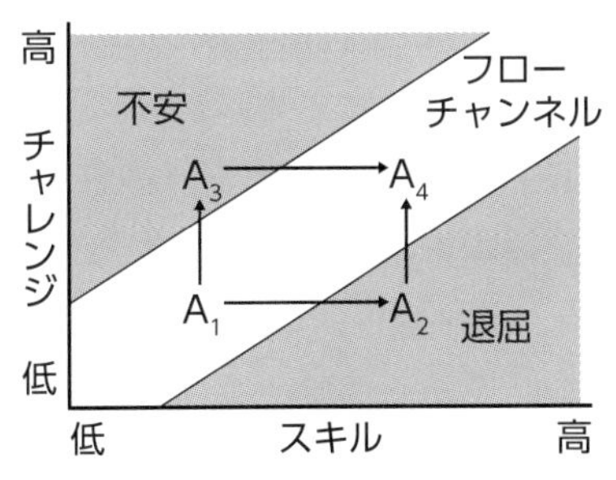

図14－2　フローチャンネル
出所：Csikszentmihalyi（1990），今村（1996）より作成

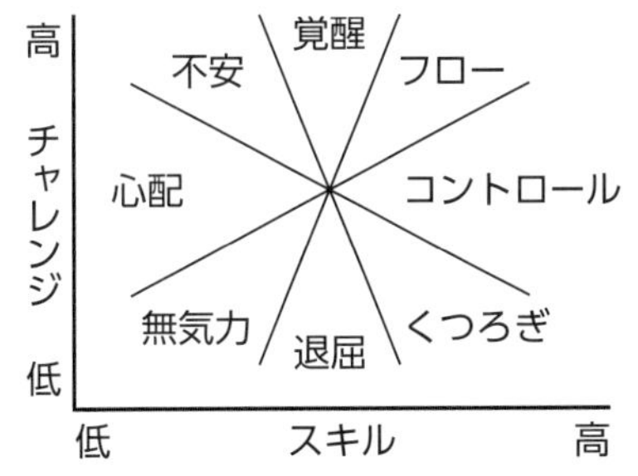

図14－3　チャレンジとスキルによる体験の質
出所：Csikszentmihalyi（2003），大森（2008）より作成

2　楽観と悲観――ものは考えよう

同じ状況におかれたとしても考え方は人それぞれです。たとえばコップに半分ほど水が入っているとします。「まだ半分もある」と考える人もいれば，「もう半分しかない」と考える人もいます。悲観主義者と比較して，楽観主義者は学業，スポーツ，仕事などのあらゆるパフォーマンスが高く，心身の健康状態がよく，長生きをします（Seligman, 1990, 2011）。なお，悲観主義のなかには，防衛的悲観主義（defensive pessimism）といって，悲観的ではあるものの，不安や心配だからこそ念入りに準備をするため，楽観主義者と同程度に高いパフォーマンスを示す人もいます（Norem, 2001）。

ストレッサーとストレス反応の関連では，ストレッサーに対する認知的評価が重要であり，ストレッサーを脅威と評価するとストレス反応は大きくなり，ストレッサーを挑戦と評価するとストレス反応は小さくなります。ストレスは必ずしも悪いものではありません。また，「ストレスは役に立つ」というマインドセット（心構え）をもつと，ストレッサーは力やエネルギーになり，パフォーマンスの向上につながります。ストレッサーに対して，「ハードルは高いけれども挑戦しよう」とポジティブにとらえたほうがストレス反応も少なく，課題に集中でき，フローも期待できます。悲観主義者は能力が劣っているのではなく，不安や心配によって諦めがちになり，潜在能力が発揮できないという可能性があります。楽観主義の習得方法の１つに説明スタイル（explanatory style）があります（Seligman, 1990）。楽観的な説明スタイルではよい出来事を永続的，普遍的，内的に説明し，悪い出来事を一時的，限定的，外的に説明します。一方，悲観的な説明スタイルでは，よい出来事を一時的，

コトバ

楽観主義
楽観主義とは物事を楽観的に考えることであり，将来に希望をもち，努力にはある程度結果がともなうだろう，ポジティブな結果が出るだろうと期待することである。

悲観主義
悲観主義とは物事を悲観的に考えることであり，全般的に疑念やためらいを感じ，ネガティブな結果を予想することである。

コトバ

ストレッサー
よい影響をもたらすユーストレスと悪影響をもたらすディストレスという分類もできる。第13章参照。

限定的，外的に説明し，悪い出来事を永続的，普遍的，内的に説明します。特に悲観的な説明スタイルによって，悪い出来事（たとえば試験に不合格）を永続的（今後も不合格だろう），普遍的（何もかもだめだ），内的（私の能力が低いせいだ）にとらえた場合，悪循環に陥り，学習性無力感となることがあります。悲観的な説明スタイルが浮かんできた場合，客観的根拠や事実を示しながら自分自身に反論し，自らを励まし，元気づけることが望ましいといえます。

3　ポジティブな介入

ポジティブな介入（positive intervention）とはポジティブ感情やウェルビーイングを高める技法です。セリグマンらの行った感謝の手紙や３つのよいこと（three good things），強みの活用は有名です（堀毛，2019）。ペンシルベニア大学で開発されたペン・レジリエンシー・プログラム（Penn Resilience Program, PRP）は有名な抑うつ防止プログラムです（Seligman，2011）。PRP の内容は問題解決思考，意思決定，アサーション，楽観性，リラクセーション，ストレスコーピングスキルなどです。PRP の主な結果は，抑うつ，不安障害の予防や症状の軽減，楽観性とウェルビーイングの向上，食事や運動など健康関連行動の改善です。PRP には７つのワークがあります（日本ポジティブ心理学協会，2016）。特にワーク１から４は認知行動療法に関連します。ABC 分析とは，出来事を解釈するプロセスには，出来事（activating event, A），解釈（belief, B），結果（consequence, C）がありますが，私たちは非合理的な解釈をしがちであり，合理的な解釈に修正しようというものです。また，私たちは思考のワナに陥りがちです。いずれも認知のゆがみやバイアス，非合理的な自動思考が背景にあります。

4　ポジティブヘルス

ポジティブヘルス（positive health）とは，単に疾病がないだけではなく，①楽観性やポジティブ感情などの主観的変数，②心臓血管系指標などの生理的変数，③対人関係，日常活動，加齢への適応などの機能的変数から構成され，健康増進や長寿をもたらします（Seligman，2008）。楽観性は心臓血管系の健康に，悲観性は心臓血管系の危険性に関連し，ポジティブ感情は免疫システムの炎症反応を低下させ，感染症の予防に関連し，ネガティブ感情は感染症の危険性を高めます（Seligman,

学習性無力感（learned helplessness）
第４章参照。

感謝の手紙
親切にしてくれた方に手紙を書き，相手を訪問して目の前で手紙を読み上げることである。３つのよいこととは寝る前に１日を振り返り，よかったことを３つ書き留めることである。いずれの介入も幸福感の上昇が確認されている。

アサーション（assertion）
コミュニケーションスキルの１つであり，I am OK, you are OK, 自他尊重を基本とする。

７つのワーク
ワーク１：ABC 分析，ワーク２：思考のワナから抜け出す，ワーク３：氷山思考を探り当てる，ワーク４：思い込みに挑む，ワーク５：大局的にとらえる，ワーク６：心を静めるエクササイズ，ワーク７：自分の思考に反論する。

認知行動療法
第 13 章参照。

コトバ

主な思考のワナ
①早とちり，②トンネル視，③拡大化・極小化，④個人化，⑤外面化，⑥過度の一般化，⑦マインド・リーディング，⑧感情の理由づけなどである。

2011)。楽観性は健康リスクと対極をなす健康資産（health assets）の1つであるといえます（Seligman, 2008)。

考え方は人それぞれですから，ポジティブになることを押しつけはしません。たとえば防衛的悲観主義者が無理にポジティブになろうとすると裏目に出て，パフォーマンスが下がります。私たちはネガティブな出来事があると，それらに注意が向きがちです。しかし，私たちの毎日にはポジティブな出来事も必ずあります。天気がよかった，近所の犬がかわいかったなど，日常の小さなポジティブな出来事に注意を向けることからはじめてみてください。そうすることで，思い通りにならない現実に絶望せず，小さくとも希望を見出して育んでいくトレーニングになります。

コトバ

マインド・リーディング
思考察知。他者の思考を推測し，理解しようとすること。

演習課題

① 科学的にもっと幸せになるために，自分の意志で変えられる40%について考えて実践してみましょう。

② 自分の強みに気づき，日常生活のなかで意図的に強みを活用してみましょう。強みの活用前後で気づいた点を振り返ってみましょう。

【引用・参考文献】

Boniwell, I. (2012). *Positive psychology in a nutshell: The science of happiness.* Milton Keynes: Open University Press.

Csikszentmihalyi, M. (1990). *Flow: The psychology of optimal experience.* New York: Harper and Row.（チクセントミハイ, M. 今村浩明（訳）(1996). フロー体験―喜びの現象学―　世界思想社）

Csikszentmihalyi, M. (2003). *Good Business: Leadership, flow, and the making of meaning.* New York: Penguin Books.（チクセントミハイ, M. 大森 弘（監訳）(2008). フロー体験とグッドビジネス―仕事と生きがい―　世界思想社）

Duckworth, A. L. (2016). *Grit: The power of passion and perseverance.* New York: Scribner.

Duckworth, A. L., Peterson, C., Matthews, M. D., & Kelly, D. R. (2007). *Grit: Perseverance and passion for long-term goals. Journal of Personality and Social Psychology,* 92, 1087-1101.

Duckworth, A. L., & Quinn, P. D. (2009). *Development and validation of the short Grit*

Scale（*Grit-S*）. Journal of Personality Assessment, 91, 166-174.

Fredrickson, B. L.（2001）. *The role of positive emotions in positive psychology: The broaden-and-build theory of positive emotions.* American Psychologist, 56, 218-226.

Fredrickson, B. L.（2009）. *Positivity. London*: Oneworld Publications.

Govindji, R., & Linley, P. A.（2007）. *Strength use, selfconcordance and well-being: Implications for strengths coaching and coaching psychologists.* International Coaching Psychology Review, 2, 143–153.

平野 真理（2010）. レジリエンスの資質的要因・獲得的要因の分類の試み―二次元レジリエンス要因尺度（BRS）の作成―　パーソナリティ研究, 19, 94-106.

堀毛 一也（2019）. ポジティブなこころの科学―人と社会のよりよい関わりをめざして―　サイエンス社

熊野 宏昭（2007）. ストレスに負けない生活―心・身体・脳のセルフケア―　筑摩書房

Lyubomirsky, S., Sheldon, K. M., & Schkade, D.（2005）. *Pursuing happiness: The architecture of sustainable change.* Review of General Psychology, 9, 111-131.

Lyubomirsky, S.（2007）. *The how of happiness: A scientific approach to getting the life you want.* New York: Penguin Press.

Masten, A. S., Best, K. M., & Garmezy, N.（1990）. *Resilience and development: Contributions from the study of children who overcome adversity.* Development and Psychopathology, 2, 425-444.

日本ポジティブ心理学協会（2016）. 折れない心のつくりかた―はじめてのレジリエンスワークブック―　すばる舎

西川 一二・奥上 紫緒里・雨宮 俊彦（2015）. 日本語版Short Grit（Grit-S）尺度の作成　パーソナリティ研究, 24,167-169.

Norem, J. K.（2001）. *Defensive pessimism,optimism,and pessimism. In E.C. Chang*（*Ed.*）*, Optisimism and pessimism: Implications for theory, research, and practice.* Washington,D.C.: American Psychological Association.

小塩 真司（2016）レジリエンスの構成要素―尺度の因子内容から―　児童心理, 70, 21–27.

大竹 恵子・島井 哲志・池見 陽・宇津木 成介・ピーターソン, C. & セリグマン, M. E. P.（2005）. 日本版生き方の原則調査票（VIA-IS: Values inf Action Inventory of Strengths）作成の試み　心理学研究, 76, 461-467.

Peterson, C., & Seligman, M. E. P.（2004）. *Character strengths and virtues: A handbook and classification.* New York: Oxford University Press.

Seligman, M. E. P.（1990）. *Learned optimism.* New York: Alfred a. knopf.

Seligman, M. E. P.（2008）. *Positive health.* Applied Psychology, 57, 3-18.

Seligman, M. E. P.（2011）. *Flourish. London:* Nicholas Brealey Publishing.

Seligman, M. E. P., & Csikszentmihalyi, M.（2000）. *Positive psychology:* An introduction.

American Psychologist, 55, 5-14.

竹橋 洋毅・樋口 収・尾崎 由佳・渡辺 匠・豊沢 純子 (2019). 日本語版グリット尺度の作成および信頼性・妥当性の検討　心理学研究 , 89, 580-590.

宅 香菜子（編）(2016). PTG の可能性と課題　金子書房

Tedeschi, R. G., & Calhoun, L. G. (1996). *The posttraumatic growth inventory: Measuring the positive legacy of trauma.* Journal of Traumatic Stress, 9, 455–471.

上野 雄己・飯村 周平・雨宮 怜・嘉瀬 貴祥 (2016). 困難な状況からの回復や成長に対するアプローチ―レジリエンス，心的外傷後成長，マインドフルネスに着目して―　心理学評論 , 59, 397-414.

第15章

キャリアの心理学

私たち人間は，生まれ，育ち，学び，そして働き，日々の生活を積み重ねながら発達・変化していく存在です。この章では，そのような私たちの生き方や人生を，キャリアという視点からとらえてみましょう。

ここでは，キャリアという概念の意味をはじめ，キャリアの発達，キャリアとの向き合い方に関連する考え方や理論をいくつか紹介します。キャリアの理論は多様で幅広いため，本章で紹介できるのはキャリア理論の世界のごく一部にとどまりますが，私たちの生き方や人生との向き合い方にもヒントを与えてくれるような視点があるはずです。興味が湧く理論や理論家がみつかったら，ぜひ，それについてさらに調べてみてください。

第1節
キャリアとは

学習のポイント
●キャリアという言葉の意味を理解しましょう。
●人間の発達とキャリアの発達の関連について理解しましょう。

コトバ

キャリア教育
社会的・職業的な自立に向けて必要となる能力や態度を育てることを通じ，キャリア発達を促す教育として，学習指導要領に定められている。単に将来の「夢」だけを描くことに留まらず，「働くこと」の現実や，それに必要な資質や能力の育成につなげる指導が目指されている。

ダグラス・ホール
Douglas T. Hall
(1940-)
米国の組織心理学者。職業的側面のキャリアを重視しながらも，変化し続けていく個人のキャリアに注目して理論化した。

サニー・ハンセン
Sunny S. Hansen
(1929-2020)
米国のカウンセリング心理学者。人生全般のキャリア設計に関する理論で有名。ジェンダーフリーな教育の実現を目指したBORN FREE 活動でも知られる。

近年，「キャリア」という言葉が世の中でも広く使われるようになってきました。キャリアという言葉は，日本語では一般に，職業，職業上の経験，職歴，経歴などの言葉に置き換えられることが多いようです。現在，小学校から高等学校では，国も推進している「キャリア教育」が取り入れられ，進路選択をはじめ勤労観や職業観に関する能力や態度の醸成が図られています。わが国でキャリアというと，まず進路指導や就職活動，あるいは，仕事や職業のことが思い浮かぶ場合が少なくないかもしれません。しかし，キャリアという言葉にはもう少し広い意味合いが含まれています。そこで，はじめに，キャリアという言葉の意味を確認してみましょう。

1　キャリアとは

キャリアとは，もともと，ラテン語で轍（わだち）を意味する「carraria（カラーリア）」が語源であるといわれます。キャリアという言葉はかなり幅広く曖昧な意味を含んでおり，定義をひとことで表すのは難しいのが実情です。ここでは，宮城（2002）を参考に，多様なキャリアの定義を，「狭義のキャリア」と「広義のキャリア」というふたつの視点から整理してみましょう。

1 狭義のキャリア

キャリアを職場や職業，あるいは仕事との関係という視点からやや限定的にみる立場です。もともと，キャリアという概念は仕事や職業との関連を中心に捉えられてきたことから，いわばキャリアの伝統的なとらえ方に近いといえます。たとえば，ホール（2002）は，多くの人にとって仕事こそが人生の質を左右する大きな要因であることを指摘しながら，キャリアを，昇進や職務経験のような主に職業的な側面から定義しています。

2 広義のキャリア

キャリアを仕事や職業生活のみならず，人生全般にまで広げ，職業生活を包含した人生や生涯に対する視点を重視する立場といえます。たとえば，心理学者のハンセン（1976）は，キャリアを「統合的な人生設計（Integrative Life Planning）」と位置づけ，職業的な側面は人生で担う役割の一部分としてとらえる視点を提唱しています。

2 「キャリア」の誕生

キャリアという考え方の生まれをたどっていくと，古くは，米国での職業指導（vocational guidance）の現場に行き着きます。1900年代初頭に，パーソンズは主に若者が職業を選択する際に一定の支援が必要であることを訴え，ボストンに職業相談所を開設し，職業指導を体系化していきました。職業指導の活動はカウンセリングの考え方と統合されながら発展し，その後，スーパー（1953）は，それまで職業（Vocational）とよばれていたものを「キャリア」という言葉に置き換えて言い表しました。このころから徐々に，「職業カウンセリング」とよばれた活動も「キャリアカウンセリング」に移行してきたのです。

3 人生を1日にたとえてみると

突然ですが，人生を「1日（24時間）」に当てはめて考えてみましょう。現在のわが国における平均寿命を80歳程度とすれば，成人式のころ（20歳前後）は，まだ午前6時ごろです。ユングは，40歳前後の年齢を「人生の正午」とよび，この後は中年期から老年期に向けて，青年期までとは異なった自己との向き合い方が必要になるとしました。

事例15－1　人生80年という考え方

大学生のAさんは今年19歳です。まじめで頑張り屋ではあるものの，自分にはあまり自信がなく，将来にも明るい見通しをもてないように感じています。大人たちからは「あなたはまだ若いんだから，何でもできる」と言われますが，どこか実感がもてません。しかし，キャリアの授業を通じて，人生を80年と考えれば現在はまだ4分の1も過ぎておらず，人生を1日にたとえると，まだ午前6時前の早朝の時間帯にあること

フランク・パーソンズ
Frank Paesons
（1854-1908）
米国の社会改革運動家。弁護士資格を有する大学教員でもあった。没後に公刊された書籍である『職業の選択（Choosing a Vocation）』の中で，自己と職業の理解やマッチング，そして職業カウンセリングの重要性について述べた。なお，100年以上前である1909年公刊の本書においても「急速に発展し，変化に富む現代において……」と述べられていることは興味深い。

コトバ

職業指導（vocational guidace）
職業選択や就職支援の活動として，主として学校から社会人への移行を主な目的として展開されていた。

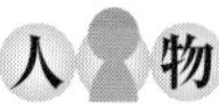

ドナルド・スーパー
Donald E. Super
（1910-1994）
米国の心理学者，カウンセラー。人間の発達プロセスの面からキャリアをとらえて理論化した。キャリア・ガイダンスやカウンセリング心理学の分野に非常に大きな貢献をした。

ユング
Carl G. Jung
(1875-1961)
スイスの心理学者，精神科医。精神分析学の創始者であるフロイトと同時代を生き，影響を受けながら独自の「分析心理学」を提唱した。

キャリア・ディベロップメント
(career development)
日本語訳には「キャリア発達」と「キャリア開発」がある。渡辺（2003）は，米国での career development が，発達心理学などの心理学理論の上に構築されたことをふまえて，「キャリア発達」という言葉を用いるべきだと述べている。「キャリア発達」と「キャリア開発」の意味やニュアンスには多少の差異があるため，本章では，キャリア・ディベロップメントをカタカナ表記としてそのまま用いた。

に気づかされました。「自分の人生はまだ夜明けの段階なのだ」という実感が湧くと，朝の6時前に「今日はもう終わった」と考える人がいないように，これからの学生生活にも少し前向きに取り組んでみようと思えるきっかけになりました。

私たちの人生は人それぞれ違いがありますが，生まれ，育ち，そして年老いていくというプロセスには一定のパターンがある点は共通しています。キャリアも同様に，発達し，変化していくととらえるのがキャリア・ディベロップメント（career development）に関する理論です。

4　スーパーのキャリア・ディベロップメント理論　～キャリアも人生に合わせて発達する～

キャリア理論の発展に大きく貢献した初期の代表的研究者であるスーパーは，「キャリアとは，ある人がその人生の中で担う役割の組み合わせや連鎖」であると述べ，人間が生涯発達していくのと同様に，キャリアや，キャリアとの向き合い方も，人生の中で発達し，変化していくものとしてとらえました。スーパーが提唱したキャリア・ディベロップメント理論では，人々のキャリア変化には一定の順序や発達のパターンがあることが，以下の5つのライフ・ステージによって示されています。

①成長（14歳ごろまで）
学校や家庭で，仕事に関する想像や欲求を高め，関心を持つ
②探索（15～24歳）
学校，アルバイト，就職などを通じて試行錯誤や探索を行い，職業選択をしていく
③確立（25～44歳）
適性や能力的な面で試行錯誤しながら，安定した仕事を通して職業的な専門性を高めていく
④維持（45～64歳）
キャリアで成功すれば，自己実現が図れる時期。既存のキャリアの維持に関心が向く
⑤衰退・解放（65歳～）
心身の衰えを自覚し，引退する。職場や仕事という居場所を失った後の新たな役割の創出が課題となる
（各年齢は目安で，個人差があります）

スーパーのキャリア・ディベロップメント理論の特徴は，人が一生の間に果たす役割にも注目したことです。私たちは人生の中で，子ども，生徒･学生，市民，労働者，配偶者など，さまざまな役割を担います。スーパーは，役割の組み合わせがどのように変化し，それぞれの役割に，いつ，どの程度関与していくのかという過程を表す図として，「ライフ･キャリア・レインボー」を提案しました（図7－2参照)。

このように，スーパーのキャリア・ディベロップメント理論では，職業的なキャリアに着目しながらも，私たちの人生は仕事だけで構成されているわけではないことを再確認させてくれます。スーパーは，職業や人生における選択に向き合う際に，よりよい対応や意思決定ができるように備えていく力量を「キャリア･アダプタビリティ（キャリア適応力)」とよんでいます。

プロティアン・キャリア
ホールは，組織の中で成功して高い報酬を得ることに高い価値を置く伝統的なキャリア観ではなく，仕事の満足感や心理的な成功を重視するキャリア観をプロティアン・キャリア（変幻自在なキャリア）と名づけた。プロティアン・キャリアの実現においても，アダプタビリティの要素は重要視されている。

第2節
働くこととキャリア

学習のポイント

●仕事や労働に関する代表的なキャリア理論を理解しましょう。
● RIASEC やキャリア・アンカーを通じて，自分の職業選択について考えてみましょう。

キャリア理論は，私たちが仕事や職業とどのように向き合い，職業人としてどんな生き方をしていけばよいのかについて，たくさんのヒントを与えてくれます。本節では，仕事や職業に関連するキャリア理論の中から，RIASEC モデルとキャリア・アンカーのふたつを取り上げて解説します。

ジョン・ホランド
John L. Holland
(1919-2008)
米国の心理学者。カウンセラーとしての勤務経験をもつ。キャリア・ディベロップメントの視点から，職業興味検査の開発などに大きく貢献した。

1　RIASEC モデルーパーソナリティに合った職業選択を考える

ホランドは，職業選択においてパーソナリティ（性格）が果たす役割の大切さに注目した理論家です。ホランドの職業選択理論では，パーソナリティと職業環境の特徴が6つのタイプに分類されます。すなわち，パーソナリティも環境も，「現実的，研究的，芸術的，社会的，企業的，慣習的」という6種類のタイプに分類が可能だと考えます。6つのタイプの頭文字（ホランド・コード）を取って「RIASEC（リアセック）モデル」ともよばれます（図15－1）。

このように，パーソナリティや職業環境をいくつかのタイプに分類してとらえようとする考え方は，類型論に似た視点だといえます。では，6つのホランド・コードのタイプ（RIASEC）の特徴を具体的にみてみましょう（表15－1）。

コトバ

類型論
たとえば「○○型」「××型」など，人間の性格をいくつかのパターンに分けてとらえようとするパーソナリティの見方のひとつ。血液型性格診断（科学的には否定されている）が，卑近な代表例といえる。

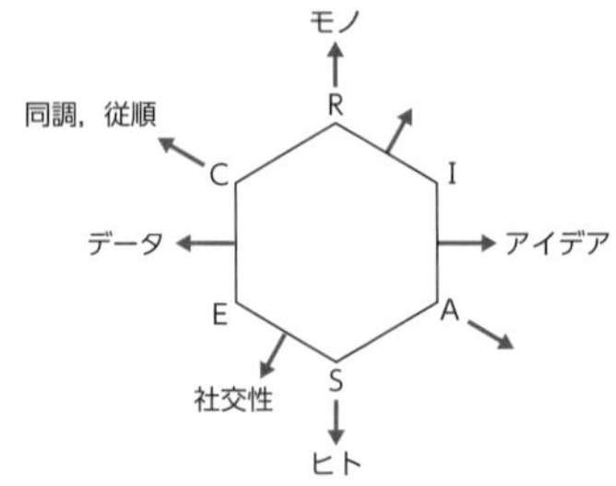

図15－1　RIASEC の六角形モデル
出所：Prediger（1982）を参考に筆者作成

表15－1　ホランド・コードの6タイプとその特徴

タイプの名称	パーソナリティ・タイプとしての特徴	当てはまる職業の例
① 現実的タイプ (Realistic)	物や道具，機械などを対象に，明確で，秩序立った操作をともなう活動を好む	水道やガスなどの技師･工員，エンジニア，機械のオペレーター，カメラマンなど
② 研究的タイプ (Investigative)	物理的，生物的，文化的な現象を理解したり，コントロールしたりするための観察や記述，体系的で創造的な研究活動を好む	学者・研究者，科学者，専門的技術職，図書館司書，システムエンジニアなど
③ 芸術的タイプ (Artistic)	芸術的な作品などの創造を目的とした，物や言語，人間性などを扱うような，自由で体系化されていない活動を好む	芸術家・アーティスト，編集者，ライター，デザイナー，批評家など
④ 社会的タイプ (Social)	対人的な接触をともなうような，情報伝達，訓練，教育，治療や啓蒙といった活動を好む	教員，ソーシャルワーカー，カウンセラー，看護師など
⑤ 企業的タイプ (Enterprising)	組織的な目標の達成や経済的な利益を目的とした，他者との交渉をともなう活動を好む	企業内の管理職・マネージャー，営業職，セールスパーソンなど
⑥ 習慣的タイプ (Conventional)	資料を，系統的，秩序的，体系的に扱うことが必要な活動（簿記，データの記録や整理，ファイリング，PC の操作など）を好む	事務職，受付，秘書，テレホンオペレーターなど

出所：独立行政法人 労働政策研究・研修機構 .2016　Brown and Lent，2005 を参考に筆者作成

ホランドは，自分に最も当てはまる順に3つのタイプの組み合わせによってパーソナリティを表そうとしました。たとえば，(1)研究的，(2)社会的，(3)芸術的という順に当てはまると考えられる場合には，「ISA」という順番のホランド・コードの組み合わせになります。ちなみに，「ISA」タイプに適合するといわれる職業には，カウンセリング心理学者や，社会学者，精神科医などが挙げられています。このホランド･コードの組み合わせによって，職業への興味を客観的にアセスメントできるツールが，「VPI 職業興味検査」として公刊されています。

なお，パーソナリティと職業の関係は，必ずしも「こういう性格だから，こういう職業が向いている」といったように，「性格→職業」という一方通行の関係ではありません。長期間の職業経験によってパーソナリティが形作られていき，職業が個人のアイデンティティを生む源となり得ることもわかっています。

VPI 職業興味検査
160 種類の職業の名前をみて，興味があるかないかを Yes，No の２択で選択する検査。RIASEC のどれに当てはまる職業をどの程度興味があると回答したかという得点が計算できる。

エドガー・シャイン
Edgar H. Schein
(1928-)
米国の組織心理学者。組織文化に関する研究をはじめとして，本章で紹介するキャリア・アンカー理論の提唱で有名。

キャリア・アンカー
キャリア・アンカーに関するその後の研究では，キャリア・アンカーは必ずしもひとつに定まるとは限らず，相互に関連して補完し合うキャリア・アンカーがあることや，逆に，両立されにくいキャリア・アンカーがある可能性も指摘されている（Wils ら，2014）。

2　キャリア・アンカー──職業に対する自分の価値観を知る

シャインは，個人のキャリアを，外的キャリア（職業経験や組織内での地位など）と内的キャリア（働くことへの意味づけや価値観）の２つの側面からとらえ，これらが，仕事に対するモチベーションやよい成果にもつながると考えました。

内的キャリアの重要性に対する考え方が，キャリア・アンカー理論にも反映されています。キャリア・アンカーとは，個人が職業を選ぼうとする時に，無視することができない能力的な側面（自分にできること，得意･不得意なこと），欲求や動機（自分がやりたいこと，求めること），価値観（何に意味や価値を感じるか）の３つの面によって形作られてくる，職業に対する志向性を指します。つまり，職業と向き合う上で自分が譲れないと考えている事柄です。なお，アンカー（anchor）とは「錨（いかり）」という意味です。

キャリア・アンカーは，次の８つに分類されています（表15－2）。

表15－2　キャリア・アンカーの分類

キャリア・アンカー	特　徴
1．専門・職能別コンピタンス	専門的な知識や技術を身につけ，「専門家」としてそれを生かすことで評価されるような仕事に価値を見出す
2．全般管理コンピタンス	ゼネラリストとして組織の中でさまざまな人をまとめ，マネジメントしていくことに価値を見出す
3．自律・独立	組織や他者が決めたルールや規則に縛られず，自分の決めた方法で仕事を進められることを重視する
4．保障と安全	終身雇用や年功序列的な給与を望み，福利厚生の充実など，安定性が見通せる組織で働くことを重視する
5．起業家的創造性	新しいサービスや組織をはじめから生み出してつくり上げていくという過程に価値を見出す
6．奉仕・社会貢献	他者や社会の役に立つような，価値や理想を実現できている実感が得られることを重視する
7．純粋な挑戦	困難な課題や職務と対峙し，それを解決したり乗り越えたりする過程に価値を見出す
8．生活様式	ワークライフバランスを重視し，自分･家庭生活･仕事の調整が可能な働きかたを重視する

出所：シャイン，1990（金井壽宏訳，2003）を参考に筆者作成

キャリア・アンカーにつながっていく自己概念は，青年時代の経験や教育によって形作られていきます。しかし，さらにその後，10年あるいはそれ以上にもわたる人生や職業の経験を重ねながら，さらに深く理解できるようになっていきます。キャリア・アンカーに沿った職業選択は，仕事の満足感などにも少なからず影響を及ぼします。

なお，シャインの理論では，キャリア・アンカーは，あきらめることができない「ひとつ」の拠り所であると位置づけられています。つまり，キャリア・アンカーは，いずれかひとつに特定されるという考え方です。

事例15−2　自身のキャリア・アンカー

Bさんはもともと営業職の会社員として仕事をしていました。しかし，苦労して契約を取り付けても「これは会社のためにはなっているけど，ほかに何か意味があるのだろうか？」と，疑問を抱く自分がいることに気づきました。このまま会社の中で昇進を目指してがんばることに限界を感じたBさんは，思い切って大学院に入学。そこで選んだ研究テーマは，人々が困っている社会問題についてでした。研究活動は刺激に満ちており，優秀な研究論文を執筆したBさんは，研究所の研究員に採用され，やりがいに溢れた職業生活を送っています。その後，ふとしたきっかけでキャリア・アンカーを測定したBさん。自身のキャリア・アンカーが「専門・職能コンピタンス」であったこと，「奉仕・社会貢献」の得点も高かったことに気づきました。逆に，「全般管理コンピタンス」の得点は最も低い点数で，過去の仕事上の疑問が解消したように感じました。

第3節
変化する社会とキャリア

学習のポイント
●キャリアが社会や環境の影響を大きく受けることを理解しましょう。
●偶然や想定外の出来事とのポジティブな向き合い方のヒントを学びましょう。

私たちの生き方を左右するものは何でしょうか。たとえば，努力，お金，学歴，職業，人間関係といったものが考えられそうです。さらには，性別や出身地，兄弟の有無など，自分の力ではどうすることもできない要因も，かなりの影響を及ぼしているはずです。2020年には新型コロナウイルスが世界を揺るがし，これによって生活や人生が一変してしまった人も数多くいます。このように，変化が激しく，コントロールがきかない社会や環境とキャリアの結びつきについて示唆を与えてくれる理論をふたつみてみましょう。

1　積極的不確実性―先がみえない現代社会との向き合い方を知る

人物
ハリー・ジェラット
Harry B. Gelatt
(1926-)
米国のカウンセリング心理学者。カウンセラーとしての実践経験を積み，キャリア研究を続けながら講演や著述活動などで活躍した。

ジェラットは，人間の意思決定について理論化を試みた研究者であり，実践家です。彼の初期の理論の特徴のひとつは，合理的かつ理性的な意思決定を重視した点にあり，私たちが何らかの意思決定をする際には，「予測システム」,「価値システム」,「決定基準」という意思決定のプロセスを繰り返していくというモデルを提唱しました。

たとえば，「就職先を決める」という意思決定をするときを想像してみましょう。おそらく，多くの人は，「そこに就職したら，給料はどのくらいで，勤務場所はどこで，休みは何曜日で，勤務時間は……」といったような予測をすることでしょう（予測システム）。そして，予測の内容を吟味しながら，それが自分にとってどの程度望ましいか，望ましくないか評価していきます（価値システム）。その上で，選択肢の中から最も適切なものを選択するという決定を行うのです（決定基準）。また，結論に達したとしても，その結果をふまえて，新たな意思決定のプロセスが始まることもあります（たとえば，就職したものの想像と違ったので，転職について考え始めるなど）。

さて，ジェラットはその後，1989年に意思決定の新しい枠組みを提唱します。それが，「積極的不確実性（positive uncertainty）」という考え方です。この理論の前提には，現代の世の中は変化が急速で激しく，先を見通すことは困難であり，非常に「不確実」なものとなっていることがあります。積極不確実性の中では，ジェラットが初期に重視していた合理的で理性的な意思決定は，むしろ否定的に扱われます。そして，人間の意思決定は，非連続的で，非体系的で，非科学的な人間のプロセスだとされ，直感的で臨機応変な視点にもとづく意思決定の重要性が説かれているのです。

戦後のわが国の発展を振り返っても，高度経済成長期とよばれたかつての時代は，日本という国全体が豊かになっていく中で，「しっかりと目標を定めて」，「計画的に努力を続けていく」ことが，一定の成功を手にする近道といえる時代だったかもしれません。これはいわば，「山登り」のような考え方にたとえられます。つまり，通る道は多少異なっても，目標を決めて一歩一歩努力して坂道を上っていけば，みんながゴールに到達しやすい社会です。

しかし，現代の社会を見渡してみれば，IT や AI の急速な発展，新型コロナウイルスにともなう世界的な混乱など，ひと昔前には予測できなかったような出来事が次々に起きています。このような現代社会においてキャリアを考えることは，「激流の川下り」にたとえられます。すなわち，激流の川を下っている中では，何もせずにただ受け身でいれば溺れてしまいます。とはいえ，先がどうなっているかは読みきれないため，前々から完璧な備えをしておくこともできません。さらに，流されていく中では，想像以上に困難な場面が訪れるかもしれませんが，その都度じっくりと対処を考える時間があるとは限りません。ある程度の直感を頼りに臨機応変な対応を続けながら，もし選択に失敗したと感じた場合には，致命傷を負わないようにリカバーすることも必要でしょう。

古い意思決定理論は，「どこに向かっているかを知らないなら，おそらくどこかで行き詰まる」という考え方でした。積極的不確実性のもとでは，「どこに向かっているかを常に理解しているというなら，どこにもたどり着けない」「何を欲しているかを常にわかっているというなら，新しい物事の魅力を発見することはない」という考え方になります。

つまり，積極的不確実性では，私たちの社会，私たちの未来，私たちの希望や欲求について「わかったふり」をすることをやめて，「わからない（不確実である）からこそ，情報を集めて，さまざまな可能性を探索していこう」という姿勢を重視しているのです。不確実さにポジティブな姿勢で向き合うことが，現代の社会で自らにとってよりよいキャリ

コトバ

高度経済成長期

1960 年代を中心に，日本経済が目ざましい成長・発展をみせた時期を指す。1960 年～1970 年の 11 年間では，実質経済成長率が 10％を超えた年が 8 回あった。なお，わが国の 2019 年（暦年）の実質経済成長率は 0.3％である。

アを歩んでいくために必要なことなのかもしれません。

2　プランド・ハプンスタンス―「偶然・たまたま」を前向きに生かす

クランボルツは，キャリアの意思決定に対して社会的学習理論にもとづくアプローチを試みたことで著名です。彼のアプローチは，キャリアの意思決定はそれまでの学習経験にしたがって行われると考える一方で，モデリングや条件づけといった学習経験だけに注目するのではなく，自分自身ではコントロールができないような遺伝的な特性や，社会環境による影響なども考慮している点に特徴があります。

さらに彼は，この理論を発展させ，「プランド・ハプンスタンス」を提唱しました。プランド・ハプンスタンスは，日本語では，「計画的偶発性」や「計画された偶然」などと訳されます。プランド・ハプンスタンスでは，私たちのキャリアは，予期せぬ偶然（偶発性）や「たまたま」起きる出来事によって大きく左右されていることを認め，その偶発性を学習の機会としてできる限り活用していくことの大切さが訴えられています。

言い換えれば，キャリアにおける「偶然」や「運」という要素の大切さに注目したのが，プランド・ハプンスタンスです。もちろん，偶然や運はよいものばかりではなく，計画通りに進まなかったり，不運に巡り合ったりすることもあります。しかし，予期せぬ出来事に直面した時，私たちがそれを力や成長に変えていくことこそ，新たなキャリアを創り出すことにつながると考えます。さらに，プランド・ハプンスタンスにおいては，私たちに訪れる偶然や運は，本当にたまたま起きたものではないとされます。自分のキャリアの創造に結びつくような偶然の出来事を自ら生み出していけるような，積極的で前向きな行動が推奨されているのです。

クランボルツは，プランド・ハプンスタンスに必要な姿勢として，5つの要素を挙げています。

たとえば，「第一志望の大学や会社に入れない」といった偶発的な出来事があっても，それによって知り合うことができる人や，そのおかげで経験した事柄が，将来のキャリアによい影響をもたらすこともあるのです。どんな「たまたま」の出来事にも前向きに向き合っていくというプランド・ハプンスタンスの姿勢は，とても現実的なアプローチの視点だといえそうです。

人物

ジョン・クランボルツ
John D. Krumboltz
(1928-2019)
米国の心理学者。キャリアの決断ができないことを，効果的な学習ができなかった結果だと考えるなど，社会的学習理論にもとづく考え方をキャリアカウンセリングに展開した。

+α

5つの姿勢
プランド・ハプンスタンスにおいて重要視されている5つの姿勢とは，①好奇心（Curiosity），②持続性（Persistence），③柔軟性（Flexibility），④楽観性（Optimism），⑤リスクテイク（Risk Taking）である。これらは，後述する「レジリエンス」との関連が示唆されているものばかりである。つまり，プランド・ハプンスタンスに合致するような姿勢とは，レジリエンスの向上にもつながる適応的な姿勢であると考えることができる。

第４節
キャリアを支援する

学習のポイント

●わが国におけるキャリア支援の現状や資格について理解しましょう。

●キャリア支援において重要なキャリア・レジリエンスの視点を理解しましょう。

私たちがそれぞれのキャリアを歩んでいく中では，さまざまな困難や悩みにぶつかることも数多くあります。そのようなときに期待されるのが「キャリア支援」です。ここでは，わが国でのキャリア支援に関する資格の現状と課題にふれてみましょう。

1　キャリア支援者になるための資格

キャリアに関する相談支援活動は「キャリアカウンセリング」とよばれることが一般的です。わが国では，キャリアカウンセリングに関連する民間資格が複数あり，それぞれが独自の教育プログラムを実施して資格認定を行っていました。これらに加えて，2016年からは，名称独占の国家資格として，「キャリアコンサルタント」が制度化されています。

国家資格のキャリアコンサルタントは「標準レベル」とよばれており，国家資格ではあるもののキャリアコンサルタントの世界ではいわば「入り口」の資格です。その上位資格として，国が実施する技能検定（国家検定）であるキャリアコンサルティング技能検定２級および１級があります。２級技能士は「熟練レベル」，１級技能士は「指導レベル」として位置づけられています（図15－２）。

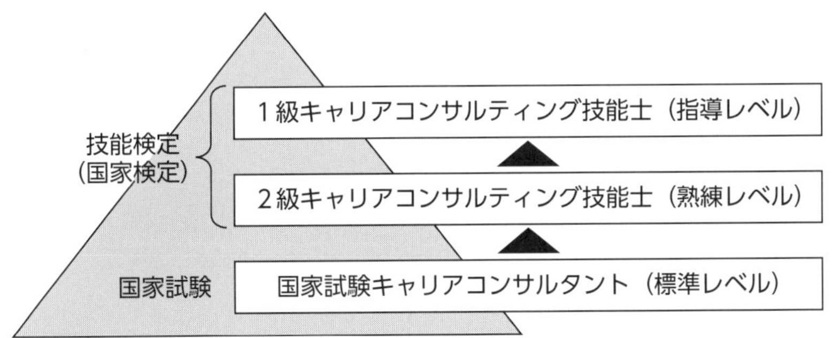

図15－２　キャリアコンサルティング関連国家資格の位置づけ

出所：著者作成

コトバ

名称独占資格

国家資格の分類の１つで，資格を取得していない者がその名称を名乗ったり用いたりしてはいけないという性質を持つ資格。その名称を名乗らなければ，同様の業務を行ってもよい。このほかに業務独占資格（医師，看護師，弁護士など）があり，これらは，資格を取得していない限り，それを名乗ることだけではなく，その業務を行うこともできない。

ただし，これらの資格を取得したからといって，すぐにプロのキャリアコンサルタントとして活躍し，十分に生計を立てていける保証があるわけではありません。近年では，すでに企業などの組織に所属している人々が，キャリアコンサルタント資格を取得する例も増えています。

一方で，キャリアコンサルタント資格の取得時には，相談業務（ロールプレイ形式）などの演習や実技試験も行われますので，キャリアに関する諸理論をはじめ，心理学的な基礎知識を学びながら，基本的なカウンセリング技能を修得することができます。

コトバ

キャリアコンサルタント新能力要件

キャリアコンサルタントに求められる社会的役割の拡大や深化をふまえ，キャリアコンサルタントの質の向上のための知識や技能などを厚生労働省がまとめ，2018 年に公開した。これを受けて 2020 年度から国家試験の範囲等にも若干の変更があった。

2　キャリア支援への大切な視点―むすびにかえて

個人が歩むキャリアには唯一の正解はありません。それゆえ，当然ながらキャリア支援者も，キャリアに迷う人々を前にして正解を「教えてあげる」ことはできないのです。また，キャリア支援者が主観的によいと思ったことが，相手にとっても同様によいこととも限りません。

サビカス

Mark L. Savickas

（1947- ）

米国のカウンセリング心理学者。自身もカウンセラーとしての実践をしながら，後進の指導や執筆活動も精力的に行う。世界各地の大学で客員教授を務める。

渡辺（2001）は，サビカスとの談話の中で，サビカスから「キャリアには，アップもダウンもないんだ」と真剣に諭されたというエピソードを紹介しています。私たちはしばしば，無批判に「キャリアアップ」という言葉を使ってしまいがちです。しかし，キャリア支援者の視点に立つとき，キャリアにアップやダウンがあるという価値観を無批判にもっていることは，職業や人生にも上下の基準が存在するのだと暗に認めることにもなりかねません。キャリア支援やカウンセリングに携わるときには，私たちの中に無意識に存在する，このような暗黙の価値観が支援関係に反映されてしまうことに留意が必要です。

私たちのキャリアは，文化的，制度的な社会環境や，時代的な影響を色濃く受けて形作られていきます。キャリア支援の場に限らず，今後，私たちが自身のキャリアと向き合う際には，米国から輸入した理論をそのまま適用するのを試みることにとどまらず，それぞれの社会環境を考慮しながら検討を行っていくことが必要でしょう。

最後に，精神分析学の創始者であるフロイトの言葉を紹介しましょう。フロイトは，「健康な人とは？」という問いに対して，「愛することと，働くことだ」と答えたと伝えられています。ここでいう「愛する」とは，単に恋愛をするということにとどまらず，自身や他者，そして環境や経験をも前向きに受容していくことを指すとも解釈できます。このフロイトの言葉には，今日のキャリア・ディベロップメントに通じるエッセンスが凝縮されているようにも思えます。

演習課題

① 人生を約80年と想定して1日(24時間)になぞらえた場合，自分の年齢を24時間で表すと何時になりますか。その時間は，1日の中ではどのような時間帯でしょうか。それを人生のスパンに置き換えながら，自身のキャリアとの向き合いについて見直してみましょう。

② これまでの人生で，「たまたま」や「偶然」が左右してきた側面があるものをピックアップしてみましょう。たとえば，身の回りの大切な人間関係や学生時代の部活を選んだきっかけはどうでしたか。進学先や就職先はどうでしょうか。思いのほか数多くの「たまたま」によって，自分の人生が形作られてきたことを意識してみましょう。

【引用・参考文献】

Brown, S. D., & Lent, R. W. (Eds.). (2005). *Career development and counseling: Putting theory and research to work.* New York: John Wiley & Sons, Inc.

キャリアカウンセリングを考える会（編）（2020).「キャリアコンサルタント新能力要件」を読み解く　ナカニシヤ出版

独立行政法人労働政策研究・研修機構（2016). 職業相談場面におけるキャリア理論及びカウンセリング理論の活用･普及に関する文献調査　JILPT資料シリーズ, No.165. (Retrieved from https://www.jil.go.jp/institute/siryo/2016/documents/0165.pdf)（2021年6月30日）

Gelatt, H. B. (1989). *Positive uncertainty: A new decision-making framework for counseling.* Journal of Counseling Psychology, 36 (2), 252.

児玉 真樹子 (2015). キャリアレジリエンスの構成概念の検討と測定尺度の開発. 心理学研究, 86-14204.

Krumboltz, J. D., & Levin, A. S. (2010). *Luck is no accident: Making the most of happenstance in your life and career.* California: Impact Publishers.

Mitchell, K. E., Al Levin, S., & Krumboltz, J. D. (1999). *Planned happenstance: Constructing unexpected career opportunities.* Journal of Counseling & Development, 77, 115-124.

宮城 まり子 (2002). キャリアカウンセリング　駿河台出版社

Parsons, F. (1909). *Choosing a vocation.* Houghton: Mifflin and Company.

Prediger, D. J. (1982). *Dimensions underlying Holland's hexagon: Missing link between interests and occupations?* Journal of vocational behavior, 21, 259-287.

Schein, E. H. (1990). *Career Anchors: Discovering your Real Values (Revised Edition).*

New York: John Wiley & Sons, Inc.（シャイン. E. H.　金井 寿宏（訳）(2003). キャリア・アンカー――自分のほんとうの価値を発見しよう――　白桃書房）

Schein, E. H. (1996). *Career anchors revisited: Implications for career development in the 21st century*. Academy of management perspectives, 10, 80-88.

Sullivan, S. E., & Baruch, Y. (2009). *Advances in career theory and research: A critical review and agenda for future exploration*. Journal of Management, 35, 1542-1571.

Super, D. E. (1980). *A life-span, life-space approach to career development*. Journal of vocational behavior, 16, 282-298.

渡辺 三枝子・E. L. ハー (2001). キャリアカウンセリング入門――人と仕事の橋渡し ナカニシヤ出版

渡辺 三枝子 (2007). 新版キャリアの心理学――キャリア支援への発達的アプローチ――　ナカニシヤ出版

Wils, T., Wils, L. & Tremblay, M. (2014). *Revisiting the Career Anchor Model: A Proposition and an Empirical Investigation of a New Model of Career Value Structure*. Industrial Relations, 69, 813–838.

第16章

精神薬理学

エタノール，覚醒剤，抗不安薬など，こころに作用する物質はたくさんあります。こころの不調の治療薬として役立つものもあれば，依存や幻覚などの好ましくない作用をもたらすものもあります。さらには，治療薬も適正に使用しないと好ましくない精神状態が生じてしまいます。こころに作用する物質のほとんどは，脳の神経細胞同士のつなぎ目であるシナプスに作用します。この事実は，こころの不調の理解にとって重要であり，また，こころの所在とメカニズムを究める基礎研究にとっても重要です。この章では脳に作用してこころを変化させる薬物のメカニズムに関する学問，つまり精神薬理学について紹介します。

第1節
シナプス伝達の仕組み

学習のポイント

●神経細胞が生み出す情報の仕組みを理解しよう。

●神経系で働く物質がこころの基盤であることを理解しよう。

1　シナプス

神経細胞の軸索の先端である神経終末は 30 nm ほどのわずかな隙間（シナプス間隙）を隔ててほかの細胞の樹状突起の一部に接続しています。このつなぎ目をシナプスといいます（図16－1）。神経終末まで伝導した活動電位によって，神経終末の内部にあるシナプス小胞（しょうほう）が活性化され，シナプス間隙に接する細胞膜のほうへ移動して，内側から接合した後，接合された細胞膜が破れます。これによりシナプス小胞に詰まった神経伝達物質がシナプス間隙に放出されます。脳のシナプス間隙は細胞外液である脳脊髄液で満たされていて，脳脊髄液に混入した神経伝達物質は速やかに拡散し，シナプスの向こう岸の細胞膜に到着し，そこにある受容体に結合します。これにより，情報が伝達されます。これをシナプス伝達といいます。また，受容体にはサブタイプが存在します。

受容体サブタイプ

同じ神経伝達物質に対する受容体にも型の違いがあり役割も違う。これをサブタイプという。これは，自動車にドアを開ける鍵穴とエンジンをかける鍵穴があり，どちらにも同じ鍵が使えることに似ている。

現在までに少なくとも 100 種類の神経伝達物質が特定されています。神経伝達物質と受容体は，文字通り鍵と鍵穴の関係にあります。たとえばドーパミンという神経伝達物質は，その化学構造の型抜きであるドーパミン受容体に結合します。このようにお互いが結合し合う相手（つまり特異性）をもっています。受容体はタンパク質でできているので，複雑な形を実現できるため，このような精密な結合が可能となっています。

シナプス間隙に放出された神経伝達物質は，おもに３つの経路で排除されます。１つ目は分解酵素による化学分解です。分解酵素もタンパク質でできており，特定の神経伝達物質のみと結合し，その物質を化学分解して無効化します。２つ目はトランスポーターを介した再取込（さいとりこみ）です。神経終末の細胞膜にあるトランスポーターは，その細胞が放出した神経伝達物質を取り込んで再びシナプス小胞内へと格納します。つまりリサイクルです。トランスポーターもまたタンパク質でできており，特定物質のみを再取込します。そして３つ目は拡散による希薄化です。

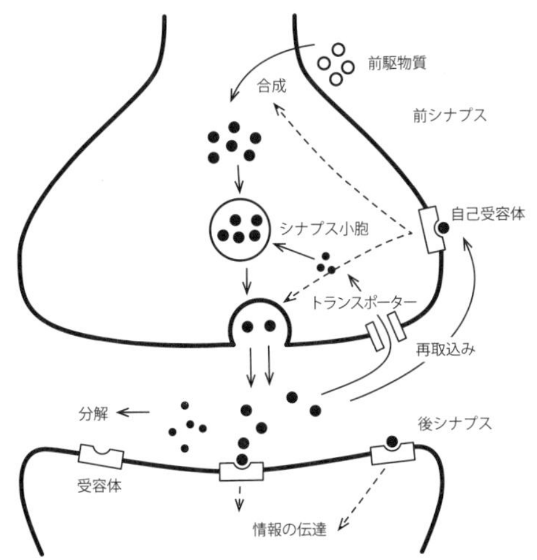

図16－１　シナプス

出所：仙波ら，1998 をもとに一部改変

それぞれの神経細胞は，神経伝達物質として使用する物質の種類を限定していて，そのなかでも主力として用いる物質は１種類です。これをデイルの原則（Dale' s discipline）といいます。

受容体は，受容する神経伝達物質による分類のほか，受容した後の反応の仕方により分類することができます。主に２種類があります。

イオンチャンネル複合型受容体は，大きく情報を伝える役目をもっているといえます。このタイプの受容体は，イオンチャンネルの一部に特定の神経伝達物質の受容部位があります。神経伝達物質を受容するとイオンチャンネルを開口させ，特定のイオンが通過して細胞膜の電位変化に影響を与えます。

Ｇタンパク質共役型受容体は，神経伝達物質を受容した後，その情報がＧタンパク質に伝わり，それがさらに次のタンパク質（効果器）に伝って効果を発揮します。このタイプの受容体は，繊細に情報を伝える役割をもっているといえます。

2　主な神経伝達物質とその受容体

1 アセチルコリン

脳内のアセチルコリンは一般的に興奮性の作用をもちます。この物質を分泌する神経細胞の細胞体は，主に橋の一部（背外側橋と青斑核）とマイネルト基底核を中心とする前脳基底部（大脳基底核の下にある神経核群）と内側中隔核（大脳辺縁系の一部）に存在します。背外側橋の神

コトバ

デイルの原則

かつては１種類の伝達物質のみが放出されると考えられたが，今日では複数の物質が放出されることが稀でないものの主力の物質は１種類であることがわかっている。

アセチルコリン受容体のサブタイプ

ニコチン受容体（イオンチャンネル複合型受容体）とムスカリン受容体（Ｇタンパク質共役型受容体）が知られる。

経細胞はレム睡眠に関わっています。マイネルト基底核の神経細胞は広範囲の大脳新皮質に軸索を送ってアセチルコリンで活性化させることにより，学習を促進します。内側中隔核の神経細胞は海馬（かいば）に軸索を送り記憶の形成を調整しています。アルツハイマー病の症状はこれらの神経細胞の欠落によるアセチルコリンの不足により生じます。

2 ノルアドレナリン

ノルアドレナリンを分泌する神経細胞の細胞体のうち最も主要なものは，橋にある青斑核に存在します。ここから間脳・小脳・大脳に広く軸索が送られています。ノルアドレナリンはアドレナリンと共通する受容体に作用するためアドレナリン受容体とよばれます。なお，ノルアドレナリンはノルエピネフリンともよばれ，アドレナリンはエピネフリンともよばれます。ノルアドレナリンは，注意や警戒に関与しています（Yamamoto ら，2014）。

3 ドーパミン

ドーパミンを分泌する神経細胞は，主に3か所に存在します。1つ目が中脳にある黒質に細胞体があり，そこから大脳基底核の一部である線条体に軸索を送ってそこでシナプスを形成するものであり，黒質（こくしつ）－線条体（せんじょうたい）経路とよばれています。この経路は不随意運動に関与しています。2つ目が中脳にある腹側被蓋野（ふくそくひがいや）にある細胞体から大脳辺縁系にある側坐核（そくざかく）までの経路であり，中脳－辺縁系経路とよばれています。この経路の神経終末で過剰にドーパミンが分泌されると幻覚・妄想が発現します。3つ目が腹側被蓋野から大脳新皮質までの経路であり，中脳－皮質経路とよばれています。この経路の神経終末でドーパミンの分泌量が低下すると感情鈍麻や社会性の低下や意欲の減退が生じます。

4 セロトニン

セロトニンを分泌する神経細胞の細胞体は脳幹にある縫線核（ほうせんかく）にあり，そこから視床下部（ししょうかぶ）・視床（ししょう）・小脳・大脳へと広範囲に軸索を送っています。この神経伝達物質は気分の調整などに関わっており，抗うつ薬や抗精神病薬などがセロトニンの働きを変化させます。

5 グルタミン酸

アミノ酸の一種であるグルタミン酸は神経系の興奮の中心を担う物質であり，これを分泌する神経細胞は普遍的に存在します。特に重要な神経細胞としては海馬の錐体細胞（すいたいさいぼう）や大脳新皮質の錐体細胞が挙げられます。グルタミン酸受容体は基本的にイオンチャンネル共役型受容体です。サブタイプとしてAMPA受容体，カイニン酸受容体，NMDA受容体の3種類が知られています。

アドレナリン受容体のサブタイプ

α_1受容体（興奮性），α_2受容体（抑制性），β_1受容体（興奮性），β_2受容体（興奮性）が知られる。いずれもGタンパク質共役型受容体。脳内のシナプス前受容体はα_2受容体。

ドーパミン受容体のサブタイプ

D_1様受容体（興奮性）とD_2様受容体（抑制性）に大別される。シナプス前受容体はD_2様受容体に属する。すべてGタンパク質共役型受容体。

セロトニン受容体のサブタイプ

5-HT_{1A}，5-HT_{1B}，5-HT_{1D}，5-HT_{1E}，5-HT_{1F}，5-HT_{2A}，5-HT_{2B}，5-HT_{2C}，5-HT_3がある。5-HT_3を除いてGタンパク質共役型受容体。

NMDA受容体

海馬の錐体細胞における記憶生成に関与している（Bliss&Lømo，1973）。

6 γ - アミノ酪酸（GABA）

アミノ酸の一種であるγ－アミノ酪酸（GABA）は神経系の抑制の中心を担う物質であり，これを分泌する神経細胞は普遍的に存在します。GABA を分泌する神経細胞としてよく知られるのは小脳にあるプルキンエ細胞で，抑制的に運動を調節しています。受容体のサブタイプには，Cl^-のイオンチャンネル複合型受容体である $GABA_A$ 受容体とＧタンパク質共役型受容体である $GABA_B$ 受容体があります。前者では，GABA が受容体に結合するとイオンチャンネルが開口して Cl^-が流入し細胞膜が過分極となります。

7 オピオイド

神経伝達物質として働くペプチドをオピオイドといいます。エンドルフィン，ダイノルフィン，エンケファリンなどの物質がこれに類します。オピオイド受容体にはμ（ミュー）受容体，κ（カッパ）受容体，δ（デルタ）受容体の３種類のサブタイプが知られています。オピオイドに類する物質はこれらの全部または一部に結合します。μ受容体は鎮痛や多幸感に関与し，κ受容体は鎮痛や沈静に関与し，δ受容体は依存に関与します。体外から摂取した物質にもオピオイド受容体に作用して精神作用を引き起こすものがあり，これらを麻薬といいます。麻薬にはモルヒネやヘロインなどがあります。

3　向精神薬の作用点

精神に何らかの作用をもたらす物質を向精神薬（こうせいしんやく）といいます。向精神薬には治療薬もいわゆるドラッグも含まれます。向精神薬は，主に経口摂取されて消化器系を介して血液中に移動して血流に乗り，脳にある血液脳関門を通過したのち脳脊髄液に入ります。その後シナプスの特定部位に結合して作用を発揮します。結合部位は主に次の３か所です。

1 受容体に結合する薬物：作動薬と拮抗薬

このタイプの薬物は神経伝達物質のように特定の受容体に結合します。結合によって何らかの作用をもたらす薬物を作動薬（アゴニスト：agonist）といい，何の作用ももたらさない薬物を拮抗薬（きっこうやく）（アンタゴニスト：antagonist）といいます。作動薬の多くは，神経伝達物質と同様の効果をもつものが多く，治療薬としては神経伝達物質を補強するために用いられます。拮抗薬は，神経伝達物質の受容体結合を妨げるので，治療薬としては神経伝達物質の働きを抑制するために用いられます。

これらには，神経伝達物質と同様にどのサブタイプにも結合する薬物

その他のアミノ酸
アスパラギン酸（興奮性）やグリシン（抑制性）などが神経伝達物質として働いている。

モルヒネ
μ受容体作動薬。がん痛抑制に使用される一方，高い依存性をもつ。ケシの実（アヘン）から抽出される。19 世紀に英国が清の民衆にアヘンを浸透させてアヘン戦争が起こった。

ヘロイン
μ受容体作動薬。モルヒネから合成。

その他の神経伝達物質
共感性を高めるオキシトシンや睡眠と覚醒の制御に関わるオレキシンなど。

血液脳関門
脳の毛細血管の壁に存在し，血液から脳脊髄液への物質輸送の関門として働く。不要な物質が脳に侵入するのを防ぎ，ブドウ糖などの必要不可欠な物質だけを取り入れる。一方，ここをすり抜けて神経細胞に作用する物質もある。

もあれば，特定のサブタイプにだけ結合する薬物もあります。後者の場合，本来の神経伝達物質よりも精緻に働くことになり，精緻な効果を期待する薬剤開発にとって有用です。

2 トランスポーターに結合する薬物：再取込阻害薬

再取込阻害薬（さいとりこみそがいやく）は特定のトランスポーターに結合してその働きを抑制し，神経伝達物質の再取込を阻害します。その結果，神経伝達物質がシナプス間隙に滞在します。したがって神経伝達物質の減少による不全を改善するために有用です。

3 分解酵素に結合する薬物：分解酵素阻害薬

分解酵素阻害薬（ぶんかいこうそそがいやく）は神経伝達物質を分解する酵素に結合してその働きを抑制します。酵素とは触媒として働くタンパク質の総称で，活性化されているときだけ特定の化学反応を促します。このうち神経伝達物質分解酵素は，特定の神経伝達物質の化学分解を促します。分解酵素阻害薬は特定の分解酵素に結合して，酵素を活性化できなくします。そのため，神経伝達物質は分解されずにシナプス間隙に滞在します。したがって神経伝達物質の減少による不全を改善するために有用です。薬物によっては一度結合したら離れず，酵素を永久に不活性化するものもあります。

第2節

さまざまな向精神薬

学習のポイント
●シナプスに作用する薬物がもたらすこころの変化を理解しよう。
●こころの不調を改善する薬の仕組みを理解しよう。

1　認知症と薬物

アルツハイマー病は４大認知症のなかで最も罹患者数が多い疾患です。アルツハイマー病は，軽度，中等度，重度へと症状が進行します。この疾患の病因は，神経細胞の細胞膜の外側にアミロイドβというタンパク質の一種が付着して老人斑を形成することと，タウ・タンパク質が神経細胞内部に蓄積することによって神経細胞が死滅することです。特にマイネルト基底核にある神経細胞が顕著に死滅し（Whitehouse ら，1982），その神経細胞はアセチルコリンを分泌しているので，アルツハイマー病患者の脳ではアセチルコリンの量が低下しています。

アルツハイマー病治療薬のうち最もよく使用されるドネペジルはアセチルコリン分解酵素阻害薬です。そのためアセチルコリン機能低下を回復できます。これによって認知能力が改善され，徘徊等の周辺症状も緩和され，病気の進行が鈍化されます。レビー小体型認知症などの認知症にもドネペジルがよく用いられます。ただしこの薬は病因そのものを解決するわけではありません。

有望な根本治療薬の中心である抗アミロイドβモノクローナル抗体は，アミロイドβを異物だと認識して脳内から排除する作用をもちます。そのうちの１つのアデュカヌマブは実用化に向けて最も注目されています（Vaz & Silvestre, 2020）。

４大認知症
アルツハイマー病，レビー小体型認知症，ピック病（前頭側頭型認知症），脳血管性認知症のこと。

アミロイドβ
研究の進歩により発症の20年以上前から付着が始まることがわかった。

2　抑うつと薬物

抑うつ症候群には心理的要因と生物学的要因が関与します。抑うつ症候群では脳内のセロトニンが低下しているとの説（Coppen, 1967）が有力で，現在の抗うつ薬の中心は SSRI（選択的セロトニン再取込阻害薬）に分類される薬です。SSRI はセロトニントランスポーターに作用して

SNRI（セロトニン・ノルアドレナリン再取込阻害薬）
抑うつ薬として用いられる。日本ではミルナシプラン。

再取込を阻害するので，シナプス間隙のセロトニン濃度が上昇します。フルボキサミン，パロキセチン，セルトラリン，エスシタロプラムの4つの薬物が日本で承認されているSSRIです。SSRIは1990年前後に開発されました。

SSRIが登場する前は，モノアミン分解酵素阻害薬や三環系抗うつ薬や四環系抗うつ薬が中心でした。これらはいずれもセロトニン濃度を上昇させますがこれ以外の神経伝達物質の濃度もいくらか上昇させる性質があります。

3　不安・睡眠と薬物

+α

ベンゾジアゼピン類

ジアゼパム，ロラゼパム，エチゾラム，クロナゼパムなど。各々作用時間や作用のバランスが異なる。

不安症の症状の低減には抗不安薬が用いられます。ベンゾジアゼピン類に分類される薬は，$GABA_A$受容体に存在するベンゾジアゼピン受容部位に作動薬として結合して$GABA_A$受容体の働きを強めます。$GABA_A$受容体はイオンチャンネル複合型受容体であり，Cl^-チャンネルを兼ねています(図16−2)。ベンゾジアゼピン類とGABAがともにそれぞれの結合部位に結合するとCl^-チャンネルが強く開口してCl^-が流入します。この結果，活動電位が発生しにくくなり神経活動が抑制されます。つまり不安は活動電位が生じやすい状態と関係していることが想定できます。ベンゾジアゼピン類は睡眠薬や抗けいれん薬としても用いることができます。いずれも神経活動を抑制することによる効果です。

一方，ベンゾジアゼピン類には依存性があるので，漫然とした使用は適切ではありません。SSRIに類する薬は抗うつ作用のほかに抗不安作用も有しているので，今日では抗不安作用を期待する薬としてよく用いられるようになりました。

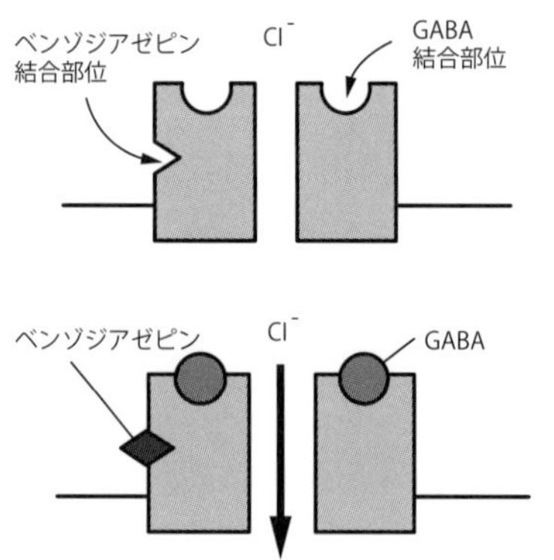

$GABA_A$受容体はCl^-チャンネルと複合しており，GABA結合部位のほかにベンゾジアゼピン結合部位がある

図16−2　$GABA_A$受容体

出所：渡邊，2013をもとに一部改変

4　統合失調症と薬物

統合失調症は幻覚や妄想などの陽性症状と，感情鈍麻や社会性低下などの陰性症状を中心とした精神疾患です。かつてはロボトミーや電気ショック療法など，今日的には推奨されない治療法が用いられましたが，1952年にクロルプロマジンが開発されてから薬物療法が確立しました。統合失調症の脳内メカニズムのうち最も重要なのがドーパミン仮説です。ドーパミン神経経路のうち，中脳－辺縁系経路の終末である側坐核でドーパミンが過剰に分泌されると陽性症状が現れるとする仮説です。

統合失調症の治療薬は抗精神病薬とよばれます。抗精神病薬には定型抗精神病薬と非定型抗精神病薬があります。定型抗精神病薬はドーパミン受容体拮抗薬で，主にD_2受容体を拮抗します。クロルプロマジンやハロペリドールなどが代表例です。これらの薬は側坐核のドーパミン受容体をブロックしてドーパミンの受容体結合を阻止します。これにより陽性症状が抑えられます。ところが陰性症状にはほぼ無効です。

陰性症状は，ドーパミン神経経路のうち中脳－皮質経路の終末である大脳新皮質のドーパミン分泌低下によると考えられています。ドーパミン受容体拮抗薬は側坐核のみならず大脳新皮質のドーパミン受容体もブロックするので，陰性症状を悪化しかねません。そこで1990年前後に開発されたのが非定型抗精神病薬です。これらの薬はドーパミン・セロトニン拮抗薬であり，陽性症状と陰性症状の両方に効果を発揮します。

非定型抗精神病薬が両症状ともに効く理由

セロトニンが側坐核と大脳新皮質の受容体に結合するとドーパミンの分泌を抑制する。薬はこれを解除してドーパミンを増やす。

一方で薬はこれらの脳部位でドーパミン受容体を拮抗する。つまりアクセルとブレーキを同時に踏む。側坐核ではブレーキが勝ってドーパミンが減り，大脳新皮質ではアクセルが勝ってドーパミンが増えるため，両症状に効果をもつ。

5　発達障害と薬物

発達障害は，先天的な脳機能の違いにより得意なことと不得意なことの差がはっきりする状態であり，自閉スペクトラム症（ASD），注意欠如多動症（ADHD），学習障害（LD）の総称です。

このうちADHDは不注意・多動性・衝動性を主症状とします。この脳内メカニズムが想定されており，今日では治療薬が使用されています（麦島，2006）。

最もよく用いられるADHD治療薬であるメチルフェニデートはドーパミンとノルアドレナリンの再取込を阻害します。またシナプス小胞を活性化してドーパミンとノルアドレナリンの分泌を促進します。これらの結果，シナプスにおけるこれらの濃度を高めます。これによりADHDの人の前頭葉の働きが高まります。

もう1つのADHD治療薬であるアトモキセチンは，ノルアドレナリ

ADHDと脳

前頭葉の2領域（眼窩前頭皮質と背外側前頭皮質）の働きが低下し，その結果，線条体と側坐核への抑制が鈍っている（Sonuga-Barke, 2003など）。

ン再取込阻害薬です。これによりシナプスでのノルアドレナリンの濃度が上昇して ADHD の人の前頭葉の働きが高まります。

6　実験心理学と薬理学の接点：行動薬理学

実験心理学において動物実験は有用です。動物実験の利点は，飼育によって生活環境が制御できることと，研究倫理に則ってヒトを対象とした実験よりも強めの負荷をかけやすいことです。動物（ヒトを含む）の行動法則と薬物作用との関連を追究する分野を行動薬理学といいます。この分野はこころと脳の関係を解明するために役立つだけでなく，こころの不調に効く薬の研究開発のためにも不可欠となっています。

ポジティブ心理学

セリグマンは 1990 年代にポジティブ心理学（positive psychology）を提唱した。動物実験による学習性無力の理論をもとに，幸福に生きるための楽観主義を理論化した。

1 学習性無力と抗うつ薬

セリグマンらは，イヌの実験で学習性無力（learned helplessness）という現象を発見しました（Seligman & Maier, 1967）。これは，イヌが何をやっても嫌な刺激（脚への軽い痛み）を避けられない経験をすると，そのあと簡単な解決手段が与えられても何もせずに刺激を甘受し続ける現象です（図16－3）。学習性無力は SSRI などの抗うつ薬で改善されます。このことから，学習性無力はうつ病のモデルであるととらえられ，現在では抗うつ薬開発で不可欠な実験手続きになっています。近年のうつ病罹患者数の増大（厚生労働省，2017）は，自己責任論によるヘルプレスな社会と無関係ではないようにもみえます。

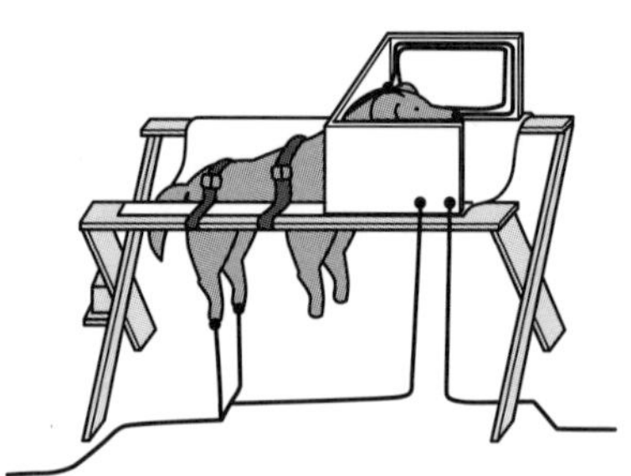

図16－3　Seligman らによるイヌを用いた学習性無力の実験

出所：Maier ら，1969 をもとに一部改変

2 オペラント行動と薬物依存

スキナーにより開発されたオペラント装置は，オペラント学習を実験する装置です。オペラント学習とは，ある自発的行動にともなう環境変化により，その自発的行動が強化されたり消去されたりすることをいいます。環境変化の要素のことを強化子（または好子（こうし））といいます。マウ

スやラット用のオペラント装置には箱の壁の内側にレバーが設置されていて，動物がこれを押し下げれば強化子として報酬（餌）が与えられます。

餌の代わりに薬物の溶液が静脈内または脳内に与えられると，その薬物が依存性をもつ場合は，動物は高頻度でレバーを押してその薬物を得ようとします。これを薬物自己投与といいます（図16－4）。薬物自己投与が生じる薬物としては，アンフェタミンやメタンフェタミンなどの覚醒剤，カフェインやニコチンなど脳を活性化する薬物，モルヒネやヘロインなどの麻薬，ジアゼパムなどのベンゾジアゼピン類，エタノールなどが挙げられます。このうちエタノールは薬物自己投与実験により，$GABA_A$ 受容体を介して脳を抑制することが明らかになりました（Lobo & Harris, 2008）。

脳内自己刺激

オールズとミルナーが1954年にラットによる研究により発見。レバー押しにより，報酬系と名づけられた脳内部位に微弱な電気刺激を与えると，動物は直ちにレバー押し反応を習得した。報酬系はドーパミン神経系と一致することが明らかになった。

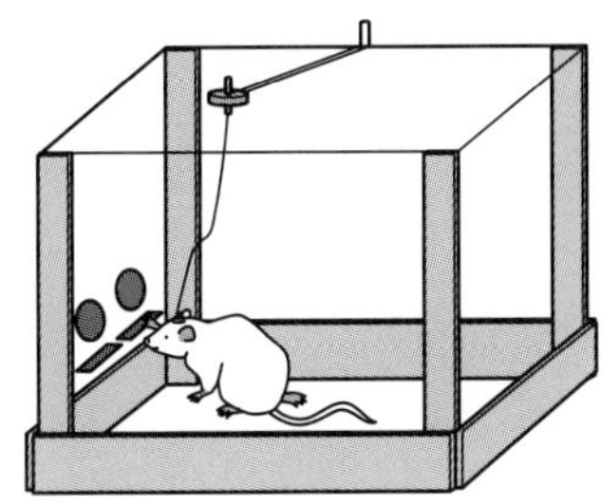

図16－4　ラットによる薬物自己投与実験

出所：Watterson & Olive, 2014 をもとに一部改変

３ 迷路学習と認知症治療薬

動物の学習と記憶を測定する装置として，各種の迷路がよく用いられます。そのうちの八方向放射状迷路は，中央のプラットフォームから放射状に８本のアームが延びており，特定のアームの先端のみに報酬（餌）が置かれる場合が多い（図16－5）。その場合，動物が迷路での経験を積むと，やがてそのアームだけに進入するようになります。

スコポラミン（ムスカリン受容体拮抗薬）により記憶力を低下させたラットは，八方向放射状迷路での誤反応（餌がないアームに進入）を多く引き起こしますが，このラットに認知症治療薬ドネペジルを投与すると誤反応が減少します（阿部ら，2012）。

八方向放射状迷路

作業記憶（短期記憶）と参照記憶（長期記憶）を分けて計測できるという利点をもつ。

図16－5　八方向放射状迷路

出所：上北・奥村，2012　より

4 常同行動と抗精神病薬

統合失調症の陽性症状と同様の状態だと考えられている動物行動が常同（じょうどう）行動です（野田ら，2007）。常同行動は単純で無意味な動きを長時間繰り返す異常行動です。ラットやマウスでは，たとえば空気をずっと嗅ぎまわったり，左右に首を振り続けたり，平らな床面をずっと嘗め回したりするなどの行動があります。この行動はドーパミン作動薬や覚醒剤などにより引き起こされます。この異常行動は，定型抗精神病薬や非定型抗精神病薬の投与によって緩和されます。この効果は，抗精神病薬がドーパミン受容体を拮抗することによると考えられ，統合失調症のドーパミン仮説を裏づける事実でもあります。

演習課題

① こころの薬物療法と心理療法との関係性について調べよう。
② 心理学研究における動物実験の意義について考えよう。

【引用・参考文献】

阿部 浩幸・岡嶋 匠・左近上 博司・木村 伊佐美・松本 研二・守川 進（2012）．ドネペジル塩酸塩 OD 錠 5mg「日医工」およびドネペジル塩酸塩細粒 0.5%「日医工」の 8 方向放射状迷路課題を用いたスコポラミン誘発健忘ラットに及ぼす作用　薬理と治療，40, 57-61.

Bliss, T. V. P., Lømo, T. (1973). Long-lasting potentiation of synaptic transmission in the dentate area of the anaesthetized rabbit following stimulation of the perforant path. *Journal of Physiology*, 232, 331-356.

Coppen, A. (1967). The biochemistry of affective disorders. *British Journal of Psychiatry*, 113, 1237-1264.

厚生労働省 (2017). 平成 29 年患者調査

Lobo, I. A., Harris, R. A. (2008). $GABA_A$ receptors and alcohol. *Pharmacology Biochemistry and Behavior*, 90, 90-94.

Maier, S.F., Seligman, M. E. P., & Solomon, R. L. (1969). Pavlovian fear conditioning and learned helplessness: Effects on escape and avoidance behavior of (a) the CS-US contingency and (b) the independence of the US and voluntary responding. In B. A. Campbell & R. M. Church (Eds.) *Punishment and aversive behavior* (Pp. 299-343). New York: Appleton-Century-Crofts.

麦島 剛 (2006). 注意欠陥多動性障害（ADHD）をめぐる動向：新たな研究法の確立に向けて　福岡県立大学人間社会学部紀要, 14 (2), 51-63.

野田 幸裕・鍋島 俊隆・毛利 彰宏 (2007). 統合失調症様行動の評価法　日本薬理学雑誌, 130, 117-123.

Seligman, M.E.P., Maier, S.F. (1967). Failure to escape traumatic shock. *Journal of Experimental Psychology*, 74, 1-9.

仙波 純一 (1998). 脳の情報伝達Ⅰ　仙波 純一（編）　脳と生体統御（Pp.25-43）放送大学教育振興会

仙波 純一 (1998). 脳の情報伝達Ⅱ　仙波 純一（編）　脳と生体統御（Pp.44-58）放送大学教育振興会

Sonuga-Barke, E. J. S. (2003). The dual pathway model of AD/HD: an elaboration of neuro-developmental characteristics. *Neuroscience and Biobehavioral Reviews*, 27, 593-604.

上北 朋子・奥村 紗音美 (2012). 迷路　脳科学辞典　DOI：10.14931/bsd.1814

Vaz, M., Silvestre, S. (2020). Alzheimer's disease: Recent treatment strategies. *European Journal of Pharmacology*, 887, 173554. DOI: 10.1016.

渡邊 衡一郎 (2013). 抗不安薬 睡眠薬　浦部 昌夫・島田 和幸・川合 眞一　(編)　今日の治療薬 2013 解説と便覧（Pp. 838-857）南江堂

Watterson, L. R., Olive, M. F. (2014). Synthetic cathinones and their rewarding and reinforcing effects in rodents. *Advance in Neuroscience*, 4, 2014-209875.

Whitehouse, P. J., Price, D. L., Struble, R. G., Clark, A. W., Coyle,J. T., Delon, M. R. (1982). Alzheimer's disease and senile dementia: loss of neurons in the basal forebrain. *Science*, 215, 1237-1239.

Yamamoto, K., Shinba, T., Yoshii, M. (2014) . Psychiatric symptoms of noradrenergic dysfunction: a pathophysiological view. *Psychiatry and Clinical Neurosciences*, 68, 1-20.

演習課題の模範解答

第1章（→ P.14）

（→ P.14）

① 全般的知能検査としては，鈴木ビネー知能検査，田中ビネー知能検査，新版Ｋ式発達検査など，記憶機能検査としては，レイ複雑図形，自伝的記憶検査など，視空間認知機能検査としては，コース立方体組み合わせ検査，ベンダー・ゲシュタルト・テストなど，前頭葉機能検査としては，語流暢性テスト，修正作話質問紙など，さまざまなものがある。

② 認知リハビリテーションとしては，反復訓練，代償手段獲得（視覚イメージ法，ペグ法，Preview , Question, Read, State, Test（PQRST）法などがあり，その他，環境調整や応用行動分析，グループアプローチなど，さまざまなものがある。

第2章（→ P.30）

① 外界からの光は角膜，水晶体を通過して網膜に達する。そして，網膜に投影された光は，視神経を通して脳に伝わる。視神経は１つに束ねられ，網膜上の１点から脳へ向かっているため網膜上のその部分には光を受容する細胞がない。したがって，そこに像が投影されても私たちにはみえないのである。

②は省略

第3章（→ P.44）

① ルイス（M. Lewis）によれば，誇り，恥，罪悪感などの自分に対する評価を含む感情は，自己意識をもち認知が発達し，周囲の基準と照らして自己をみるようになる２歳半ごろから出てくる。

② 感情コンピテンスとは，サーニ (Saani) が提唱した概念で，自己効力感をもち，円滑な人間関係を築くために他者を理解し，自分の感情を適応的に管理する能力のことである。感情コンピテンスを育むために，子どもは日常生活の中でさまざまな感情体験をもつことが大切である。就学前教育では，連合遊びや協同遊びの中で，友だち同士でお互いの意見を主張したり受け入れたりしながら，自分の感情に折り合う経験が必要である。学校教育では，仲間と協働して何かを成し遂げる教育活動の中で他者を共感的に理解し，社会の中で有能感をもちながら自分の行動や感情を調整する経験を積み重ねることが必要である。

第4章（→ P.59）

① ・自己効力感

少し苦手だと感じている背景に，今までがんばっても上手くできなかった経験を繰り返した結果，自己効力感が低くなったのではないかと考えられる。その場合，その子どもがどこでつまずいたのかという課題を教師は理解した上で，達成できそうな目標を子どもと共に考えて設定し支援をする必要がある。つまり，自分の課題を理解し，それを克服することができたという達成感を得ることにより，もう少しここを勉強すればできそうだと思えるようになり，自己効力感を高められる支援につながると考える。

・動機づけ

苦手意識がある場合は，取り組むこと自体に抵抗があると考える。その場合は，楽しく取り組めるように簡単な課題にして，褒めるなどの報酬がもらえるという外発的動機づけで興味を引き，「できた」という達成感を積み重ねることで，課題が楽しいなど内発的動機づけに移行することが可能だと考える。課題自体に自ら興味関心をもち，取り組めるように支援にすることが大切だと考える。

② ワーキングメモリが小さく，教師や保育者からの言語的な情報を理解できない子ども達への効率的な支援として，視覚的に整理してわかりやすい情報にする，情報を吟味して一度に伝える情報を少なくする，子どもに合った記憶方略や補助教材を用いる，子どもの注意を課題に向ける声掛けなどの工夫をする必要があると考える。つまり，全体を言語だけで説明するのではなく，視覚的な教材を準備し，情報量を極力少なくしながらスモールステップ（少し進めては確認する等）で進めていくなどの工夫により，ワーキングメモリの小さい子どもの支援に繋がると考える。

第5章（→ P.74）

① 問題1～5：正解は（B － A － 2C）。問題6・8・10：最も簡単なやり方は（A － C），問題7・9：最も簡単なやり方は（A ＋ C）。

② 正解は47日（「24日」だとすると，葉の面積は毎日2倍になるので，25日目には湖全体が睡蓮の葉で覆われているはずである。しかし，湖全体が覆われるのは48日目だと問題文でいっている。したがって，正解は1日前の47日）。

第6章（→ P.89）

① 動物には生後直ぐに親と同じようの行動できるものと，そうでないものがある。前者の形態を離巣性といいウマなどがあり，後者の形態を就巣性といいネズミなどがある。これに対して人間の場合は二次的就巣性とよばれる。人間がこのような出産の形態をとる理由は，人間が進化の過程で大脳を発達させた結果，母子の生命の安全を図るために元々の妊娠期間が22か月であるところを約10か月で出産するためである。そして，これを生理的早産という。しかし，人間の新生児は生まれたばかりでもさまざまなことができると考えられている。

② 児童虐待によって心身に重篤な症状がみられたとしても十分な養育を行うことによってある程度の遅れは取り戻すことができる。しかし，その場合でも子どもへの関わりはできるだけ早い方

が効果的だと考えられる。このように人間の発達には状況によって変化する性質があり，一定の柔軟性がみられる。

第7章 (→P.104)

①・危機：人生の選択に悩んだ体験（進学するか，就職するか等）。
・傾倒：何かに打ち込んだ体験（部活動を3年間続けた，海外留学に挑戦した等）。

② 教科書を読む前は，“衰え”や“弱い存在”のように老いのイメージを捉えていたが，教科書を読んだ後は，年をとっても自分なりに最適な生き方を追求したり，ありのままを受け入れたりすることができるようになるのだとわかった。

第8章 (→P.119)

① 2人ずつペアになり，おんぶして走る競走にする。
3人ずつグループになり，1人を担架のような物に載せて運ぶ競争にする。
車いすを使っているとすれば，何台か車いすを借りて，車いす競走にするなど。

② 自宅マンションから道路に出るときに段差がある，歩道が狭い，歩道の敷石がガタガタになっている，信号機のない横断歩道があるなど。

第9章 (→P.134)

① 日常生活のさまざまな物事においてもおおまかなイメージだけでなく，詳細に多面的に物事を観ることができ，良い面やそうでない面も知ったうえで客観的に判断ができることなど。

② 各カテゴリーで40点以上になったものは注意しよう。また，総合得点が160点以上になったら要注意。心にゆとりを持って過ごすことを心がけてみよう。

第10章 (→P.148)

① 現代の日本では，家族による児童虐待が増加している。家族心理学は家族成員に対するカウンセリング等を通して，家族成員の成育歴，性格，発達課題，家族観にアプローチしていくことができる。

② 大学入学と同時に上京し，1人暮らしを始めて数年になるので，自分自身は家族ライフサイクルの「思春期・青年期の子どもがいる家族」と「成人期の子どもがいる家族」の中間に位置していると思う。自分としては1人暮らしを気に入っているが，両親からは頻繁に電話やメールがあり，長い休みには帰省するよう求められ，息苦しさを感じている。

第11章 (→P.165)

① 社会とのつながりから形成される社会的自己という側面から考えたとき，今の社会的自己は，今関わっている他者の言動（鏡映的自己）や，そういった他者との比較（社会的比較）によって作られている。しかし，旅に出て，今まで関わった他者とは違う人と出会うことで，新たな評価を受けたり，新たな側面の比較ができる可能性がある。このように，今まで関わった他者とは違う人との間でなされる，鏡映的自己や社会的比較によって，新しい社会的自己を探すことができると考えられる。

② ある日の懇親会がお開きになった後，「解散！」「お疲れ！」という声が聞こえつつも，全員がお店の前で話し込んでしまって，誰も帰宅しない。そのとき，たとえ私自身が夜も遅く，早く家に帰りたいと思っていても，なかなか帰宅できなくなることがある。この状況は，帰宅しない周囲の人によって圧力を感じてしまい，自身が思う通りに行動できないことから「同調」であると考えられる。

第12章 (→P.179)

①は省略

② （下記は一例）

・カルチャーショックは誰にでも起こることで，弱い人間だから，何か問題があるから起こるわけではない。

・日本語で話せる友達や気軽に話せるクラスメイトなどに自分の正直な気持ちを素直に表現したらよい 。

・自分の趣味や好きなスポーツを通じて研修機関とは別に交友関係をもつとよい。

・一人でひきこもらず，生活サイクルが崩れないように健康的な生活を送るとよい。

第13章 (→P.194)

① 相談できる相手としては，「家族」や「友人」，「アルバイト先の先輩」，近くにいる「教員」などが挙げられる。心理専門職としては，学校の学生相談室の「カウンセラー」が身近な援助職者と考えられる。

② 「カラオケで熱唱する」「趣味の世界に逃げ込む」といったコーピングは回避的なコーピングである。気晴らしや気分転換には効果的だが，問題解決には直結しない。「課題を解決する方法を友達に相談する」や「自分の気持ちを先生に伝えてみる」といったコーピングも併用すると問題解決に一歩進近づけるだろう。

第14章（→ P.209）

① 本文で紹介した12の行動習慣を実践してみてほしい。たとえば，ささいなことであっても「ありがとう」と言葉に出して言ってみたり，他者と比較するのではなく，過去の自分と比較してみたり，スポーツや趣味など夢中になれる対象を探してみたりすることをお勧めする。

② 引用文献にあげた日本版VIA-ISを実施してみてほしい。最も得点の高い強みがあなたの特徴的な強み，とっておきの強みである。たとえばリーダーシップが高得点の場合，意識的にリーダーシップを発揮した言動をとると，結果的に感情，認知（考え方），行動が変わり，動機づけもさらに高まると期待できる。

第15章（→ P.227）

① 私は58歳。人生を80年と仮定するなら，間もなく4分の3の地点に到達する。これを24時間に置き換えれば夕方18時前に当たり，通常ならもうすぐ仕事を上がって帰る時間帯と，定年退職が近づいた今の自分が重なってくる。夕方になって「1日は終わった」と考えるか，「さて，夜は何をしようか」と考えるかによって，残りの時間の過ごし方や意義は大きく変わりそうだ。今後の人生も，何を大切にして過ごすかを考え始めてみたい。

② 「趣味（旅行）」→たまたま小学校で出会った友人が鉄道ファンで，一緒に出かけるようになったことがきっかけ。「お酒が好き」→デパートでたまたま試飲したお酒に感動したのがきっかけ。「今の仕事」→大学（第一志望ではなかった）でたまたま出会ったゼミの先生から丁寧な指導を受け，関心を持った専門分野を活かせる仕事に就いた。このように，「たまたま」の出会いや経験は，ほとんど無駄になっていないことがわかる。

第16章（→ P.240）

① 例えば不安症に対してジアゼパムなどの抗不安薬が有効だが，多くの場合は不安の背景に心理・社会的要因が想定されるため，系統的脱感作法や認知行動療法などの心理療法との併用が奏功する。他のこころの不調も基本的に両者の併用が重要であり，注意欠如多動症（ADHD）にも治療薬と心理療法（応用行動分析等）の併用が広く実施されている。

② 心理学は実証科学であるので実験は不可欠な研究方法である。動物実験はヒト実験より生活環境等の実験条件を統制しやすいため，法則性を導くのに有利である。また動物種間の行動や認知を比較することでヒトのこころへの理解が深まる。さらにこころの基盤となる脳や物質の働きを研究するために有利である。なお動物実験もヒト実験に準じて，研究倫理の規則を守って行われる必要がある。

さくいん

編著者・著者紹介

●編著者

大浦 賢治（おおうら　けんじ）

三幸学園小田原短期大学 保育学科通信教育課程　准教授
保育士
［執筆担当］第6章

●著者（五十音順）

新居 佳子（あらい　よしこ）

三幸学園小田原短期大学 保育学科通信教育課程　専任講師
［執筆担当］第5章

井芹 まい（いせり　まい）

三幸学園小田原短期大学 保育学科通信教育課程　専任講師
公認心理師
［執筆担当］第7章

太田 雅代（おおた　まさよ）

三幸学園小田原短期大学 保育学科通信教育課程　専任講師
博士（健康マネジメント）　慶應義塾大学大学院
［執筆担当］第10章

風間 みどり（かざま　みどり）

三幸学園小田原短期大学 保育学科通信教育課程　准教授
博士（生涯人間科学）　東京女子大学大学院
［執筆担当］第3章

亀田 佐知子（かめだ　さちこ）

五島育英会 東京都市大学 人間科学部　非常勤講師
三幸学園小田原短期大学 保育学科　食物栄養学科 保育学科通信教育課程　非常勤講師
［執筆担当］第4章

川島 一晃（かわしま　かずあき）

椙山女学園大学 看護学部　准教授
公認心理師　臨床心理士
［執筆担当］第13章

小海 宏之（こうみ　ひろゆき）

花園大学 社会福祉学部 臨床心理学科　教授
公認心理師　臨床心理士
［執筆担当］第1章

佐藤 由香理（さとう　ゆかり）

三幸学園小田原短期大学 保育学科通信教育課程　准教授
公認心理師　臨床発達心理士
［執筆担当］第9章

関谷 大輝（せきや　だいき）
東京成徳大学 応用心理学部 福祉心理学科
博士（カウンセリング科学）　筑波大学
公認心理師　２級キャリアコンサルティング技能士
社会福祉士　精神保健福祉士
［執筆担当］第 15 章

谷口 征子（たにぐち　ゆきこ）
三幸学園小田原短期大学 保育学科通信教育課程　専任講師
［執筆担当］第 12 章

中原 純（なかはら　じゅん）
中京大学 現代社会学部 コミュニティ学専攻　准教授
博士（人間科学）　大阪大学大学院
専門社会調査士
［執筆担当］第 11 章

本多 麻子（ほんだ　あさこ）
東京成徳大学 応用心理学部 健康・スポーツ心理学科　准教授
博士（人間科学）　早稲田大学大学院
指導健康心理士　認定心理士
［執筆担当］第 14 章

水野 恵理子（みずの　えりこ）
三幸学園小田原短期大学 保育学科通信教育課程　准教授
博士（学術）　奈良女子大学大学院
［執筆担当］第 8 章

麦島 剛（むぎしま　ごう）
福岡県立大学 人間社会学部 人間形成学科　准教授
［執筆担当］第 16 章

吉本 直美（よしもと　なおみ）
名城大学 理工学部　非常勤講師
博士（人間科学）　神奈川大学大学院
認定心理士（心理調査）
［執筆担当］第 2 章

編集協力：株式会社エディット
本文イラスト：ささやん。・株式会社千里
レイアウト：株式会社千里

実践につながる 新しい教養の心理学

2022年2月20日　初版第1刷発行　〈検印省略〉

定価はカバーに
表示しています

編著者　大　浦　賢　治
発行者　杉　田　啓　三
印刷者　中　村　勝　弘

発行所　株式会社　ミネルヴァ書房
607-8494　京都市山科区日ノ岡堤谷町1
電話代表（075）581－5191
振替口座　01020－0－8076

中村印刷・藤沢製本

ISBN978-4-623-09266-6
Printed in Japan